"十二五"职业教育国家规划教材
经全国职业教育教材审定委员会审定
全国高等职业教育药品类专业
国家卫生健康委员会"十三五"规划教材

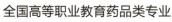

供药学、药品经营与管理、中药学、药物制剂技术、化学制药技术、
生物制药技术、中药制药技术、药品服务与管理专业用

药品市场营销学

第 3 版

主　审　邹继华　（宁波美康生物科技股份有限公司）

　　　　　常兆龙　（广州白云山陈李济药厂有限公司）

主　编　张　丽

副主编　王顺庆　林大专　施能进

编　者　（以姓氏笔画为序）

马翠兰　（南阳医学高等专科学校）　　　　张　丽　（山西药科职业学院）

王学峰　（山西药科职业学院）　　　　　　林大专　（长春医学高等专科学校）

王顺庆　（山东省莱阳卫生学校）　　　　　庞武耀　（肇庆医学高等专科学校）

付晓娟　（重庆医药高等专科学校）　　　　贺丹娜　（江苏省连云港中医药高等职业技术学校）

吴　杰　（江苏省徐州医药高等职业学校）　施能进　（浙江医药高等专科学校）

张　平　（湖南中医药高等专科学校）　　　高环成　（山西医科大学汾阳学院）

人民卫生出版社

图书在版编目（CIP）数据

药品市场营销学/张丽主编.—3 版.—北京：人民卫生出版社，2018

ISBN 978-7-117-26317-7

Ⅰ.①药…　Ⅱ.①张…　Ⅲ.①药品-市场营销学-高等职业教育-教材　Ⅳ.①F763

中国版本图书馆 CIP 数据核字（2018）第 102130 号

| 人卫智网 | www.ipmph.com | 医学教育、学术、考试、健康，购书智慧智能综合服务平台 |
| 人卫官网 | www.pmph.com | 人卫官方资讯发布平台 |

药品市场营销学
第 3 版

主　　编：张　丽

出版发行：人民卫生出版社（中继线 010-59780011）

地　　址：北京市朝阳区潘家园南里 19 号

邮　　编：100021

E-mail：pmph @ pmph.com

购书热线：010-59787592　010-59787584　010-65264830

印　　刷：三河市潮河印业有限公司

经　　销：新华书店

开　　本：850×1168　1/16　　印张：19

字　　数：447 千字

版　　次：2009 年 1 月第 1 版　　2018 年 8 月第 3 版
　　　　　2025 年 8 月第 3 版第 16 次印刷（总第 35 次印刷）

标准书号：ISBN 978-7-117-26317-7

定　　价：46.00 元

打击盗版举报电话：010-59787491　E-mail：WQ @ pmph.com
（凡属印装质量问题请与本社市场营销中心联系退换）

全国高等职业教育药品类专业国家卫生健康委员会"十三五"规划教材出版说明

《国务院关于加快发展现代职业教育的决定》《高等职业教育创新发展行动计划(2015—2018年)》《教育部关于深化职业教育教学改革全面提高人才培养质量的若干意见》等一系列重要指导性文件相继出台,明确了职业教育的战略地位、发展方向。为全面贯彻国家教育方针,将现代职教发展理念融入教材建设全过程,人民卫生出版社组建了全国食品药品职业教育教材建设指导委员会。在该指导委员会的直接指导下,经过广泛调研论证,人民卫生出版社启动了全国高等职业教育药品类专业第三轮规划教材的修订出版工作。

本套规划教材首版于2009年,于2013年修订出版了第二轮规划教材,其中部分教材入选了"十二五"职业教育国家规划教材。本轮规划教材主要依据教育部颁布的《普通高等学校高等职业教育(专科)专业目录(2015年)》及2017年增补专业,调整充实了教材品种,涵盖了药品类相关专业的主要课程。全套教材为国家卫生健康委员会"十三五"规划教材,是"十三五"时期人卫社重点教材建设项目。本轮教材继续秉承"五个对接"的职教理念,结合国内药学类专业高等职业教育教学发展趋势,科学合理推进规划教材体系改革,同步进行了数字资源建设,着力打造本领域首套融合教材。

本套教材重点突出如下特点:

1. **适应发展需求,体现高职特色** 本套教材定位于高等职业教育药品类专业,教材的顶层设计既考虑行业创新驱动发展对技术技能型人才的需要,又充分考虑职业人才的全面发展和技术技能型人才的成长规律;既集合了我国职业教育快速发展的实践经验,又充分体现了现代高等职业教育的发展理念,突出高等职业教育特色。

2. **完善课程标准,兼顾接续培养** 本套教材根据各专业对应从业岗位的任职标准优化课程标准,避免重要知识点的遗漏和不必要的交叉重复,以保证教学内容的设计与职业标准精准对接,学校的人才培养与企业的岗位需求精准对接。同时,本套教材顺应接续培养的需要,适当考虑建立各课程的衔接体系,以保证高等职业教育对口招收中职学生的需要和高职学生对口升学至应用型本科专业专业学习的衔接。

3. **推进产学结合,实现一体化教学** 本套教材的内容编排以技能培养为目标,以技术应用为主线,使学生在逐步了解岗位工作实践,掌握工作技能的过程中获取相应的知识。为此,在编写队伍组建上,特别邀请了一大批具有丰富实践经验的行业专家参加编写工作,与从全国高职院校中遴选出的优秀师资共同合作,确保教材内容贴近一线工作岗位实际,促使一体化教学成为现实。

4. **注重素养教育,打造工匠精神** 在全国"劳动光荣、技能宝贵"的氛围逐渐形成,"工匠精神"在各行各业广为倡导的形势下,医药卫生行业的从业人员更要有崇高的道德和职业素养。教材更加强调要充分体现对学生职业素养的培养,在适当的环节,特别是案例中要体现出药品从业人员的行为准则和道德规范,以及精益求精的工作态度。

5. **培养创新意识,提高创业能力** 为有效地开展大学生创新创业教育,促进学生全面发展和全面成才,本套教材特别注意将创新创业教育融入专业课程中,帮助学生培养创新思维,提高创新能力、实践能力和解决复杂问题的能力,引导学生独立思考、客观判断,以积极的、锲而不舍的精神寻求解决问题的方案。

6. **对接岗位实际,确保课证融通** 按照课程标准与职业标准融通,课程评价方式与职业技能鉴定方式融通,学历教育管理与职业资格管理融通的现代职业教育发展趋势,本套教材中的专业课程,充分考虑学生考取相关职业资格证书的需要,其内容和实训项目的选取尽量涵盖相关的考试内容,使其成为一本既是学历教育的教科书,又是职业岗位证书的培训教材,实现"双证书"培养。

7. **营造真实场景,活化教学模式** 本套教材在继承保持人卫版职业教育教材栏目式编写模式的基础上,进行了进一步系统优化。例如,增加了"导学情景",借助真实工作情景开启知识内容的学习;"复习导图"以思维导图的模式,为学生梳理本章的知识脉络,帮助学生构建知识框架。进而提高教材的可读性,体现教材的职业教育属性,做到学以致用。

8. **全面"纸数"融合,促进多媒体共享** 为了适应新的教学模式的需要,本套教材同步建设以纸质教材内容为核心的多样化的数字教学资源,从广度、深度上拓展纸质教材内容。通过在纸质教材中增加二维码的方式"无缝隙"地链接视频、动画、图片、PPT、音频、文档等富媒体资源,丰富纸质教材的表现形式,补充拓展性的知识内容,为多元化的人才培养提供更多的信息知识支撑。

本套教材的编写过程中,全体编者以高度负责、严谨认真的态度为教材的编写工作付出了诸多心血,各参编院校对编写工作的顺利开展给予了大力支持,从而使本套教材得以高质量如期出版,在此对有关单位和各位专家表示诚挚的感谢! 教材出版后,各位教师、学生在使用过程中,如发现问题请反馈给我们(renweiyaoxue@ 163. com) ,以便及时更正和修订完善。

人民卫生出版社
2018 年 3 月

全国高等职业教育药品类专业国家卫生健康委员会
"十三五"规划教材
教材目录

序号	教材名称	主编	适用专业
1	人体解剖生理学(第3版)	贺 伟　吴金英	药学类、药品制造类、食品药品管理类、食品工业类
2	基础化学(第3版)	傅春华　黄月君	药学类、药品制造类、食品药品管理类、食品工业类
3	无机化学(第3版)	牛秀明　林 珍	药学类、药品制造类、食品药品管理类、食品工业类
4	分析化学(第3版)	李维斌　陈哲洪	药学类、药品制造类、食品药品管理类、医学技术类、生物技术类
5	仪器分析	任玉红　闫冬良	药学类、药品制造类、食品药品管理类、食品工业类
6	有机化学(第3版)*	刘 斌　卫月琴	药学类、药品制造类、食品药品管理类、食品工业类
7	生物化学(第3版)	李清秀	药学类、药品制造类、食品药品管理类、食品工业类
8	微生物与免疫学*	凌庆枝　魏仲香	药学类、药品制造类、食品药品管理类、食品工业类
9	药事管理与法规(第3版)	万仁甫	药学类、药品经营与管理、中药学、药品生产技术、药品质量与安全、食品药品监督管理
10	公共关系基础(第3版)	秦东华　惠 春	药学类、药品制造类、食品药品管理类、食品工业类
11	医药数理统计(第3版)	侯丽英	药学、药物制剂技术、化学制药技术、中药制药技术、生物制药技术、药品经营与管理、药品服务与管理
12	药学英语	林速容　赵 旦	药学、药物制剂技术、化学制药技术、中药制药技术、生物制药技术、药品经营与管理、药品服务与管理
13	医药应用文写作(第3版)	张月亮	药学、药物制剂技术、化学制药技术、中药制药技术、生物制药技术、药品经营与管理、药品服务与管理

序号	教材名称	主编	适用专业
14	医药信息检索（第3版）	陈 燕 李现红	药学、药物制剂技术、化学制药技术、中药制药技术、生物制药技术、药品经营与管理、药品服务与管理
15	药理学（第3版）	罗跃娥 樊一桥	药学、药物制剂技术、化学制药技术、中药制药技术、生物制药技术、药品经营与管理、药品服务与管理
16	药物化学（第3版）	葛淑兰 张彦文	药学、药品经营与管理、药品服务与管理、药物制剂技术、化学制药技术
17	药剂学（第3版）*	李忠文	药学、药品经营与管理、药品服务与管理、药品质量与安全
18	药物分析（第3版）	孙 莹 刘 燕	药学、药品质量与安全、药品经营与管理、药品生产技术
19	天然药物学（第3版）	沈 力 张 辛	药学、药物制剂技术、化学制药技术、生物制药技术、药品经营与管理
20	天然药物化学（第3版）	吴剑峰	药学、药物制剂技术、化学制药技术、生物制药技术、中药制药技术
21	医院药学概要（第3版）	张明淑 于 倩	药学、药品经营与管理、药品服务与管理
22	中医药学概论（第3版）	周少林 吴立明	药学、药物制剂技术、化学制药技术、中药制药技术、生物制药技术、药品经营与管理、药品服务与管理
23	药品营销心理学（第3版）	丛 媛	药学、药品经营与管理
24	基础会计（第3版）	周凤莲	药品经营与管理、药品服务与管理
25	临床医学概要（第3版）*	曾 华	药学、药品经营与管理
26	药品市场营销学（第3版）*	张 丽	药学、药品经营与管理、中药学、药物制剂技术、化学制药技术、生物制药技术、中药制药技术、药品服务与管理
27	临床药物治疗学（第3版）*	曹 红	药学、药品经营与管理、药品服务与管理
28	医药企业管理	戴 宇 徐茂红	药品经营与管理、药学、药品服务与管理
29	药品储存与养护（第3版）	徐世义 宫淑秋	药品经营与管理、药学、中药学、药品生产技术
30	药品经营管理法律实务（第3版）*	李朝霞	药品经营与管理、药品服务与管理
31	医学基础（第3版）	孙志军 李宏伟	药学、药物制剂技术、生物制药技术、化学制药技术、中药制药技术
32	药学服务实务（第2版）	秦红兵 陈俊荣	药学、中药学、药品经营与管理、药品服务与管理

序号	教材名称	主编	适用专业
33	药品生产质量管理（第3版）*	李洪	药物制剂技术、化学制药技术、中药制药技术、生物制药技术、药品生产技术
34	安全生产知识（第3版）	张之东	药物制剂技术、化学制药技术、中药制药技术、生物制药技术、药学
35	实用药物学基础（第3版）	丁丰 张庆	药学、药物制剂技术、生物制药技术、化学制药技术
36	药物制剂技术（第3版）*	张健泓	药学、药物制剂技术、化学制药技术、生物制药技术
	药物制剂综合实训教程	胡英 张健泓	药学、药物制剂技术、药品生产技术
37	药物检测技术（第3版）	甄会贤	药品质量与安全、药物制剂技术、化学制药技术、药学
38	药物制剂设备（第3版）	王泽	药品生产技术、药物制剂技术、制药设备应用技术、中药生产与加工
39	药物制剂辅料与包装材料（第3版）*	张亚红	药物制剂技术、化学制药技术、中药制药技术、生物制药技术、药学
40	化工制图（第3版）	孙安荣	化学制药技术、生物制药技术、中药制药技术、药物制剂技术、药品生产技术、食品加工技术、化工生物技术、制药设备应用技术、医疗设备应用技术
41	药物分离与纯化技术（第3版）	马娟	化学制药技术、药学、生物制药技术
42	药品生物检定技术（第2版）	杨元娟	药学、生物制药技术、药物制剂技术、药品质量与安全、药品生物技术
43	生物药物检测技术（第2版）	兰作平	生物制药技术、药品质量与安全
44	生物制药设备（第3版）*	罗合春 贺峰	生物制药技术
45	中医基本理论（第3版）*	叶玉枝	中药制药技术、中药学、中药生产与加工、中医养生保健、中医康复技术
46	实用中药（第3版）	马维平 徐智斌	中药制药技术、中药学、中药生产与加工
47	方剂与中成药（第3版）	李建民 马波	中药制药技术、中药学、药品生产技术、药品经营与管理、药品服务与管理
48	中药鉴定技术（第3版）*	李炳生 易东阳	中药制药技术、药品经营与管理、中药学、中草药栽培技术、中药生产与加工、药品质量与安全、药学
49	药用植物识别技术	宋新丽 彭学著	中药制药技术、中药学、中草药栽培技术、中药生产与加工

序号	教材名称	主编	适用专业
50	中药药理学(第3版)	袁先雄	药学、中药学、药品生产技术、药品经营与管理、药品服务与管理
51	中药化学实用技术(第3版)*	杨 红　郭素华	中药制药技术、中药学、中草药栽培技术、中药生产与加工
52	中药炮制技术(第3版)	张中社　龙全江	中药制药技术、中药学、中药生产与加工
53	中药制药设备(第3版)	魏增余	中药制药技术、中药学、药品生产技术、制药设备应用技术
54	中药制剂技术(第3版)	汪小根　刘德军	中药制药技术、中药学、中药生产与加工、药品质量与安全
55	中药制剂检测技术(第3版)	田友清　张钦德	中药制药技术、中药学、药学、药品生产技术、药品质量与安全
56	药品生产技术	李丽娟	药品生产技术、化学制药技术、生物制药技术、药品质量与安全
57	中药生产与加工	庄义修　付绍智	药学、药品生产技术、药品质量与安全、中药学、中药生产与加工

说明：* 为"十二五"职业教育国家规划教材。全套教材均配有数字资源。

全国食品药品职业教育教材建设指导委员会
成员名单

主 任 委 员： 姚文兵　中国药科大学

副主任委员： 刘　斌　天津职业大学　　　　　　　　马　波　安徽中医药高等专科学校

冯连贵　重庆医药高等专科学校　　　　袁　龙　江苏省徐州医药高等职业学校

张彦文　天津医学高等专科学校　　　　缪立德　长江职业学院

陶书中　江苏食品药品职业技术学院　　张伟群　安庆医药高等专科学校

许莉勇　浙江医药高等专科学校　　　　罗晓清　苏州卫生职业技术学院

昝雪峰　楚雄医药高等专科学校　　　　葛淑兰　山东医学高等专科学校

陈国忠　江苏医药职业学院　　　　　　孙勇民　天津现代职业技术学院

委　　　员（以姓氏笔画为序）：

于文国　河北化工医药职业技术学院　　杨元娟　重庆医药高等专科学校

王　宁　江苏医药职业学院　　　　　　杨先振　楚雄医药高等专科学校

王玮瑛　黑龙江护理高等专科学校　　　邹浩军　无锡卫生高等职业技术学校

王明军　厦门医学高等专科学校　　　　张　庆　济南护理职业学院

王峥业　江苏省徐州医药高等职业学校　张　建　天津生物工程职业技术学院

王瑞兰　广东食品药品职业学院　　　　张　铎　河北化工医药职业技术学院

牛红云　黑龙江农垦职业学院　　　　　张志琴　楚雄医药高等专科学校

毛小明　安庆医药高等专科学校　　　　张佳佳　浙江医药高等专科学校

边　江　中国医学装备协会康复医学装　张健泓　广东食品药品职业学院

　　　　备技术专业委员会　　　　　　张海涛　辽宁农业职业技术学院

师邱毅　浙江医药高等专科学校　　　　陈芳梅　广西卫生职业技术学院

吕　平　天津职业大学　　　　　　　　陈海洋　湖南环境生物职业技术学院

朱照静　重庆医药高等专科学校　　　　罗兴洪　先声药业集团

刘　燕　肇庆医学高等专科学校　　　　罗跃娥　天津医学高等专科学校

刘玉兵　黑龙江农业经济职业学院　　　郏枝花　安徽医学高等专科学校

刘德军　江苏省连云港中医药高等职业　金浩宇　广东食品药品职业学院

　　　　技术学校　　　　　　　　　　周双林　浙江医药高等专科学校

孙　莹　长春医学高等专科学校　　　　郝晶晶　北京卫生职业学院

严　振　广东省药品监督管理局　　　　胡雪琴　重庆医药高等专科学校

李　霞　天津职业大学　　　　　　　　段如春　楚雄医药高等专科学校

李群力　金华职业技术学院　　　　　　袁加程　江苏食品药品职业技术学院

莫国民　上海健康医学院

晨　阳　江苏医药职业学院

顾立众　江苏食品药品职业技术学院

葛　虹　广东食品药品职业学院

倪　峰　福建卫生职业技术学院

蒋长顺　安徽医学高等专科学校

徐一新　上海健康医学院

景维斌　江苏省徐州医药高等职业学校

黄丽萍　安徽中医药高等专科学校

潘志恒　天津现代职业技术学院

黄美娥　湖南食品药品职业学院

前　言

《药品市场营销学》教材本次修订主要依据教育部最新颁布的《普通高等学校高等职业教育(专科)专业目录(2015 年)》及其 2017 年增补专业目录。教材在编写过程中,充分体现现代高等职业教育的发展理念,注重对学生职业素养、工匠精神、创新意识、创业能力的培养;结合医药行业发展和药品营销从业岗位的要求,坚持以职业能力培养为根本、岗位需求为导向、增强学生就业创新能力为核心;按"需用为准、够用为度、实用为先"的原则优化教材的内容和结构。

药品市场营销学是药学、药品经营与管理、中药学、药物制剂技术、化学制药技术、生物制药技术、中药制药技术、药品服务与管理等专业的专业课,以其极具科学性、理论性及实战性特色的基本理论、基本知识和基本实训技能,为相关专业提供和建立必要的理论和实战基础。

教材本次修订主要突出以下几个方面:

第一,教材内容选取,侧重于药品营销知识的实用性,以技能培养为目标,突出药品元素,紧跟营销领域的发展趋势,使学生在逐步了解岗位工作实践、掌握工作技能的过程中获取相应的理论知识和实践技能。同时,更加丰富了实训内容并单独列在书后;增加了文中的案例分析,使教材更贴近药品营销实际,强化培养学生认识、分析、解决药品营销问题的技能,使其与药品营销工作岗位更好地对接。

第二,教材模式设计,采用"模块框架",运用"项目引领",突出"任务驱动",围绕岗位工作任务的完成展开教学内容的编写,结构为 3 个模块,11 个项目,40 个任务并加设了 1 个实训模块;教材形式在原基础上做了调整,栏目有"知识链接""案例分析""课堂活动""目标检测"等,还增加了"导学情景""边学边练",借助真实的工作情景开启知识内容的学习,将实训内容与主干教材贯穿在一起,着力培养学生的实践技能。

第三,"纸数"资源融合,教材同步建设以纸质教材内容为核心的多样化的数字教学资源,从广度、深度上拓展纸质教材的内容。通过在纸质教材中增加二维码的方式链接 PPT、视频、音频、文档等媒体资源,丰富纸质教材的表现形式,补充拓展性的知识内容和大容量的数字资源,为多元化的人才培养提供更多的信息知识支撑。

第四,编写队伍组建,坚持校企结合,特别邀请了医药企业中具有丰富实践经验的专家(宁波美康生物科技股份有限公司邹继华总经理、广州白云山陈李济药厂有限公司常兆龙经理)参加编写工作,与从全国高职院校中遴选出的优秀教师共同合作,从而确保教材内容更贴近一线工作岗位。

本教材由张丽担任主编,王顺庆、林大专、施能进担任副主编。本书的内容分为纸质文稿、数字资源两部分,纸质文稿编委编写分工为:项目一(林大专),项目二(贺丹娜、庞武耀),项目三(王学峰),项目四(马翠兰),项目五(施能进),项目六(付晓娟),项目七(张丽),项目八(张平),项目九

（王顺庆），项目十（吴杰），项目十一（高环成）；数字资源编委编写分工为：项目一（林大专），项目二（贺丹娜），项目三（王学峰），项目四（马翠兰），项目五（施能进），项目六（付晓娟），项目七（庞武耀），项目八（张平），项目九（王顺庆），项目十（吴杰），项目十一（高环成）。邹继华、常兆龙对教材的设计和编写提供了很多宝贵的建议，并对全书进行了审核。

本教材修订过程中，承蒙人民卫生出版社及编委所在院校的大力支持，在此一并表示深切的感谢！此外，本书编写是在汲取第2版教材优点的基础上进行的，同时参阅了大量的文献、资料，在此也向原书编者和引文的作者深表敬意和诚挚的谢意！

全体编委希望本次修订出版的《药品市场营销学》能够成为全国高等职业教育药品类相关专业学生的一本好教材，并为致力于学习药品市场营销学的读者提供一本案头书。

由于作者水平及参与药品营销实践活动有限，书中在体系及内容上恐有不妥之处，敬请同行专家、学者以及广大读者朋友不吝赐教，批评指正。

编委

2018 年 6 月

目　录

模块一　走进药品市场营销

实训模块　药品市场营销模拟实训

模块一

走进药品市场营销

项目一

认知药品市场

项目一PPT

导学情景 ∨

情景描述：

　　作为非处方药（OTC）的重要组成部分，感冒治疗药品是我国医药产品推广品牌营销中最成功的范例。随着一系列医药政策的出台，OTC市场越来越规范，药品零售市场竞争将进入一个崭新的时期。据中国非处方药物协会的统计显示，在中国自我诊疗比例最高的常见病症是感冒，占常见病症的89.6%，这意味着众多的感冒患者不再去医院治疗，而是到药店自行购药。城镇居民在OTC的消费上，感冒药占到85%，远远超过排名第二的消炎药55%的比例，这种现象在全球普遍存在。现阶段，在中国药品零售市场中，感冒药的销售额约占药品零售总额的15%，与止痛药、肠胃药、皮肤药、五官用药一起占据了我国OTC的主体。

学前导语：

　　OTC市场，即非处方药市场是药品市场中非常重要的一大类，本项目将学习药品市场的含义、分类、特点及处方药市场、非处方药市场、原料药市场的特点和影响因素等内容，为今后分析各类市场和制订营销策略奠定良好的基础。

ER-1-1

任务1　认知市场及药品市场

扫一扫，知重点

一、市场概述

（一）市场的含义

市场是个多义词，随着商品经济和企业经营活动的发展，以及使用对象和场合的不同，市场一词的内涵也在不断丰富和发展。

1. 市场是指买方和卖方进行商品交换的场所　这是一个地理、空间和时间上的概念，也是市场的原始概念，指买卖双方购买和出售商品，进行交易活动的地点，如零售药店、中药材批发市场等。

2. 市场是商品交换关系的总和　这个概念涉及商品从生产到消费的整个过程，是指进行商品交换所反映的各种经济关系和经济活动现象的总和，是一种经济学上的定义。

3. 市场是指对某种或某类产品现实和潜在需求的总和　这是市场营销学所理解的市场概念，市场专指买方和需求，而不包括卖方和供给，卖方构成行业，买方组成市场。药品市场营销学也是从这个角度来研究市场的。例如"抗肿瘤药品的市场很大"并不是指抗肿瘤药品的交易场所很大，而是指人们对抗肿瘤药品的需求很大。

（二）市场的构成

市场是一个动态组合的概念,但应突出消费者的需求,因此,市场构成的3个要素分别是人口、购买力和购买欲望。即:

$$市场=人口+购买力+购买欲望$$

这3个要素互相制约,缺一不可。只有这3个要素有机结合起来,才能使观念上的市场变成现实的市场,才能决定市场的规模和容量。假如一个国家或地区人口虽多,但收入极低,则这个国家或地区的市场非常狭窄;相反,假如一个国家或地区居民收入很高,但人口很少,市场同样十分有限;有的国家或地区人口很多,居民收入又高,但若某种商品不能引起人们的购买欲望,对于该商品的销售者来说,也不可能成为现实的市场。所以说,市场是上述3个因素的有机统一。

（三）市场的分类

总体市场是由不同类型的市场构成的。市场可根据不同的特征进行划分,这样有助于研究分析各类消费者的不同需求,为制订不同的营销策略提供依据,详见表1-1。

表 1-1　市场的分类

序号	标准	具体内容
1	根据市场主体	消费者市场、生产者市场、转卖者市场、政府市场等
2	根据竞争程度	完全竞争市场、完全垄断市场和不完全竞争市场
3	根据流通区域	国内市场、国际市场、地区市场
4	根据市场的时间结构	现货交易市场、期货交易市场
5	根据消费者的性别年龄	妇女市场、儿童市场、青少年市场、中年人市场、老年人市场等
6	根据市场交易对象的类别	商品市场、资本市场、金融市场、技术市场、信息市场、劳务市场等
7	根据营销环节	批发市场、零售市场等
8	根据市场的产业属性	农业产品市场、工业产品市场、旅游市场等
9	根据消费者需求	同质市场和异质市场

二、药品市场概述

（一）药品

1. 药品的含义　药品是指"用于预防、治疗、诊断人的疾病,有目的地调节人的生理功能并规定有适应证或者功能主治、用法和用量的物质。包括中药材、中药饮片、中成药、化学原料药及其制剂、抗生素、生化药品、放射性药品、血清、疫苗、血液制品和诊断药品等"(《中华人民共和国药品管理法》第一百条)。

2. 药品的特性　药品既有一般产品的质量特性,也存在其特殊性。

（1)药品的质量特性:质量特性是指"产品、过程或体系与要求有关的固有特性"(ISO9000:2000)。药品的质量特性是指药品与满足预防、治疗、诊断人的疾病,有目的地调节人的生理功能的要求有关的固有特性。主要表现在以下4个方面:

ER-1-2

药品特定的
内涵和外延

1)有效性:药品的有效性是指在按规定的适应证和用法、用量的条件下,能满足预防、治疗、诊断人的疾病,有目的地调节人的生理功能的要求。若对防治疾病无效,则不能成为药品。但有效性必须在一定的前提条件下产生,即有一定的适应证、用法和用量。

2)安全性:药品的安全性是指按规定的适应证和用法、用量使用药品后,人体产生毒副作用的程度。大多数药品均有不同程度的毒副作用,只有在衡量有效性大于毒副作用,或可解除、缓解毒副作用的情况下才能使用某种药品。

3)稳定性:药品的稳定性是指在规定的条件下保持其有效性和安全性的能力。如某些物质虽然具有预防、诊断、治疗疾病的有效性和安全性,但极易变质、不稳定、不便于运输和贮存,也不能作为药品进入医药市场。

4)均一性:药品的均一性是指药物制剂的每一单位产品都符合有效性、安全性的规定要求。由于人们的用药剂量与药品的单位产品有密切关系,特别是有效成分在单位产品中含量很少的药品,若含量不均一,就可能造成患者用量不足或用量过大而中毒,甚至死亡。所以,均一性是在制剂过程中形成的固有特性。

(2)药品的特殊性:药品通常是以货币交换的形式到达患者手中,所以它是一种商品,但它以治病救人为目的,所以是特殊商品。药品的特殊性表现在以下4个方面:

1)专属性:药品的专属性表现在对症治疗,患什么病用什么药,不像一般商品可以互相替代。药品是直接关系到公众身体健康和生命安全的特殊商品,它与医学紧密结合,相辅相成。

2)两重性:药品的两重性是指药品既能防病治病,又有不良反应。药品管理有方,使用得当,可以达到治病救人目的;反之,可危害人体健康甚至生命安全。如阿司匹林,使用得当可以预防血栓形成,使用不当会诱发并加重溃疡病,甚至导致胃出血。

3)质量的重要性:由于药品与人们的生命有直接关系,确保药品质量尤为重要。《中华人民共和国药品管理法》规定:"药品必须符合国家药品标准",只有符合法定质量标准,药品才能保证疗效,允许销售,否则不得销售。

4)时限性:药品均有有效期,一旦有效期到达,即行报废销毁,应当在规定的有效期内合理使用药品。

(二)药品市场

1. 药品市场的含义 从市场营销学的观点来看,药品市场是指药品的现实需求和潜在需求的总和,即在一定时间、一定地点,对药品消费的所有消费者。

药品市场属于专业市场,该市场的建立是社会生产力发展到一定阶段的产物,属于市场经济的范畴。药品市场既体现着药品买方、卖方和药品中介之间的关系,还体现着药品在流通过程中,发挥促进或辅助作用的一切机构、部门与药品买卖双方之间的关系。

▶ 课堂活动

请举例解析什么是药品市场?

2. 药品市场的分类 药品市场可以按照不同的标准进行分类,详见表1-2。

表 1-2 药品市场的分类

序号	标准	具体内容
1	按购买者及其购买目的	药品消费者市场、药品组织市场
2	按药品分类管理要求	处方药市场、非处方药市场
3	按药品产品大类	中药材市场、化学合成药市场、生物技术药市场等
4	按营销环节	药品批发市场、药品零售市场
5	按药品的供求态势	药品买方市场、药品卖方市场
6	按营销区域	药品国际市场、药品国内市场等

从药品营销的角度出发,药品市场主要按购买者及其购买目的划分,分为药品消费者市场和药品组织市场。药品组织市场又分为药品生产者市场、药品中间商市场、非营利组织市场和政府市场。药品消费者市场是药品的终端市场,是我们分析的重点(后续相关项目将详述)。

3. 药品市场的特点

(1)药品市场的特殊性:药品是事关人们生命安全、健康的特殊商品,使得药品市场与其他产品市场相比具有一定的特殊性。

(2)竞争的局限性:由于药品的特性,决定了市场竞争的限制性,主要是价格竞争的限制。

(3)市场需求较大的波动性:药品市场需求波动大,一般是由于突发性、流行性疾病等原因造成的。突发性、流行性疾病会使相关的医药产品的需求量增加,呈现出波动性。

(4)药品消费结构的二元性:药品消费的基本模式是医师决定患者消费药品的种类,而患者消费药品却没有决定权;对于绝大多数药品来说,医师是药品消费的主要决策者,医师根据临床治疗疾病的需要选择药品,药品是疾病治疗方案的重要组成部分,尤其是处方药。我国法律法规严格规定,处方药必须凭医师处方才能使用。

(5)需求缺乏弹性:药品市场的需求缺乏弹性是指消费者对药品的价格变动不敏感,整个市场的需求受市场价格变动的影响较小。对患者来说,生命是最重要的,只要能挽救生命,可以不惜一切代价。因此,药品的价格升高,一般不会引起整个消费需求的明显减少,尤其是用于治疗危重疾病的药品,其需求的价格弹性更小。

(6)需求结构的多样化:从药品需求者的消费习惯看,由于消费者之间存在民族、居住地区、受教育程度、经济发展水平、用药习惯的明显差异,药品市场的购买差异很大,消费层次多。

(7)营销人员的专业化:药品市场的特殊性对医药营销人员提出了特殊的要求,即他们不仅要懂营销管理知识,还要知道医药理论知识和医药法规等内容。

(8)公共福利性强:由于药品关系着人类健康,为了保证人民群众能买得起药、用得到药,国家对《国家基本医疗保险、工伤保险和生育保险药品目录》中影响大的药品实行政府定价,屡屡下调药品价格,并逐步建立健全基本医疗保险制度和国家基本药物制度。因此,药品防病治病的功能也要求医药企业以社会责任为己任,不能单纯追求经济利益,即使是微利产品或无利产品,一旦公众需要,也应该组织生产和销售。

（三）我国药品市场的发展状况

中国的药品市场总体上是中国市场经济发展和人民物质文化生活水平的一种特殊再现。改革开放近40年来,中国的药品市场发生了一系列深刻的变化。从计划经济体制下趋于行政指令的僵硬的调拨手段到市场经济体制下灵活的按照供求关系的配置方式,一些制药企业纷纷转换经营机制,深化内部多项制度改革,实行集团化、集约化的经营方式,采取总代理、总经销另配合连锁化的营销模式,从而促进了一大批具有有限责任、股份制性质的制药营销类企业成长崛起,也促进了我国药品市场的高速、持续和健康发展。

1. 数量巨大但分布不均衡　中国人口众多,对药品的需求量巨大且高速增长,但明显分布不均衡,尤其表现在发达城市和一些欠发达城市以及乡镇地区,前者已经达到了饱和,而后者往往具有很大的需求空间却得不到足够的供给,因此形成了不均衡的市场分布,同时也带来药品价格上的混乱和各个医药产业的不正当竞争。

2. 盈利空间逐步压缩　由于医药企业的激增并进入了竞争白热化的阶段,各个企业往往为了争夺市场而降低药品价格,以让利的方式获得消费者的认可,主观上压缩利润空间,而客观上由于药品产业链条逐步拆分,竞争激烈,也造成了营销成本的提高,从而"分食"了一部分利润。

3. 市场竞争达到国际化程度　现代中国,无论是医药产业还是政府医药管理部门都已经看到了本土企业在与国外同行竞争时所表现出的劣势,因此为了全面提高本土医药企业的整体竞争力,需大力实施全新的质量控制标准。需要进一步完善医保制度,以实现社会民众对药品的支付能力需要。同时,对于在研发领域上存在薄弱环节的本土医药企业,恰恰是一个能够在短时期内沉淀能量、厚积薄发的重大机遇。

4. 多业态、多品种、多方式经营成为常态　随着"健康中国"战略的推进、群众健康管理观念的转变,行业发展环境将不断优化,未来药品市场的发展将面临重大机遇。互联网与传统医药产业的融合加快,以医药电商为基础发展起来的O2O、慢病管理、在线诊疗等新兴业务模式将促使药品销售业由传统药品销售商转为提供医药商品、健康产品、专业药学服务和大健康管理的综合销售服务商。药品销售行业将加快产业布局,多业态、多品种、多方式经营将成为常态。

总之,中国在入世后融入了经济全球化的潮流,在医药体制改革、流通体制和保险制度向纵深方向发展的同时,与"国际接轨"成为当代医药产业和中国政府所倡导的主要内容和必要的改革环节。

点滴积累　∨

1. 市场的构成要素有人口、购买力、购买欲望。

2. 药品的特性有药品的质量特性（有效性、安全性、稳定性、均一性）和药品的特殊性（专属性、两重性、质量的重要性、时限性）。

3. 药品市场的特点为特殊性、竞争的局限性、市场需求波动大、消费结构的二元性、需求缺乏弹性、需求结构的多样化、营销人员的专业化、公共福利性强。

任务 2 解析处方药市场

一、处方药市场概述

（一）处方药的含义

ER-1-3

处方药是指凭执业医师和执业助理医师处方方可购买、调配和使用的药品。

处方药的分类

[《中华人民共和国药品管理法实施条例》（2016 修订版）第七十七条]

▶ **课堂活动**

> 根据所学的知识，请同学们列举一些生活中所用的药品，指出哪些属于处方药？ 它们有哪些
> 特点？

（二）处方药市场的特点

1. 处方药市场有较严格的流通渠道 处方药是解除疾病用药的主体，必须依法进行严格的监督管理。处方药主要通过医院、零售药店处方药品专柜等渠道进入患者手中，其中医院药房是患者的主要购买渠道。

2. 处方药市场药品的选择权与使用权分离 处方药一般不作为家庭常备药，必须凭执业医师或执业助理医师处方，由执业药师或药师审核后方可调配、购买和使用。我国目前 90% 的处方药是通过医院销售出去的，也就是说医师是 90% 的处方药的终端销售人员。他们都是受过专门训练的专业人员，具有丰富的专业知识。医师对某种处方药的认可程度直接影响该药品的销售，这就意味着处方药企业的营销者必须是受过良好训练的专业推销人员才有可能与医师进行沟通。

3. 处方药市场的药品专业性强 抗感染药品、心血管药品、抗癌药、特殊管理药品等类别的药品需要具备较高医学药学知识的专业人士（即医师、药师），并结合疾病的病理机制方能决定使用哪种药品，因此国家规定需医师处方才能购买，即常说的在医师指导下使用。

4. 广告宣传的专业化管理 绝大多数国家规定处方药不得对公众做广告宣传，但允许其产品信息在医药类学术杂志上传播。在我国，处方药只准在已批准的专业性的医药报刊和媒体上进行广告宣传。

5. 药品销售的限制性 处方药市场的药品只能在指定的柜台上出售，不允许开架销售。

二、处方药市场影响因素

（一）国家药品监督管理法律法规及相关政策的影响

由于药品直接关系到人们的生命与健康，间接和直接制约其他各项事业的发展，因此各国政府都十分重视对药品及药事活动的监督与管理，出台了一系列的法律法规及相关政策，如我国的《处方药与非处方药分类管理办法（试行）》《中华人民共和国药品管理法》《关于加强处方药广告审查管理工作的通知》《药品流通监督管理办法》《关于进一步做好医疗机构药品集中招标采购工作的通

知》等,这些政策法规在很大程度上影响了处方药的市场营销策略。

(二) 医师处方的影响

由于药品种类繁多,同一功能的药品有多个企业生产销售,产品竞争激烈。同时,由于每一种药品所包含的信息量大,普通消费者很难掌握,药品又必须对症下药,所以药品的使用就必须依赖于医师掌握的医学知识以及进行的临床诊断方可使用。患者在经医师诊断后主要根据医师的处方购买药品,自己处于一种被动消费状态。因此,在处方药的销售上,医师的处方权处于相对优势的地位。

(三) 相关采购人员的影响

研究分析每一个组织购买过程中的参与者及其担当的不同角色,有助于医药企业在营销过程中采用正确的促销策略,尤其对专门做医院推广工作的业务人员而言显得尤为重要。

(四) "互联网"时代的影响

随着互联网时代的到来,有关处方药网络销售的讨论越来越多,电商纷纷把目光瞄向了这块"大蛋糕"。2014 年国家食品药品监督管理总局公布的《互联网食品药品经营监督管理办法(征求意见稿)》中提到:"互联网药品经营者应当按照药品分类管理规定的要求,凭处方销售处方药;处方的标准、格式、有效期等,应当符合处方管理的有关规定。"该征求意见稿打破了网上销售处方药的坚冰。自此,很多电商都对处方药网上销售"虎视眈眈",正加紧布局,可谓万事俱备,只待政策放开。

知识链接

药店借互联网"蚕食"处方药市场

在医药分离的新医改背景下,80% 的医院药品份额将外流,每一家连锁药店都希望吃下这一块巨大的蛋糕。上市药店 LBX 大药房与互联网医院平台微医达成合作,通过药店+在线问诊模式抢占原本被医院牢牢"把控"的处方药市场。LBX 大药房根据门店商圈特点将公司现有门店分为医院店、商业店和中医特色店等类型,并形成相应的技术标准,店内设立 $10m^2$ 左右的"互联网医院"接诊点,药房会员可享受三甲医院专家免费的用药指导,分为图文和在线视频 2 种。医师可在线开具电子处方,再交由店内的执业药师配药并出售给消费者。若疾病较重需要就医,可通过微医在线预约挂号,再进一步治疗。

药店+互联网医院的模式是业内首例,这意味着药店发挥出"门诊"的作用,过去需要在医院排队很久才能看的小病,在药店几分钟就可以解决了,符合国家的分级诊疗政策。

(来源:北京商报,2016 年 5 月 26 日,第 005 版)

三、处方药市场的营销要点

中国医药市场经历快速发展的 20 年,医药工业总产值已经超过 2 万亿元。从用药金额来看,中国已经达到世界第三的水平,但从医药研发和药品质量来讲,我国在世界范围内还处于较落后的状态。处方药市场营销主要应把握好以下几点:

（一）把握产品卖点

处方药的卖点是处方药整体推广策略和手段的基础。处方药的卖点和所有消费品的卖点一样，即产品给消费者的核心利益点。这就要求销售人员不仅要掌握药品的药理和药效、临床疗效及副作用，同时还要有针对性地深入了解药品市场，对市场走势有清晰的认识。

（二）与患者直接沟通

在处方药的推广中，与患者的直接沟通是一项重要任务。与患者沟通的过程就是对患者进行药学教育的过程。通过沟通，可以提高患者对治疗的依从性，增加患者对品牌的忠诚度。患者在认知疾病的同时，意味着药品的潜在使用人群进一步扩大。目前许多医药公司都通过做有关健康的教育及公益广告来塑造品牌形象。而更为直接的做法是，通过调研收集患者对药品的反映，然后有针对性地对消费者进行说服教育。

（三）提高医师的认同度

与医师等专业工作者的沟通中，传统的方法是将有关药品的宣传资料发给医师。这种方法虽然能够在一定程度上促进药品的销售，但是不会使医师对药品真正感兴趣，患者的信任度也会大打折扣。而只有那些真正满足医师需求，使医师在与药品的接触中有参与感，并引发医师对药品产生真正的认同感，从而产生共鸣的方式才是最有效的，如通过实行专业化学术推广来提高医师的认同度。

ER-1-4

某药业的学术营销

（四）读懂政策找方向，借外力发挥长板优势

处方药的市场营销目前形势严峻，各种政策相继出台，该形势尤其考验处方药营销掌舵人的智慧和胆识，必须冷静，认真分析各种政策和消息落地的可能性和时段性，提前预判，顺势调整，切忌人云亦云，企业在发展的大方向上几乎没有试错的机会。信息时代，借助外部资源，发挥长板优势，准确找出适合自己发展的线路，深耕细作，放下当前得失，放眼未来，才能决胜千里。

点滴积累 ╲╱

1. 处方药市场的特点为有较严格的流通渠道；药品的选择权与使用权分离；药品专业性强；广告宣传的专业化管理；只能在柜台上出售，不允许开架销售。
2. 处方药市场的影响因素有国家药品监督管理法律法规及相关政策、医师处方、相关采购人员、"互联网"时代。
3. 处方药市场的营销要点为把握产品卖点；与患者直接沟通；提高医师的认同度；读懂政策找方向，借外力发挥长板优势。

任务3 解析非处方药市场

一、非处方药市场概述

（一）非处方药的含义

非处方药是指由国务院药品监督管理部门公布的，不需要凭执业医师和执业助理医师处方，消

费者可以自行判断、购买和使用的药品。[《中华人民共和国药品管理法实施条例》(2016修订版)第七十七条]

非处方药在美国又称为柜台发售药品(over the counter drug),简称OTC。这些药物大多用于多发病、常见病的自行诊治,如感冒、咳嗽、消化不良、头痛、发热等。为了保证人民健康,我国非处方药的包装标签、使用说明书中标注了警示语,明确规定药物的使用时间、疗程,并强调指出"如症状未缓解或消失应向医师咨询"。

知识链接

保健品不是药品

保健品是保健食品的通俗说法,GB16740-2014《食品安全国家标准保健食品》第2.1条将保健食品定义为:"声称并具有特定保健功能或者以补充维生素、矿物质为目的的食品。 即适用于特定人群食用,具有调节机体功能,不以治疗疾病为目的,并且对人体不产生任何急性、亚急性或慢性危害的食品。"所以它不是药品。

保健品是介于食品和药品之间的一种特殊食品,这类食品除了具有一般食品皆具备的营养和感官功能(色、香、味、形)外,还具有一般食品所没有的或不强调的食品的第3种功能,即调节人体生理活动的功能。 它的功能定位应明确在针对人群中普遍存在的亚健康状态(或称亚临床状态),调节、缓解、改善人群的这种前疾病状态,预防性地提供健康保障。

(二)非处方药市场的特点

1. 药品的销售以"消费者为中心" 非处方药直接面对消费者,主要通过零售药店等渠道进入患者手中,患者可以在购药的同时通过店员获得药品功能、适应证、用法用量及注意事项等方面的咨询。

非处方药的特点与分类

如何区分处方药与非处方药

2. 药品的选择权和使用权统一 患者通过自身掌握的相关医学、药学知识,或者以往的用药经验来决定自己购买哪种非处方药,选择权和使用权都在患者自己。

3. 药品多为治疗常见疾病的家庭常备药 非处方药品一般具有历史悠久、生产技术成熟、疗效确切、易被患者接受等特点,如感冒药、解热镇痛药、消化道用药、皮肤用药、维生素等。

4. 药品经审批可以在大众传播媒介进行广告宣传。

5. 非处方药市场的药品允许开架销售。

二、非处方药市场的影响因素

(一)国家政策法规及突发事件的影响

医疗卫生体制改革和基本医疗保险制度的建立,将使消费者建立起现代的药品医疗消费观念。基本医疗保险制度使医疗保险范围扩大1倍,也将使药品消费总量扩大,特别是非处方药占有相当大的份额。药品分类管理制度的逐步建立将使非处方药的品种越来越多。零售药店的改革将使人们更方便地获得非处方药品及用药指导和服务。药品价格和广告管理政策也有利于非处方药市场发展。国家发改委对药品价格的干预及国家对某些非处方药的重新评定,将极大影响这些非处方药的市场营销状况。如季节性流感对非处方药市场抗病毒药的营销影响很大。

(二)购买者健康观念及用药习惯的影响

近年来,经济的快速发展和生活水平的提高使人们的健康观念发生转变,自我药疗的水平不断提高。随着人口数量的不断增加和社会老龄化的加剧,越来越多的人更加重视自我保健,成为非处方药的消费者。购买者根据用药经验选择用药,在这种类型的购买者中,有些为慢性疾病患者,曾长期服用某药品,或者是自身及周围人群中患过某种疾病而用这种药治愈,当再需要治疗此种病时,多继续购买这种药品。

(三)专业人员的影响

尽管非处方药不需要医师开具处方,消费者可自行购买,但药品毕竟是特殊商品,药品知识的专业性强,所以消费者在购买非处方药产品时,十分关注专业人士如医师、药师、药店销售人员等的意见。他们不仅销售药品,还向患者介绍和推荐药品,患者通过他们的介绍及推荐形成购买意向,做出购买决策。

(四)传播媒介的影响

主要是受各类媒介广告的影响,如电视、报纸等广告。在我国,消费者获得药品方面的相关知识主要是来自电视、网络及报纸。

三、处方药市场与非处方药市场比较

(一)政策法规方面

非处方药市场与处方药市场同属于药品市场,对政府政策法规的依赖程度较深,有严格的药品政策法规、指导原则。但同时,非处方药市场与处方药市场在对政策的依赖程度上又有很大不同。具体见表1-3。

表1-3 政策法规方面的区别

项目	处方药市场	非处方药市场
价格政策	处方药产品的价格受政府调控程度大,不能完全自主地进行价格竞争	非处方药产品的定价相对灵活,通常由厂家根据自己产品的知名度和市场情况来决定价格
广告与促销	通常处方药只允许在医药专业媒体上对专业人士做广告,不允许对公众做广告,也不可以进行大规模的市场策划和市场促销等活动	非处方药需要做大规模的广告、进行促销等营销手段,允许其在大众媒体上发布广告
报销政策	各个国家政策不一,相对而言处方药的报销比例大	非处方药的报销比例小

(二)研发系统方面

与处方药相比,非处方药在其新产品研究和开发上具有不可比拟的优势,它的新产品开发的技术含量要求相对于处方药产品来讲要低得多,资金要求也不高。其优势具体表现为:

1. 生命周期长　开发非处方药新产品可以充分利用专利到期或失去行政保护的活性成分转向品牌保护,极大地延长了产品的生命周期。据统计,一个新药作为处方药的平均使用寿命只有 8 年,而从处方药转换成非处方药之后其平均使用寿命可长达 34 年。

2. 开发费用低　制药企业开发一个处方药新药的费用通常要占产品销售额的 15% ~ 20%,而相比之下开发一个非处方药的费用只占 3%。处方药新药开发投资巨大,周期长,风险大。

3. 产品差异性表现明显多样　处方药的功效主要在于治疗,其产品差异性主要体现在化学成分上。而非处方药的差异性则更多地体现于其功效上,需要根据不同的消费者偏好进行新产品的开发,比如新剂型、新色彩、新形状等可以申请专利。

4. 报批相对简单　由于安全性相对较大,非处方药新产品的审批程序比处方药新药简单许多,报审周期也较短。

(三) 市场结构和竞争策略方面

由于非处方药与处方药在产品特性、政策等方面的诸多不同,非处方药市场与处方药市场的竞争结构与竞争策略也大不相同,具体见表1-4。

表 1-4　市场结构和竞争策略的区别

项目	处方药市场	非处方药市场
市场结构	很多处方药新药处于独家垄断的市场	垄断竞争的市场
选择权、使用权及消费权	相分离	统一
盈利能力	强	弱

(四) 市场规模与容量方面

处方药仅限于医院药房或药店中凭医师处方购买。而非处方药品种众多,流通和分销渠道十分广泛,既可以在医院药房中出售使用,又可以通过零售药店、超市以及互联网由消费者自由购买,其市场规模远远超过处方药市场。

我国在实施药品分类管理制度以前,未在管理上和统计中将处方药与非处方药市场分开,因此,目前还没有明确界定的非处方药市场概念和统计数字。但实际上,我国存在着广阔的非处方药市场,自费用药的人群日益增多,自我药疗的趋势也被迅速增长的经济力量、社会的进一步开放和现代医疗保险观念逐渐被接受而推动。

点滴积累 ∨

1. 非处方药市场受国家政策法规及突发事件、购买者的健康观念及用药习惯、专业人员、传播媒介等因素的影响。

2. 处方药市场与非处方药市场相比较,在政策法规、研发系统、市场结构和竞争策略、市场规模与容量方面有不同。

任务 4　解析原料药市场

一、原料药市场概述

原料药(active pharmaceutical ingredient,API)是指用于药品制造中的任何一种物质或物质的混合物,而且在用于制药时成为药品的一种活性成分(图 1-1)。此种物质在疾病的诊断、治疗、症状缓解、处理或预防中有药理活性或其他直接作用,或者能影响机体的功能或结构(出自《原料药的优良制造规范指南》)。

由原料药加工制成的便于患者服用的给药形式(如片剂、胶囊、散剂、丸剂、注射液等)称为药物剂型(图 1-2)。

图 1-1　原料药

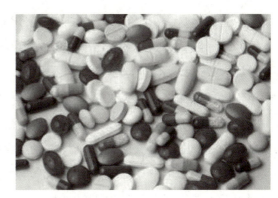

图 1-2　药物制剂

ER-1-7

原料药的分类

原料药市场是指原料药的购买者,主要是指药品产业市场。原料药一直是我国最具特色的医药出口品种,在世界原料药市场中占有绝对份额。

▶ 课堂活动

原料药和药物制剂有什么不同?　为什么患者不可以直接服用原料药,需要经过制剂技术加工后才可以服用?

二、原料药市场的特点

(一)天然化学原料药市场的特点

1. **品种丰富**　我国历史悠久,地域辽阔,从高山到平原,从陆地到江河湖泊,蕴藏着极为丰富的天然药物资源。2014 年出版的《中药大辞典》第 2 版收载的品种达 6008 种。

2. **野生资源短缺**　由于长期以来人类对野生天然药物资源无节制的开发利用,许多野生天然药物资源已濒临灭绝,如虎骨、牛黄、麝香等。许多有着神奇独特功效的经典药方,因天然药物的匮乏而销声匿迹。

3. 标准化生产　中药现代化、标准化、规范化工作的实施将会对中药市场产生深远的影响。中药现代化是将传统中医药的优势、特色与现代科学技术相结合，以适应当代社会发展需求的过程。中药现代化不仅要继承和发扬中医药学理论，运用科学理论和先进技术，推进中药标准化工作发展；还要以市场为导向，以政策为保障，充分利用中医药资源优势，形成具有市场竞争优势的现代中药产业。

4. 国家政策支持　2016 年 2 月 22 日国务院印发的《中医药发展战略规划纲要（2016—2030年）》，以及 2016 年 12 月 25 日审议通过，2017 年 7 月 1 日开始实施的《中华人民共和国中医药法》都说明国家对中医药的发展在政策法规方面的支持，这给中药的发展提供了机遇。

（二）化学合成原料药市场的特点

1. 营销环境复杂　化学合成原料药成本高、污染严重、市场竞争激烈。化学原料药生产位列于六大重污染行业之中。随着《制药工业污染物排放标准》的出台，化学原料药生产必须面对环保成本的压力。此外，化学原料药市场的质量成本（如 GMP 成本）、能源成本（粮食、石油等价格上升）、贸易成本近年来持续上升，使原本竞争激烈的原料药市场竞争更加激烈。

2. 单个需求数量大　化学合成原料药的需求对象主要是制剂生产企业，属于组织市场，相对于消费者市场来说，购买者少，但购买数量大。

3. 派生需求，其需求弹性小　化学合成原料药的需求是生产资料需求，是由于患者对制剂的需求派生出来的需求，价格、广告宣传等对市场需求的影响不大，主要取决于生产结构和发展速度。

4. 需求的专业性强　由于药品属于特殊商品，对质量要求严格。为了保证制剂生产质量的稳定性，化学合成原料药的质量是生产资料消费中优先考虑的因素，属于理性购买。为此，化学原料药一般都由内行的专业人士进行采购，专业性较强。

5. 市场需求相对稳定　由于制剂生产大多是均衡、连续进行的，对化学原料药的需求较为固定，一旦确定购买，一般一年内不会更换产品的产地、规格，以免影响制剂的质量。所以化学合成原料药的购买具有连续性，业务关系相对稳定。

（三）生物化学原料药市场的特点

1. 市场发展迅速　近 20 年来，以基因工程、细胞工程、酶工程为代表的现代生物技术迅猛发展，人类基因组计划等重大技术相继取得突破，现代生物技术在医学治疗方面广泛应用，生物药物市场发展明显加快。20 世纪 90 年代以来，全球生物药品销售额以年均 30% 以上的速度增长，大大高于全球医药行业年均不到 10% 的增长速度。

2. 发达国家占据主导地位　少数发达国家在全球生物医药市场中占有绝对比重。在世界药品市场中，美国、欧洲、日本三大药品市场的份额超过 80%。从生物技术产业看，目前，GEN 官网发布的 2017 年全球排名前 25 位的生物技术公司中，排名前 3 位的分别是美国安进公司、吉利德科学公司和丹麦的诺和诺德制药有限公司，值得关注的是中国药企（包含香港地区）有 5 家挤入了该名单，最高名次是江苏恒瑞医药的第 13 位，说明我国的生物技术公司已经开始跻身国际前列。

3. 科学技术及资金密集型特征　对于新兴市场，该行业具有高投入、高效益、高风险、长周期的特征。新药发现是一项整合分子生物学、基因组学、系统生物学知识和技术的复杂的系统工程。前期开发需投入大量的资金、技术、人力,需要经过生物筛选,药理、毒理等临床前试验,制剂处方及稳定性试验,生物利用度测试和放大试验直到用于人体的临床试验以及注册(在美国获 FDA 批准)上市和售后监督一系列步骤,可谓是巨大的系统工程,其成功率仅为 5% 左右,需要跨国制药巨头之间、生物技术公司和制药公司结盟并联合进行投资。

4. 市场发展得到重视 许多国家都把生物技术产业作为 21 世纪优先发展的战略性产业,作为提高本国竞争力的重要手段,纷纷制订发展计划,加强领导,网罗人才,加大对生物医药的政策扶持与资金投入。美国政府在《国家生物经济蓝图》中,明确将"支持研究以奠定 21 世纪生物经济基础"作为科技预算的优先重点。欧盟在《持续增长的创新:欧洲生物经济》中,将生物经济作为实施欧洲 2020 战略,实现智慧发展和绿色发展的关键要素。我国在《"十三五"生物产业发展规划》中,提出要进行产业结构优化持续升级,产业迈向中、高端发展,形成 20 家以上年销售收入超 100 亿元的大型生物企业,在全国形成若干生物经济强省、一批生物产业双创高地和特色医药产品出口示范区,产业规模保持中、高速增长,到 2020 年,生物产业规模达到 8 万亿~10 万亿元,生物产业增加值占 GDP 的比重超过 4%,成为国民经济的主导产业。

案例分析

案例

某制药公司成立于 20 世纪 70 年代,传统业务为原料药及中间体的加工和制造,增长缓慢。 2008 年以来公司通过开展直接与创新药企业合作新业务逐步实现转型,新业务在公司收入和毛利中的比重不断加大。 2014 年新业务收入为 3 亿元,收入和毛利占比分别达到 25% 和 44%,成为公司未来的主要增长点。 公司现有合同定制客户主要包括诺华、吉利德和罗氏等跨国药企,合作产品涉及黑色素瘤、丙肝和肺癌等已上市的大病种药物,相关制剂的生产将带动公司的专利原料药业务保持快速增长。 同时,公司已经储备 60 多个处于不同阶段的合同定制项目,多数为跨国公司在研的大病种领域品种,如治疗高血压及心力衰竭等的品种等。 这些新药的陆续上市,将为企业打开广阔的成长空间。

分析

我国是原料药生产和出口大国,原料药生产在为企业收获利润的同时也存在许多问题,如技术门槛较低、原料药制造成本升高、自主创新能力弱等。 新的阶段如何促进原料药企业转型、实现原料药升级发展成为关键。 该制药公司采取直接与创新药企业合作的方式,促进了行业转型。

三、原料药市场的影响因素

(一) 政策法规因素的影响

原料药也会关系到人们的生命与健康,间接和直接制约着其他各项事业的发展,因此各国政府也非常重视对原料药的监管和发展。如美国、欧洲等发达国家政府对原料药品的市场准入都有非常严格的规定和管理,并由相应的机构来实施对相关原料药品的规范。中国是全球最大的原料药生产和出口国,为有效监督和管理原料药的出口,国家药品监督管理部门根据工作需要制定、发布、调整

《出口药品和医疗器械监管品种目录》,生产该目录内的出口药品的企业,应当依照药品生产监督管理有关规定申请并取得《药品生产许可证》,依照药品注册管理有关规定申请并取得药品批准文号,依照药品生产质量管理规范认证管理有关规定申请并取得《药品 GMP 证书》,出口前应按规定申请《药品销售证明书》。

(二)生产规模和技术的影响

酝酿已久的《制药工业污染物排放标准》正式实施后,将作为强制性标准在全行业内执行,新建企业必须按照新标准设计生产,老企业则在一定的期限内(初定为 3 年时限)完成整改升级。对于大型原料药生产企业,每年的环保运行费用至少在几千万元以上,环保运行成本将随着国家监管力度的加强与标准的提高而进一步增长,推动原料药价格上扬,从而影响其市场状况。现阶段我国的原料药都以仿制为主,附加值较低,主要是以量和价格竞争占领市场,而非以科研等主导市场,所以原料药市场面对良好的市场预期及严峻的发展挑战。从整个行业的角度来说,我国需要多吸取发展较好的国家的经验。而从企业的角度来说,我国的原料药生产企业应寻求从生产粗放型的医药中间体向精细型的高端产品转变。

(三)营销队伍建设与营销策略运用的影响

原料药生产经营企业的营销策略不断变化,目前,我国医药原料药行业的竞争手段已经从低价竞销的低级销售方法转向依靠品牌、实力、服务、创新等综合方法的高级营销。会议销售曾经是医药原料药的主要方式,而在传媒资讯呈立体式发展的今天,医药原料药的销售同样也进入了立体化的时代。现在,企业的重点不是对药品推销而是对企业自身形象的展示,从而推广企业的品牌。由此看来,在现有的市场条件下原料药的市场营销方式正在不断向多渠道的方向发展。

点滴积累 ∨
1. 原料药为患者不能直接使用,只有经过制剂技术加工,制成适合于患者使用的各种制剂形式后患者才能使用。
2. 原料药市场受政策法规、生产规模和技术、营销队伍建设与营销策略运用的影响。

目标检测

一、选择题

(一)单项选择题

1. 我们常说"治疗感冒药品的市场很大",这是对下列哪个市场概念的诠释(　　)

   A. 市场是指买方和卖方进行感冒药品交换的场所

   B. 市场是指感冒药品交换关系的总和

   C. 市场是指人们对感冒药品的需求很大

   D. 市场是指感冒药品交换或流通的领域

   E. 以上都不正确

2. (　　)是构成市场的最基本的条件,没有它就不可能有市场存在

    A. 人口   B. 需求   C. 购买习惯

    D. 购买力   E. 消费者的收入

3. 以下哪一类属于处方药(   )

    A. 心血管药   B. 感冒发热药   C. 助消化药

    D. 消除疲劳类滴眼液   E. 维生素类药

4. 药品消费结构的二元性是指(   )

    A. 医师是药品消费的决策者和消费者

    B. 医师和患者都是药品的消费者

    C. 医师决定患者消费药品的种类,而患者消费药品却没有决定权

    D. 患者是药品的最终消费者

    E. 患者家属决定

5. (   )专有标识用于甲类非处方药,其中(   )类非处方药相对更安全

    A. 绿色,乙   B. 红色,乙   C. 绿色,甲

    D. 红色,甲   E. 黄色,乙

6. (   )患者不能直接使用,只有经过制剂技术加工,制成适合于患者使用的各种制剂形式后才能使用

    A. 头孢氨苄胶囊   B. 六味地黄丸   C. 维生素 C 泡腾片

    D. 吗啡注射液   E. 阿司匹林原料

（二）多项选择题

7. 一个现实有效的市场是由(   )组成的

    A. 人口   B. 地理分布   C. 购买力

    D. 购买意向   E. 消费习惯

8. 药品是一种特殊商品,其特殊性表现在(   )

    A. 专属性   B. 两重性   C. 安全性

    D. 质量的重要性   E. 时限性

9. 按照药品分类管理要求划分,药品市场可分为(   )

    A. 处方药市场   B. 药品消费者市场   C. 药品组织者市场

    D. 非处方药市场   E. 中药材市场

10. 非处方药与处方药相比有哪些优势(   )

    A. 生命周期长   B. 开发费用低   C. 利润大

    D. 报批简单   E. 可以进行广告宣传

11. 下列哪些市场中广告的作用尤为突出(   )

    A. 处方药市场   B. 非处方药市场   C. 生物药品市场

    D. 保健品市场   E. 原料药市场

12. 下列哪些药品可在电视上做广告宣传(   )

    A. 心血管药　　　　　　B. 抗生素　　　　　　C. 助消化药

    D. 感冒发烧药　　　　　E. 特殊管理药物

13. 以下哪些属于非处方药市场的特点(　　)

    A. 直接面对消费者　　　B. 多为家庭常备药　　　C. 不允许开架销售

    D. 店员可推荐　　　　　E. 可进行广告宣传

14. 下列属于化学合成原料药的是(　　)

    A. 氢氧化铝　　　　　　B. 三硅酸镁　　　　　　C. 阿司匹林原料

    D. 磺胺嘧啶钠原料　　　E. 青霉素原料

二、简答题

1. 药品市场的特点有哪些?

2. 简述处方药市场与非处方药市场的不同点。

3. 简述处方药市场的特点。

4. 影响非处方药市场的因素有哪些?

5. 处方药市场的营销要点有哪些?

三、案例分析

新形势下处方药市场怎么做

众所周知,外资医药企业在药品营销方面有一整套的专业体系,他们的学术推广有章有法、持续到位,长期持续的专业化学术推广得出了令人吃惊的结果。

葛兰素事件后,遣散了大部分医院推广代表,医院推广陷于停滞状态。在很长的一段时间里,没人管理以往的医院客户,客情这一环彻底断了。按国内药企的理解,其药品销量肯定会一落千丈,但结果却出乎预料,在没有维护客情的情况下,其产品在临床一线的使用几乎没有受到影响。

处方药的属性决定其主战场不太可能离开医院,处方药必须在医师指导下使用。OTC 全面放开,会对处方药造成很严重的影响。当前,处方药营销所面临的困难正是考验每一位药品营销者的时刻。处方药的使用离不开医院医师,处方权一定还会在医师手中,所以坚守医院阵地,实行专业化学术推广,引发医师对药品产生真正的认同感,从而产生共鸣,才是未来处方药营销的出路。

讨论分析:

1. 根据所学的知识,分析处方药市场的营销要点有哪些?

2. 结合该案例谈一谈新形势下处方药市场应该怎么做。

项目二

认知药品市场营销

导学情景 ∨

情景描述：

康弘药业的朗沐（康柏西普眼用注射液）在研发阶段即与营销有机结合，从始至终坚持朗沐专业化推广路线，通过优秀营销团队的执行运作，在国内外迅速建立了国际化的品牌形象和强大的学术影响力。主要推广有：

1. "朗视界 沐光明"公益基金患者援助项目 本项目先后在北京、上海、广州、成都等地的项目医院启动，对符合援助条件的患者提供朗沐药品慈善援助。

2. "关爱抗战老兵"公益活动 在反法西斯战争中保家卫国的老兵如今大部分人罹患WAMD（湿性黄斑视网膜病变）、白内障等眼疾而无力医治。朗沐特设置"关爱抗战老兵"公益捐赠，表达对老兵的祝福，朗沐为您的祝福向老兵捐赠10元爱心善款。

3. "白求恩·朗沐中青年眼科科研基金" 该基金围绕治疗眼底基本临床应用的新理论、新技术、新方法，为眼科专业人才医学科研提供资金资助和技术支持。

学前导语：

康弘药业通过一系列营销活动，获得了良好的社会效益和经济效益。企业要获得长久的发展，离不开有效的市场营销。本项目将学习药品市场营销的基本常识，为后面的学习打好基础。

扫一扫，知重点

任务1 认识市场营销

一、市场营销概述

（一）市场营销的含义

市场营销学是由英文"marketing"一词翻译而来的。"marketing"有两层含义：一是指营销活动，即企业的具体活动或行为，译为"市场营销""市场行销"等；二是指营销学，即研究市场营销活动及其规律性的应用科学，译为"市场学""市场营销学"等。我们要重点分析把握的是第一层含义。

国内外学者对市场营销有过很多定义，其含义也在不断地更新完善。美国著名营销学家菲利普·科特勒对市场营销的解释得到了众多专家学者的认同，他认为市场营销是个人和群体通过创造并同他人交换产品和价值以满足需求和欲望的一种社会管理过程，具体包括产品和服务的设计、定价、促销、分销和交换等,以达到个人和组织的目标。

根据上述定义,可以将市场营销含义具体归纳为下列要点:

(1)市场营销的最终目标是"满足需求和欲望"。

(2)"交换"是市场营销的核心,交换过程是一个主动、积极寻找机会,满足双方需求和欲望的社会管理过程。

(3)交换过程能否顺利进行,取决于营销者创造的产品和价值满足顾客需求的程度和交换过程管理的水平。简单的市场营销过程见图2-1。

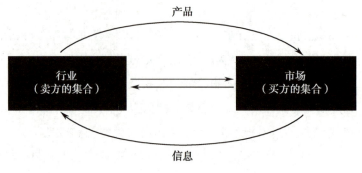

图 2-1 简单的市场营销过程

知识链接

菲利普·科特勒谈市场营销的定义

菲利普·科特勒认为市场营销的中心目的是需求管理,主要责任是创造有盈利的增长。 他对市场营销的最短的定义是"有盈利地满足需求"。 他还认为,美国市场营销协会(AMA)在 2003 年发表修订后的市场营销定义:"市场营销是一种组织职能和一套流程,用来对顾客创造、沟通和交付价值,以及以有益于组织及其利益相关者的方式管理顾客关系"存在的唯一的问题是说市场营销是一套职能,而没有在其定义中说市场营销也是整个公司的一种哲学,这是平庸的公司和伟大的公司的区别。

(二)市场营销与推销的区别

现代市场营销源自于企业的销售管理,但绝不等同于推销(selling)。市场营销与推销的区别主要表现在以下两个方面:

1. 活动范围不同 市场营销活动包括产前、售中、售后的与市场有关的一系列活动,既包括产品生产之前的市场调研、消费需求研究、新产品开发、市场机会分析、市场细分、选择目标市场、市场定位等;又包括产品销售中的定价、分销、广告、人员推销、营业推广等;还包括产品售出之后的售后服务、售后信息反馈、客户关系管理等一系列活动。而推销只着眼于产品的流通环节,只是市场营销活动的一部分,而且不是最重要的部分。因此,有学者将营销比作一座冰山,十分庞大,且根基深厚,而推销只是冰山露出水面的顶端。

2. 活动中心不同 营销是从市场出发,以顾客需求为中心,注重买方需求,生产和经营适合顾客需求的、能够销售的产品。而推销是从企业出发,以生产经营者为中心,注重卖方需求,出售能够生产的产品而从中谋取利润。

管理学权威德鲁克说:"人们总是认为某种推销是必要的,但营销的目的却使推销成为不必要。"

二、市场营销的相关概念

(一)需要、欲望、需求

1. **需要** 是指人们感觉缺少某些东西的一种状态,如人类为了生存必然有吃、穿、住、安全、归属、受人尊重的需要。这些需要存在于人类自身生理和社会之中,市场营销者可用不同方式去满足它,但不能凭空创造。市场营销学最基本的概念是"需要"。

2. **欲望** 是指人们想得到上述需要的具体满足品的愿望,是个人受不同文化及社会环境影响表现出来的对基本需要的特定追求。如为满足"解渴"的生理需要,人们可能选择(追求)喝开水、茶、汽水、果汁、绿豆汤等。市场营销者无法创造需要,但可以影响欲望,开发及销售特定的产品和服务来满足欲望。

3. **需求** 是指人们有能力购买并愿意购买某个具体产品的欲望。需求实际上也就是对某特定产品及服务的市场需求。市场营销者总是通过各种营销手段来影响需求,并根据对需求的预测结果决定是否进入某一产品(服务)市场。

知识链接

马斯洛的需要层次理论

需要层次理论是由美国心理学家亚伯拉罕·马斯洛于 1943 年在《人类激励理论》论文中所提出的。书中将人类需要像阶梯一样从低到高按层次分为 5 种:生理需要、安全需要、社交需要、尊重需要和自我实现需要,见图 2-2。

1. **生理需要** 空气、食物、水、睡眠、衣物、住房等。

2. **安全需要** 人身安全、健康保障、财产安全等。

3. **社交需要** 亲情、友谊、爱情、归属、交流等。

4. **尊重需要** 自我尊重、信心、成就、对他人尊重、被他人尊重等。

5. **自我实现需要** 道德、创造力、自觉性、问题解决能力、接受现实能力等。

图 2-2 马斯洛的需求层次理论示意图

(二)交换、交易

1. **交换** 需要和欲望只是市场营销活动的开始,只有通过交换,营销活动才真正发生。交换是指提供某物作为报酬或与他人换取所需产品或服务的行为,人们对满足需求或欲望之物的取得可以有多种方式,如自产自用、强取豪夺、乞讨和交换等。其中,只有交换方式才存在市场营销。交换的基本条件包括至少有交换双方;每一方都有对方需要的有价值的物品;每一方都有沟通和运送货品的能力;每一方都可以自由地接受或拒绝;每一方都认为与对方交易是合适或称心的。

2. 交易　交易是交换的基本组成单位,是交换双方之间的价值交换。交换是一种过程,在这个过程中,如果双方达成一项协议,我们就称之为发生了交易。交易通常有两种方式:一是货币交易,如甲方支付50元给药店而得到一盒药品;二是非货币交易,包括以物换物、以服务换服务的交易等,如某设计师为医院免费设计装潢而得到终身免费体检。

交换与交易的区别

（三）产品、价值、效用

1. 产品　广义的产品是指企业提供给市场的能够满足人们需要和欲望的任何东西,包括有形的物品和无形的服务;狭义的产品是指与服务相对的有形的物品。产品实际上只是获得服务的载体,这种载体可以是物,如药品、保健品、食品等;也可以是"服务",如诊疗服务、咨询服务、娱乐服务等。

2. 价值　是指产品给人们带来的利益和满意,如人们购买健身器材是为了得到它所提供的保健服务。因此,市场营销者必须清醒地认识到,消费者购买产品时,实际上是购买该产品的价值,市场营销就是提供产品所包含的利益和服务,让消费者的需要得到更大程度的满足。

3. 效用　是指顾客对企业提供的产品满足其需要的整体能力的直接性评价。顾客通常根据对产品价值的主观评价和支付的费用来做出购买决定。因此,他将全面衡量产品的费用和效用,选择购买能使每一元花费带来最大效用的产品。对于企业来说,如果顾客对企业的产品和服务感到满意,也会将他们的消费感受通过口碑传播给其他顾客,扩大企业和产品的知名度,为企业的长远发展不断地注入新的动力。

（四）顾客满意、顾客让渡价值

1. 顾客满意　是指顾客对企业和员工提供的产品和服务的直接性综合评价。顾客往往根据他们的价值判断来评价产品和服务。对于企业来说,如果对企业的产品和服务感到满意,顾客也会将他们的消费感受通过口碑传播给其他顾客,扩大产品的知名度,提高企业的形象,为企业的长远发展不断地注入新的动力。

2. 顾客让渡价值　是指顾客总价值与顾客总成本之间的差额,它一般表现为顾客购买总价值与顾客购买总成本之间的差额。顾客总价值是指顾客购买某一产品与服务所期望获得的一组利益,包括产品价值、服务价值、人员价值和形象价值等。顾客总成本是指顾客为购买某一产品所耗费的时间、精神、体力以及所支付的货币资金等,包括货币成本、时间成本、精神成本和体力成本等。

顾客在选购产品时,往往从价值与成本两个方面进行比较分析,从中选择出价值最高、成本最低,即"顾客让渡价值"最大的产品作为优先选购的对象。企业为吸引更多的潜在顾客,就必须向顾客提供比竞争对手具有更多"顾客让渡价值"的产品。为此,企业可以从两个方面改进自己的工作,一是通过改进产品、服务、人员与形象,提高产品的总价值;二是通过降低生产与销售成本,减少顾客购买产品的时间、精神与体力的耗费,降低产品的总成本。

（五）市场营销者

市场营销者是指希望从别人那里取得资源并愿意以某种有价值的东西作为交换的人或组织。

营销者可以是卖方,也可以是买方。谁更积极、主动寻求交换,谁就是营销者。如果买卖双方都在积极寻求交换,我们就把双方都称为营销者。

三、市场营销理论的发展

随着生产力的发展和人们生活水平的提高,各式各样的新产品层出不穷,企业争夺市场、招徕顾客的竞争也愈演愈烈,其手段和内容不断更新和丰富,市场营销理论也在不断的创新和发展之中,其中有代表性的市场营销理论有以下几种:

(一) 4P 理论

美国营销学学者杰瑞·麦卡锡教授在 20 世纪 60 年代提出了著名的 4P 营销组合策略,即产品、价格、渠道和促销组成的营销手段。

1. **产品(product)** 是指能够提供给市场被人们使用和消费并满足人们某种需要的任何东西,包括有形的产品、服务、人员、组织、观念或它们的组合。

2. **价格(price)** 是指顾客购买产品时的价格,包括折扣、支付期限等。价格或价格决策关系到企业的利润、成本补偿,以及是否有利于产品销售、促销等问题。影响定价的主要因素有 3 个:需求、成本、竞争。产品的最高价格取决于市场需求,最低价格取决于该产品的成本费用,在最高价格和最低价格的幅度内,企业能把这种产品的价格定多高则取决于竞争者同种产品的价格。

3. **渠道(place)** 是指在商品从生产企业流转到消费者手上的全过程中所经历的各个环节和推动力量之和。

4. **促销(promotion)** 是公司或机构用以向目标市场通报自己的产品、服务、形象和理念,说服和提醒他们对公司产品和机构本身信任、支持和注意的任何沟通形式。广告、销售促进、人员推销、公共关系是一个企业促销组合的四大要素。

4P 营销理论为企业的营销策划提供了一个有用的框架。不过,它是以满足市场需求为目标的,重视产品导向而非消费者导向,代表的是企业的立场而非客户的立场。在 4P 的基础上,后来又加上政治权力(political power)与公共关系(public relation)形成 6P 营销策略组合。

(二) 4C 理论

随着经济的发展,市场营销环境发生了很大变化,消费个性化、人文化、多样化的特征日益突出,传统的 4P 理论已不适应新的情况。为此,美国市场营销专家劳特朋于 20 世纪 90 年代提出用新的 4C 理论取代 4P 理论,其主要内容包括以下几点:

1. **顾客(customer)** 4C 理论认为,消费者是企业一切经营活动的核心,企业重视顾客要甚于重视产品,体现在两个方面:第一创造顾客比开发产品更重要,第二消费者需求和欲望的满足比产品功能更重要。

2. **成本(cost)** 4C 理论将营销价格因素延伸为生产经营全过程的成本,包括:①企业生产成本,即企业生产适合消费者需要的产品成本,价格在企业营销中是值得重视的,但价格归根结底是由生产成本决定的,再低的价格也不可能低于成本;②消费者购物成本,它不单是指购物的货币支出,还包括购物的时间耗费、体力和精力耗费以及风险承担。

3. 便利(convenience) 4C理论强调企业提供给消费者的便利比营销渠道更重要。便利就是方便顾客,维护顾客利益,为顾客提供全方位的服务。企业应及时向消费者提供充分的关于产品性能、质量、使用方法及使用效果的准确信息;顾客前来购买商品时,企业应给顾客最大的购物方便;产品售完以后,企业更应重视信息反馈,及时答复、处理顾客意见,对有问题的商品要主动包退包换,对产品的使用故障要积极提供维修方便,对大件商品甚至要终身保修。

4. 沟通(communication) 4C理论用沟通取代促销,强调企业应重视与顾客的双向沟通,以积极的方式适应顾客的情感,建立基于共同利益之上的新型企业、顾客关系。同时,强调双向沟通,应有利于协调矛盾、融合感情,培养忠诚的顾客,而忠诚的顾客既是企业稳固的消费者,也是企业最理想的推销者。

▶▶ **课堂活动**

　　4P理论与4C理论的主要区别是什么? 4C理论一定优越于4P理论吗?

(三) 4R理论

　　21世纪伊始,《4R营销》的作者艾略特·艾登伯格提出4R营销理论。4R理论以关系营销为核心,重在建立顾客忠诚。它阐述了4个全新的营销组合要素:关联(relativity)、反应(reaction)、关系(relation)和回报(retribution)。

　　4R理论强调企业与顾客在市场变化的动态中应建立长久互动的关系,以防止顾客流失,赢得长期而稳定的市场;此外,面对迅速变化的顾客需求,企业应学会倾听顾客的意见,及时寻找、发现和挖掘顾客的渴望与不满及其可能发生的演变,同时建立快速反应机制以对市场变化快速做出反应;企业与顾客之间应建立长期而稳定的朋友关系,从实现销售转变为实现对顾客的责任与承诺,以维持顾客的再次购买;企业应追求市场回报,并将市场回报当作企业进一步保持和发展市场关系的动力与源泉。

　　4R营销理论的最大特点是以竞争为导向,在新的层次上概括了营销的新框架。该理论着眼于企业与顾客的互动与双赢,不仅积极地适应顾客的需求,而且主动地创造需求,把企业与客户联系在一起,从而形成竞争优势。

点滴积累 ⅴ ···

1. 市场营销就是企业以满足消费者需求为核心,以获得最大利益为目标,以交换为手段,有计划地组织各项经济活动,为消费者提供满意的商品或服务而实现企业目标的过程。

2. 市场营销与推销不同,主要表现在2个方面:一是活动范围不同,二是活动中心不同。

3. 市场营销的相关概念有助于我们更好地理解市场营销的内涵,主要有需要、欲望和需求;交换和交易;产品、价值和效用;顾客满意、顾客让渡价值;市场营销者。

4. 市场营销理论主要包括4P理论,即产品、价格、渠道和促销组成的营销手段;4C理论,即顾客、成本、便利和沟通;4R理论,即关联、反应、关系和回报。

任务 2　认识药品市场营销

一、药品市场营销概述

（一）药品市场营销的含义

药品市场营销是指药品企业从满足药品市场需求出发的市场经营活动过程。即药品企业综合运用产品、价格、分销、促销等多种市场营销策略，把药品和服务整体地销售给医疗机构与患者，尽可能地满足人们预防、诊断及治疗疾病的需求的同时，换取合理利润，实现企业自身生存和发展的目标。

（二）我国药品市场营销现状

1. 政府干预和监管力度大　为保护患者权益，政府制定了诸多法律法规来规范药品市场管理，确保药品质量，宣传药品知识，保护患者利益。药品企业在生产、销售等活动中比一般企业要受到更多方面的限制。法制观念深入药品生产与经营的每一个细节，这不仅表现在立法上，使企业与患者的行为有法可依，更重要的是患者自身也日益成熟，利用法律的手段维护自身的正当利益。因此，药品企业从事广告宣传、药品促销等市场营销活动时，必须充分重视和保护消费者权益。

案例分析

案例

央视每周质量报告播出《胶囊里的秘密》，曝光河北一些企业用生石灰处理皮革废料，熬制成工业明胶，卖给浙江绍兴新昌一些企业制成药用胶囊9000万粒，最终流入药品企业，进入患者腹中。短短5个月，对外出售了高达9000万粒。目前，因涉嫌有毒有害食品，11人被宁海检察院批准逮捕。

"毒胶囊"重金属铬含量严重超标，对人体健康造成潜在的损害，甚至会有致癌风险。在我国药用空心胶囊实行许可管理，生产企业必须取得药品生产许可证，采购的明胶应符合药用要求，经检验合格后方可入库和使用，生产的产品应由企业质量管理部门检验合格后才能出厂销售。

分析

以上药品生产厂商利欲熏心，明知会危害民众健康，却为了片面追求经济利益，制售大量"毒胶囊"。其行为侵犯消费者权益、严重违反法律规定、扰乱市场秩序，应依法予以严惩。

---

2. 市场供过于求　除个别品种外，药品市场供求均处于一种供大于求的状况，患者有充分选择药品的余地。如患有感冒的患者在选择抗感冒的药物时，以含对乙酰氨基酚、盐酸伪麻黄碱为主的解热镇痛药为例，所含成分相同、生产厂家不同、药品的商品名不同者有白加黑、百服宁、泰诺酚麻美敏片、泰诺因。药品市场竞争激烈，稍有不慎，便会失去市场。因此，药品企业必须充分认识到患者"货币"投向的重要意义。

二、药品市场营销的特点

药品是事关人们生命安全、健康的特殊商品,因此药品市场营销活动的内容和手段与一般市场营销相比不完全相同,主要有以下几个特点:

(一)以患者为导向

患者需求是企业生产经营活动的出发点,只有事先了解患者的发病率、现有药品的作用与不良反应等,才能生产经销适销对路的药品。因此,药品市场营销的关键是满足各级医疗机构与患者的真正需要,所有的营销策划都必须以满足患者需求为目的。市场调研是起点,从医疗和患者需求出发,使生产经营的药品绝大多数适销对路,再配以良好的市场策略和销售服务,把药品销售给患者,从整体上满足患者的需求。

当然药品企业的最终目标在于增加利润,但这种利润是一种长期的总利润,并不一定要在短期内获得,在短期内企业为改善环境,提高声望,争取市场占有率,甚至可以微利、平价销售。可以说,药品企业营销的出发点是满足患者需求,主要手段为整体营销,目标是长期利润。

(二)明确目标市场

药品企业必须在有效市场细分的基础上,选择和明确自己的目标市场,并开发与之相适应的医药产品,进行有针对性的营销。如专门生产抗生素类药,专门生产五官科用药、儿科用药、妇科用药等。任何制药企业不可能在每个市场经营和满足各种需要,只有选定若干个自己生产、经营能力所及的目标市场,并设计有针对性的营销策略,企业才会将市场做得更大更好。

案例分析

案例

近年来,我国的艾滋病感染人数呈增长趋势,逐年攀升。据国家卫生计生委疾病预防控制局统计,2015年全国艾滋病发病50 330例,发病率为3.6940/10万,死亡率为0.9362/10万。据中康CMH监测数据显示,2015年我国抗艾滋病毒类药物市场总体规模(按照终端零售价计算,下同)为0.8亿元,较2014年增长89.7%。

中康CMH监测数据还显示,2015年我国抗艾滋病毒类药物以吉利德科学公司、默沙东制药有限公司、葛兰素史克制药有限公司和雅培制药有限公司等外资企业为主导,其中美国吉利德科学公司一直在艾滋病药物市场居统治地位,其研发生产的富马酸替诺福韦二吡呋酯片和恩曲他滨替诺福韦片有着临床疗效显著、耐药性及副作用较少的优势,以84.1%的市场份额稳居榜首,而内资企业仅有东北制药挤进前5位。

分析

中国的艾滋病发病人数在不断增加,外资企业纷纷抢滩抗艾滋病毒类药物市场。国内企业在治疗艾滋病疾病领域中需尽可能地实现创新,才能分得一杯羹。

（三）注重整体营销

药品企业在从事药品市场营销活动时必须利用多方位的综合性策略,在产品设计、包装、商标、定价、销售服务、分销渠道、促销、公关、仓储运输等多个方面均需认真制订相应的策略,即整体营销。药品营销把这些策略和手段归结成4个方面,即药品策略、定价策略、分销渠道策略和促销策略,并称为四大营销策略。在每种策略中又包含了一系列的具体手段,成为次一层的组合。比如在药品策略中,包含此种药品是治疗常见病的药品还是治疗罕见病的药品,是创新药品还是仿制药品,估计药品的寿命周期,包装、品牌等;在定价策略中,包含成本核算、价格构成、定价技巧等多种手段;在促销策略中,包含广告、人员推销、营业推广、学术推广等手段;在分销渠道策略中,包含销售渠道、销售地点、存货控制、运输仓储设施等手段。

药品市场营销就是强调这种市场经营策略和手段的综合性、整体性运用,当然,在具体设计营销方案时也可以有所侧重。随着药品营销业务的不断发展,企业营销策略也在不断扩大,企业在营销中要处理好多方的关系,争取舆论支持、树立良好形象、公共关系又成为企业必不可少的营销策略之一。

此外,在营销中还强调调动人的潜在因素,更多地发挥人的作用,包括企业外部的与营销有关系的人、内部的"人"（即员工）。营销过程必须十分重视理解人、了解人,善于处理好与各种人之间的关系,使所有的人都来关心和支持企业的营销活动。

（四）追求利益远景

药品企业营销应以追求利益远景为理念,通过科学、合理的营销手段谋求企业的长期生存,从而获得长远利益,而不是追求一时的药品销售利润。

获取利润是企业经济活动中的基本目标,但是从事市场营销的企业追求利润的手段应建立在满足患者需求的基础上,就是说在营销药品或服务时,企业不能先考虑利润,然后才考虑患者,而应倒过来,首先看这种药品对满足患者需求的价值,然后再考虑企业的利润赢利。患者需求得到满足的程度越大,企业的赢利才可能越多;反之,需求被满足的程度越低,企业的利润也随之减少。

企业在满足需求的过程中,必须充分尊重患者。首先,既要满足患者的治疗需要,同时又须顾及其长远利益,因此,在销售药品时,既要充分介绍其治愈疾病的作用,同时也要说明其不良反应及其预防,使患者有事先意识;其次,药品企业在生产或销售各种不同规格、不同剂量的药品时,要满足不同患者的个别需要,如阿司匹林缓冲片,规格为每片162mg,成人一次服用2~3片,一日3次,满足解热镇痛与抗凝的不同治疗要求。

▶▶ **课堂活动**

谈谈药品市场营销与一般市场营销的区别。

三、药品市场营销组织及岗位

（一）药品市场营销组织

市场营销组织是指企业内部设计营销活动的各项职位安排、组合及其组织结构模式。现代药品市场营销部门一般是在总经理之下设立营销副总经理,主管销售部门和营销部门,如图 2-3 所示。

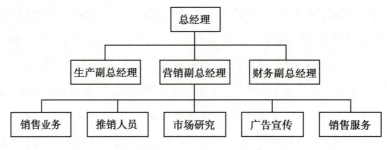

图 2-3 现代市场营销部门示意图

现代企业的市场营销组织形式有多种,无论采取哪一种,都要体现以顾客为中心的营销指导思想。具体来讲,营销组织形式主要有 5 种:职能型、地区型、产品管理型、市场(顾客)型、产品-市场型。其中,职能型组织是最普通的一种形式,它是按照需要完成的工作职能来进行组织的。

(二)药品市场营销岗位

1. 药品营销的工作岗位 大方向有销售和营销策划。可以细分为营销总监,市场部及其经理和业务人员,销售部及其销售经理、销售主管、销售专员、医药销售代表,广告公司的策划经理,公关公司的公关专员等。各企业根据具体情况,工作岗位的设置不尽相同。

2. 药品营销的工作任务 药品企业的不同营销岗位及其人员各司其职,分别从事市场调研、营销策划、广告策划、市场开发、营销管理、推销服务和教学科研等工作,协作完成营销活动。具体如药品的宣传和推广,营销服务的组织与策划,收集相关药品的招投标信息,落实中标结果的执行,制订药品销售计划,药品推广活动的策划、组织与实施,积极与医院、商业公司等客户建立良好的合作关系,进行药品销售和反馈市场信息等。

3. 市场营销总监的岗位职责

(1)负责带领本部门人员执行公司的相关规定制度,最终达成公司的市场营销目标。

(2)负责制订本部门各级人员的职责与权限。

(3)负责制订并组织实施市场工作计划,督导检查市场开发情况。

(4)根据市场具体情况,做出市场预测,确定目标市场,全面负责产品的销售工作。

(5)负责本部门全盘业务计划的筹划和方案的实施。

(6)根据目标市场的潜在需求,制订、修订对重要潜在客户的工作计划。

(7)负责年度市场计划的起草,包括市场营销计划、广告宣传、促销及公共关系的发展计划。

(8)督导对内、对外的各项公关、广告宣传活动,并做出销售活动、广告宣传活动及公关活动的预算。

(9)按年度计划要求,定期检查工作计划的执行情况。

(10)与其他有关部门沟通、协调、密切合作,以确保目标计划的落实。

(11)定期对下属员工进行绩效评估,按照奖惩标准实施奖惩。

(12)负责组织、实施本部门员工的培训工作,提高员工的业务素质。

(13)完成上级委派的其他工作任务。

4. 药品销售经理的岗位职责

(1)区域销售计划的制订与执行。

(2)指导下属收集信息、评估客户资信、提高回款技能及对公司的重要程度,审批客户资信额度,并随时跟踪资信使用情况,确保货款顺利回收。

(3)审核销售折扣,审核、控制并不断降低销售费用,保证完成公司的销售费用控制指标。

(4)指导下属挖掘潜在客户,并对客户开发情况进行跟踪,以实现公司市场占有率不断增长的目标。

(5)建立顺畅的客户沟通渠道,负责拜访本区域的重要客户,监督、检查销售员对客户的定期访问情况,随时了解客户要求,及时处理客户异议和投诉。

(6)对客户档案、交易记录等进行综合分析,保证销售信息的及时性、准确性和完整性,为销售、采购、生产等决策的制订提供支持。

(7)组织对下属员工的招聘、培训、工作任务分配及业务指导等,建立一支高效的销售团队。

5. 医药销售代表的岗位职责

(1)在辖区内医院进行公司产品的推广销售,完成销售任务。

(2)根据需要拜访的医护人员,向客户推广产品,不断提高产品的市场份额。

(3)开拓潜在的医院渠道客户,并对既有的客户进行维护。

(4)充分了解市场状态,及时向上级主管反映竞争对手的情况及市场动态,提出合理化建议。

(5)制订并实施辖区医院的推销计划,组织医院内的各种推广活动。

(6)树立公司的良好形象,对公司的商业秘密做到保密。

知识链接

"医药代表"纳入国家职业分类大典

2015年7月29日,国家职业分类大典修订工作委员会颁布了2015年版《中华人民共和国职业分类大典》(以下简称《职业分类大典》)。在新版《职业分类大典》中,医药代表被正式定为一份职业。医药代表的职业定义为代表药品生产企业从事药品信息传递、沟通、反馈的专业人员。其职业代码是"2-06-07-07",类别归属为专业技术人员-经济和金融专业人员-商务专业人员-医药代表。对于医药代表作为一份正式职业之后的工作任务,《职业分类大典》规定,一是制订医药产品推广计划和方案;二是向医务人员传递医药产品相关信息;三是协助医务人员合理用药;四是收集、反馈药品临床使用情况。据中国医药企业管理协会估计,目前中国的医药代表人数有100万人左右。

(资料来源:http://www.cn-healthcare.com/article/20150423/content-472994.html)

点滴积累 ∨ ....

1. 药品市场营销是药品企业从医疗需求出发，综合运用各种科学的市场经营策略，把药品和服务销售给医疗机构与患者，最终实现企业自身的生存和发展目标的整体活动。
2. 我国药品市场营销现状为政府的监管力度加大，营销活动的制约因素较多；供过于求，基本为买方市场。
3. 药品市场营销的主要特点有患者导向、目标市场、整体营销、利益远景等。
4. 药品市场营销组织形式主要有 5 种：职能型、地区型、产品管理型、市场（顾客）型、产品-市场型。药品营销的工作岗位大方向有销售和营销策划，可以细分为更多。

任务 3　树立现代市场营销观念

市场营销观念是指企业从事市场营销活动时所依据的基本指导思想，也是企业的经营哲学。体现了企业"鸟瞰"顾客和社会利益的态度，协调企业、社会和顾客三方的利益关系，传送目标市场的期望。

营销观念是在一定的经济基础上产生的，随着市场环境的变化，它也在相应地发展演变。由 20 世纪初期的"企业生产什么，顾客就消费什么"，演变到今天的"顾客需要什么，企业就生产什么"，即企业以满足顾客需求为己任。

营销观念主要归纳为生产观念、产品观念、推销观念、市场营销观念和社会市场营销观念等，分为传统营销观念和现代营销观念。

一、传统营销观念

（一）生产观念

19 世纪至 20 世纪初，消费者偏好那些可以随处买到、价格低廉的商品，企业应当做的是增加产量、降低成本。生产观念认为"我们生产什么，就卖什么"。以生产观念指导营销活动的企业称为生产导向企业。

案例分析

案例

20 世纪初以前，汽车工厂都是作坊式的手工生产状态，使得汽车的产量很低，成本居高不下。直到美国福特汽车公司于 1908 年开始生产 T 型车，情况就大不一样了。随着流水线的不断改进，福特汽车公司的生产速度提高到了惊人的每 10 秒就可以生产出 1 辆汽车，与此同时福特汽车的市场价格也不断下降，由最初的 850 美元下降到了最终的 260 美元。到 1926 年，T 型车在美国的汽车市场上占有半数以上的市场份额。因此，老亨利·福特傲慢地说："不管顾客需要什么颜色的汽车，我只有一种黑色的"。

分析

在社会生产力不发达、市场产品供不应求时，福特汽车公司采用各种方式增加生产，提高生产率、降低成本，使福特 T 型车成为一款改变了世界的汽车。

（二）产品观念

产品观念认为，顾客偏好质量、功能和具有特色的产品。因此，企业经营的重心致力于生产优质、技术精益求精、日渐完善的产品，以迎合顾客的需求。该观念使公司经理们常常迷恋自己的产品，忽略了顾客的偏好已发生了转变，过分依赖于工程技术人员而极少了解顾客的需求。

产品观念把市场看作是生产过程的终点，而不是生产过程的起点，忽视了市场需求的多样性和动态性，过分重视产品而忽视顾客的需求。当企业所生产的某些产品出现供过于求，或不适销对路而产生积压时，却不知产品为什么销不出去，即所谓的"市场营销近视症"。

（三）推销观念

是产生于社会经济由"卖方市场"向"买方市场"的过渡阶段，而盛行于20世纪30~40年代的推销观念，其对市场的态度是"我卖什么，就设法让顾客买什么"，在此观念的指导下，企业相信产品是"卖出去的"，而不是"被买去的"。理由是由于顾客的购买惰性或抗衡心理，不会自觉地大量购买企业生产的产品，因此应致力于产品的推广和广告活动，以求说服甚至强制消费者购买。

推销观念与生产观念、产品观念都是建立在以企业为中心的"以产定销"，并不是满足顾客真正需要的基础之上的。因此，这3种观念统称为传统市场营销观念。

二、现代营销观念

（一）市场营销观念

市场营销观念形成于20世纪50年代，是一种以消费者的需要和欲望为导向的经营哲学。市场营销观念认为，实现企业诸目标的关键在于正确确定目标市场的需要和欲望，一切以消费者为中心，并且比竞争对手更有效、更有利地传送目标市场所期望满足的东西。

市场营销观念的产生是市场营销哲学的一种质的飞跃和革命，它不仅改变了传统的旧观念的逻辑思维方式，而且在经营策略和方法上也有很大的突破。它要求企业营销管理贯彻"顾客至上"的原则，将管理重心放在善于发现和了解目标顾客的需要，并千方百计地去满足它，从而实现企业的长期利益。

案例分析

案例

平时生活中见到的维生素C常常是光秃秃的圆形的白色片剂装在一个茶色玻璃瓶或白色塑料瓶中，售价很低，但少人问津。然而，随着上海罗氏制药有限公司生产的力度伸维生素C泡腾片的出现，情况就大不一样了。一大片黄色力度伸含1000mg维生素C，高于一般维生素C片的100mg的含量，并加入了橙味、橘味、蔗糖、酒石酸等辅料，放入一杯冷水或热水中，溶解后成为一杯可口的饮品，甚至于在其溶解过程中还伴有"哧哧"声响的小气泡，让人们苦于吃药的感觉顿时全无。

分析

力度伸的成功是在充分考虑了消费者感受和需求的基础上，用一系列极具竞争力的差异化特征打破了维生素C行业的规则和寂寞，避开了直接竞争。

(二)社会市场营销观念

20世纪70年代,西方国家的市场环境发生了许多变化。如在美国出现了能源短缺、人口爆炸、消费者主义运动盛行、失业人数增加等情况,在这种背景下,人们纷纷对市场营销观念提出了怀疑和指责。认为这种观念满足消费者个人需要的同时忽视了社会利益,造成了资源大量浪费和环境污染等问题,针对这种情况,一些学者提出新的观念来修正、补充市场营销观念,如人类观念、理智消费观念、生态准则观念等。菲利普·科特勒把这些归为社会市场营销观念。

社会市场营销观念的观点是以实现消费者满意为核心,并关注消费者和社会公众的长期福利,以此作为企业经营的根本目的与责任。因此,企业的营销活动应同时考虑消费者的需求与愿望的满足、消费者和社会的长远利益及企业的经营效益。

市场营销观念与社会市场营销观念属于现代市场营销观念,它们都是以顾客需求为中心,社会市场营销观念还强调社会的长远利益。现在大多数企业都树立了具有现代意识的市场营销观念和社会市场营销观念。

三、营销观念的新发展

在这种不断新生与变化的市场营销环境中,为适应营销实践的要求,逐渐孕育出一系列新的营销理念与方法,如品牌营销、文化营销、服务营销、关系营销、整合营销(传播)、机会营销、网络营销、知识营销、绿色营销等。现将其中具有代表性的内容简单介绍如下:

(一)整合营销观念

整合营销是一种对各种营销工具和手段的系统化结合,根据环境进行即时性的动态修正,以使交换双方在交互中实现价值增值的营销理念与方法。整合就是把各个独立的营销综合成一个整体,以产生协同效应。这些独立的营销工作包括广告、直接营销、销售促进、人员推销、包装、事件、赞助和客户服务等。战略性地审视整合营销体系、行业、产品及客户,从而制订出符合企业实际情况的整合营销策略。整合营销传播的核心思想是以整合企业内外部的所有资源为手段,再造企业的生产行为与市场行为,充分调动一切积极因素以实现企业统一的传播目标。

(二)文化营销观念

文化营销是指企业给予产品、企业、品牌以丰富的个性化的文化内涵,并付诸于营销活动中,从而使企业的营销活动形成文化氛围的一种营销观念。如麦当劳卖的不仅是面包加火腿,它还卖快捷时尚的个性化的饮食文化(QSCV形象);柯达公司卖的不仅是照相机,它还卖让人们留住永恒的纪念;喝百事可乐喝的是它所蕴涵的阳光、活力、青春与健康;喝康师傅冰红茶喝的是它的激情、酷劲与时尚。

总之,企业向消费者推销的不仅仅是单一的产品,产品在满足消费者物质需求的同时还满足消费者精神上的需求,给消费者以文化上的享受,满足他们高品位的消费。这就要求企业转变营销方式进行文化营销。

(三)知识营销观念

知识营销是指向大众传播新的科学技术以及它们对人们生活的影响,通过科普宣传,让消费者不仅知其然，而且知其所以然，重新建立新的产品概念，进而使消费者萌发对新产品的需要，达到拓宽市场的目的。医药企业可以开展科普活动，如设立社区健康课堂、举办科普讲座、建立健康卡、赠送科学书籍、与媒体合作开展科普知识竞赛等。虽然这些活动很少涉及产品的促销，也不要求参与者购买产品，但通过提高民众的科学健康理念来拉动市场需求。

典型案例：送你一把金钥匙

（四）关系营销观念

关系营销于 20 世纪 90 年代兴起，是把营销活动看成是一个企业与消费者、供应商、分销商、竞争者、政府机构及其他公众发生互动作用的过程，其核心是建立和发展与这些公众的良好关系，以获取忠诚的客户。

关系营销观念打破了传统营销观念的信条，即企业卖商品，消费者买商品，企业卖出商品获得利润具有效益，消费者在这一过程中满意与否并不重要。关系营销观念的顾客则包括顾客、供应商、员工、分销商等与企业利益相关的多重市场。营销任务不仅仅由营销部门完成，许多部门都积极参与和各方建立良好关系，营销部门成了关系营销的协调中心。

（五）绿色营销观念

绿色营销是指企业在整个营销过程中充分体现环保意识和社会意识，向消费者提供科学的、无污染的、有利于节约资源使用和符合良好社会道德准则的商品和服务，并采用无污染或少污染的生产和销售方式，引导并满足消费者有利于环境保护及身心健康的需求。其主要目标是通过营销实现生态环境和社会环境的保护及改善，保护和节约自然资源，实行养护式经营，确保消费者使用产品的安全、卫生、方便，以提高人们的生活质量，优化人类的生存空间。

知识链接

绿色营销观念的"5R"管理原则

实施绿色营销观念需要贯彻"5R"管理原则，即研究（research）：重视研究企业对环境污染的对策；减少（reduce）：减少或消除有害废弃物的排放；循环（recycle）：对废旧物进行回收处理和再利用；再开发（rediscover）：变普通产品为绿色产品；保护（reserve）：积极参与社区的环保活动，树立环保意识。

（六）网络营销观念

网络营销是指利用网络进行营销活动。商户在电脑网络上开设自己的主页，在主页上开设"虚拟商店"，陈列其商品，顾客进入虚拟商店挑选商品，下订单完成支付，商户接到订单就送货上门。如通用汽车公司别克汽车制造厂，让客户自己设计所喜欢的车型，并且可以由客户自己选择车身、车轴、发动机、轮胎、颜色及车内结构。客户通过网络可以看到自己选择的部件组装出来的汽车的样子，并可继续更换部件，直到客户满意为止。这种营销方式在现代市场条件下运用得越来越普遍。网络营销可以促进企业通过网络快速地了解市场动向和顾客需求，节省中间环节，降低销售成本。

▶ **课堂活动**

谈谈网络营销与电子商务的区别。

点滴积累 ∨ ....

1. 营销观念是指企业从事市场营销活动时所依据的基本指导思想，也是企业的经营哲学。
2. 传统市场营销观念包括生产观念、产品观念和推销观念；现代市场营销观念包括市场营销观念和社会市场营销观念。
3. 新的营销观念主要包括整合营销观念、文化营销观念、知识营销观念、关系营销观念、绿色营销观念和网络营销观念等。

目标检测

一、选择题

（一）单项选择题

1. 市场营销创建于(   )

    A. 美国   B. 英国   C. 法国   D. 日本   E. 中国

2. 市场营销诞生的时间是(   )

    A. 17 世纪初   B. 18 世纪初   C. 19 世纪初   D. 20 世纪初   E. 21 世纪初

3. 市场营销学出现了"第二次革命"在(   )

    A. 20 世纪 30 年代   B. 20 世纪 50 年代   C. 20 世纪 80 年代

    D. 21 世纪初   E. 19 世纪初

4. 以"顾客需要什么,我们就生产什么"作为其座右铭的企业是(   )企业

    A. 生产导向型   B. 推销导向型   C. 产品导向型

    D. 市场营销导向型   E. 社会市场营销导向型

5. (   )认为,消费者喜欢高质量、多功能和具有某种特色的产品,企业应致力于生产高值产品,并不断加以改进

    A. 生产观念   B. 产品观念   C. 推销观念

    D. 市场营销观念   E. 社会市场营销观念

6. 市场营销观念的中心是(   )

    A. 推销已经生产出来的产品   B. 发现并设法满足消费者的需要

    C. 制造质优价廉的产品   D. 制造大量产品并推销出去

    E. 注重环保

7. 福特汽车公司在 20 世纪初曾致力于汽车的大规模生产,努力降低成本以扩大销售,这种经营哲学是(   )

    A. 生产观念   B. 产品观念   C. 推销观念

    D. 市场营销观念   E. 社会市场营销观念

8. 推销观念和营销观念的最本质的区别在于( )

　　A. 推销观念已经不适用于当今市场,而营销观念会有更广阔的前途

　　B. 推销观念考虑如何把产品变成现金,而营销观念则考虑如何来满足顾客的需要

　　C. 推销观念产生于卖方市场,而营销观念产生于买方市场

　　D. 推销观念注重卖方需要,而营销观念则注重买方需要

　　E. 推销观念注重推销,而营销观念则注重消费者

9. 执行推销观念的企业,其口号是( )

　　A. 我们生产什么就卖什么　　　　　　B. 我们卖什么就让人们买什么

　　C. 市场需要什么就生产什么　　　　　　D. 好酒不怕巷子深

　　E. 顾客就是上帝

10. 生产观念强调的是( )

　　A. 以量取胜　　 B. 以廉取胜　　 C. 以质取胜　　 D. 以形象取胜　　 E. 以价格取胜

(二)多项选择题

11. 药品市场营销的特点有( )

　　A. 患者导向　　 B. 目标市场　　 C. 整体营销　　 D. 利益远景　　 E. 企业目标

12. 传统市场营销观念包括( )

　　A. 推销观念　　　　　　　　B. 绿色营销观念　　　　　　　　C. 社会市场营销观念

　　D. 产品观念　　　　　　　　E. 生产观念

13. 4P 包括( )

　　A. 产品　　　　　　　　B. 服务　　　　　　　　C. 价格

　　D. 渠道　　　　　　　　E. 促进销售

14. 社会市场营销观念要求企业要正确处理( )之间的关系

　　A. 消费者需求　　　　　　B. 企业利益　　　　　　C. 社会利益

　　D. 国家利益　　　　　　　E. 公众利益

15. 药品营销观念认为( )不是企业经济活动中的基本目标

　　A. 生产产品　　　　　　　　B. 销售产品　　　　　　　　C. 获取利润

　　D. 服务社会　　　　　　　　E. 培训员工

16. ( )是市场导向的市场营销观念

　　A. 生产观念　　　　　　　　B. 产品观念　　　　　　　　C. 推销观念

　　D. 市场营销观念　　　　　　E. 社会市场营销观念

17. 推销观念的特征主要有( )

　　A. 产生于卖方市场向买方市场过渡期间　　 B. 大力施展推销与促销技术

　　C. 制造质量好的产品　　　　　　　　 D. 通过满足消费者需求来开拓市场,扩大销售

　　E. 以生产为中心

18. 在( )情况下,企业奉行生产观念是比较合理的

A. 需求大于供给　　　　B. 供给大于需求　　　　C. 企业财力雄厚

D. 产品质量好　　　　E. 技术独到

19. 按照社会市场营销观念,企业制订市场营销策略时应兼顾(　　)

A. 企业内部条件　　　　B. 企业利润　　　　C. 市场需求

D. 竞争者的反应　　　　E. 员工要求

20. 绿色营销观念产生的原因是(　　)

A. 社会环境破坏　　　　B. 污染加剧　　　　C. 生态失衡

D. 自然灾害频发　　　　E. 社会财富增加

二、简答题

1. 举例阐述药品市场营销的含义。

2. 简述药品市场营销的特点。

3. 传统营销观念与现代营销观念有什么区别?

三、案例分析

美国流感火了川贝枇杷膏

2018 年初,《华尔街日报》一篇关于念慈菴川贝枇杷膏的报道让一款传统中药止咳糖浆在美国突然成了新网红。在美国零售价格已经从 7 美元被炒到了 70 美元,按照现在的汇率,相当于 441 元人民币一瓶。

川贝枇杷膏为什么能在美国走红? 据了解,今年入春以来美国遭遇了 10 年来最强的夺命流感,报道中国川贝枇杷膏的媒体不少,所有报道的源头都是《华尔街日报》在 2 月 22 日的一篇文章。虽然这篇文章也有点小题大做之嫌,但在行文上还是非常客观、克制和平衡的,标题的核心意思是"有一部分纽约人在谈这么一个东西",副标题的意思是,虽然有些人声称川贝枇杷膏确有疗效,但专家警告食用此类制品可能会有健康风险。但经过中文媒体的编译,将其渲染成"让许多纽约人疯抢",中文媒体一方面选择性地摘取需要的信息、故意忽略另一部分他们不需要的信息不作翻译;另一方面,则拼命地对需要的那部分信息加了不少原文并没有的报道。

无论川贝枇杷膏在美国热销事件是不是药企方面主动的营销策略,还是无意形成的,这个产品已经势不可挡的成为医药行业 2018 年第一个品牌成功案例,而且是全球性的品牌成功案例,尤其是其品牌知名度的成功。

讨论:1. 川贝枇杷膏采用了哪种营销理念?

2. 川贝枇杷膏在美国热销事件给中国中药企业有什么启示?

项目二习题

模块二

制订药品市场营销战略

项目三

药品市场调研

项目三PPT

导学情景 \/ ....

情景描述：

宝洁公司的每一个大动作都以调研为依据，每一个新产品上市几乎都是调研的结果。公司之所以如此重视调研，是因为有过惨痛的教训，吃过"自以为是"的亏。宝洁公司出产的"安卡普林"是一种不伤胃的止痛剂，运用定时释放的新技术，可以在药剂溶化前通过胃部。这种止痛剂对需要频繁使用止痛药的患者来说本该是一种不错的选择。但该药有一个缺点，必须每4小时服用1次，可事实上大部分患者只是在疼痛时才会服用止痛药，而且希望立竿见影。由于宝洁公司自我陶醉于产品的独到技术，忽视了消费者的想法，跳过了正常的市场测试，直接就进行了大范围销售。结果，"安卡普林"在市场竞争中惨败。因此，至今宝洁公司非常注重调研，如果一个品牌无法通过市场测试，就绝不上市。

学前导语：

市场调研是市场营销活动的起点，不仅在市场营销活动前要进行，而且贯穿于整个市场营销活动的全过程。本项目将学习如何进行药品市场调研，从而能领会并实施药品市场调研活动。

ER-3-1

任务 1　认知药品市场调研

扫一扫，知重点

一、药品市场调研的意义

对于医药企业而言，由于其身处的药品市场处于不断的变化当中，因此只有不断地搜集最新的市场信息，时刻关注市场的变化，这样才能使企业真正地满足市场的现实和长远需要，在竞争中立于不败之地。

（一）药品市场调研的含义

药品市场调研是指医药企业运用科学的方法和手段，有目的、有计划地收集、整理、分析并报告与企业有关的药品市场营销信息，为市场预测和企业营销决策提供依据和参考的整体活动。

（二）药品市场调研的作用

药品市场调研有助于企业了解市场动态，掌握市场供求变化关系，更好地满足消费者的需求，也为企业管理者正确决策提供有力的支持。主要作用表现为以下几个方面：

1. 可以发现一些新的市场需求,从而有利于企业发现市场机会、开拓新市场。

2. 可以发现现有产品的不足及经营中的缺点,有利于企业及时加以纠正。

3. 可以及时掌握竞争对手的动态,有利于企业有针对性地调整和改进营销策略。

4. 可以了解环境对企业发展的影响,预测未来市场可能发生的变化,从而抓住新的发展机会,并对可能发生的不利情况采取应变措施,从而规避损失,提高企业的经济效益。

二、药品市场调研的分类

从各种角度将市场调研分为不同的类型,有利于对药品市场调研做全面系统的理解,也有利于药品市场调研实践中明确调研目的和确定内容。

（一）按调研的功能和目的分类

1. 探测性调研 又称初步调研或非正式调研,是指在调研开始阶段为明确医药企业存在的问题所进行的调研。它是市场调研人员对企业所出现的问题不知症结所在,心中无数,无法确定要调研哪些内容而进行的简单调研。

探测性调研最主要的特征是灵活性和多样性,资料来源有 3 个方面:①现存资料;②请教有关人士;③参考以往类似的实例。

2. 描述性调研 是指通过详细的调研和分析,对市场营销活动的某个方面进行客观描述的调研。它所要了解的是有关问题的相关因素和相关联系。所要回答的是"什么""何时""如何"等问题,并非要回答"为什么"的问题,不要求研究其原因与结果的关系。

描述性调研是以获得一般性市场营销信息为主的调研,十分重视事实资料的收集与记录,多数以问卷调研的形式出现,是最普遍、最常见的调研。

在描述性调研中已收集了变量的资料,并指出其间的相互关联,但究竟是何种关系则是因果关系研究的任务。

3. 因果关系调研 是指为了挖掘市场某一问题产生的原因与结果的关系而进行的专题调研。这类调研主要是在市场问题已经明确的情况下,企业寻求解决该问题的方法,即解决"为什么"的问题。

因果性调研就是侧重了解市场变化原因的调研,实验法是因果关系调研的重要工具。

（二）按调研的时间分类

1. 定期性调研 是指企业对市场情况或业务经营情况,按时间定期所进行的市场调研。定期调研一般是周期性的,调研形式有月末调研、季末调研、年终调研等。

2. 不定期性调研 又称经常性调研、连续性调研,是指在选定调研的课题和内容之后,长时间、不间断地调研,以便于搜集具有时间序列化的信息资料。如企业内部经营情况的连续性统计、经常性的市场行情调研等。每次调研的时间、内容一般都是不固定的。

3. 临时性调研 又称为一次性调研,是指企业为了研究某一特殊问题或根据市场的某些特殊情况而进行的临时性的市场调研。如企业进行新产品研发、建立新的营业网点等的调研,以便于了解市场需求、市场范围、市场竞争条件等方面的情况。

（三）按调研的范围分类

1. 全面调研 即普查,是对所要调研研究的对象总体进行逐一的、普遍的、全面的调研,如人口普查、物资库存普查等。通过全面调研可以了解总体的详尽资料,准确把握市场的变化方向和程度。但此类调研由于调研对象众多,相当费时费力,一般企业难以采用,只有政府部门才可以组织实施。

2. 非全面调研 即抽样调研,是根据概率统计的随机原则,从被调研的总体中抽出一部分单位作为样本进行调研分析,以此推断总体基本特征的一种调研。抽样调研有重点调研、典型调研、抽样调研。目前所进行的市场调研多为非全面调研,此类调研运用灵活、花费少、适用面广。

（四）按资料的来源分类

1. 实地调研 是深入现场,与受访对象直接接触,从而取得有关资料的市场调研。实地调研所花的时间较多,费用也较大,但能够取得重要的第一手资料。

2. 文案调研 也称文献调研,是利用各种现有的文献、档案,对现成的信息资料进行收集、分析、研究的调研活动。文案调研节约时间与费用,同时也为实地调研打下基础,但所得的资料是第二手资料,必须进行甄别。

▶ **课堂活动**

"没有调研就没有发言权",结合具体实例谈谈你对这句话的认识。

三、药品市场调研的内容

（一）药品宏观环境调研

1. 政治环境 包括政府对该类药品的有关方针、政策和国家的法律法规等。

2. 经济环境 包括各种重要的经济指标,如一个国家或地区的经济结构、国民收入、消费结构、消费水平、经济增长走势等。

3. 人口环境 包括全国及各主要药品目标市场的人口规模、人口结构等。

4. 科技环境 包括新技术、新环境、新材料的开发、应用、推广等。

5. 社会文化环境 包括生活习惯、宗教信仰、文化修养、社会风尚等。

（二）药品市场需求调研

1. 某种药品的市场需求总量和市场需求增长率。

2. 本行业或同类药品的销售量及市场占有率。

3. 本企业药品的销售量和市场占有率。

4. 替代药品的市场销售量和市场占有率。

（三）药品消费者购买行为调研

1. 消费者群体构成与分布的情况。

2. 消费者购买行为与购买习惯的情况。

3. 消费者购买动机与购买方式的情况。

4. 影响消费者需求的各种因素的变化情况。

（四）市场营销组合因素调研

1. 产品调研　主要包括产品设计、产品和产品组合、产品生命周期、老产品改进、新产品开发、销售服务等。

2. 价格调研　主要包括市场供求情况及其变化趋势、影响价格变化的各种因素、产品需求价格弹性、替代产品价格、新产品定价策略等。

3. 分销渠道调研　主要包括中间商选择、仓库地址选择、运输工具如何安排等。

4. 促销组合调研　主要包括广告、人员推销、销售促进、公共关系等。

四、药品市场调研的程序

市场调研是一项涉及面广、操作复杂的科学研究活动，为了保证市场调研的系统性和准确性，药品市场调研应遵循一定的程序。

（一）确定调研目标

企业之所以要做市场调研，是建立在一定的需求基础之上的，这些需求就是调研目标。确定调研目标前一定要搞清楚 4 个问题，即为什么要调研；调研中想了解什么；调研结果有什么样的用处；谁想知道调研结果。

在确定调研目标阶段，通常要先做初步调研，然后确定调研的问题及其范围。如某医药企业提出某品种销售不畅的问题，就要首先针对影响药品销售的诸多因素进行调研，确定是药品分销渠道选择不当还是药品质量问题、是药品价格问题还是药品包装不适宜等。初步调研后如果发现是药品分销渠道不畅的原因，则要把下一步的调研重点放在药品分销渠道的选择上，也就是在关键问题上下功夫，这样才能提出实质性的意见和建议。

1. 初步情况分析　收集企业内外部的有关情报资料进行分析。资料不必过于详细，只需重点收集对所要研究、分析的问题有参考价值的资料即可。

2. 非正式调研　向本企业内部的有关人员（销售经理、推销员）、精通本问题的专家和人员（批发商、主要零售商）以及个别有代表性的用户主动征求意见，听取他们对这个问题的看法和意见。

ER-3-2

典型案例：某药业新产品调研活动的目标

（二）制订调研方案

为了更有效地进行有针对性的调研，需要根据调研目标制订一个完善的调研方案，使营销调研工作顺利进行。主要包括以下流程（图 3-1）：

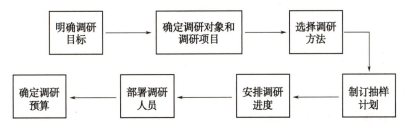

图 3-1　市场调研方案制订流程

（三）实施调研

实施调研就是市场信息资料收集过程,这是市场调研实质性的工作阶段。调研人员在开始一项调研之初,一般先收集二手资料,既节省时间又节省成本,对资料的历史背景也比较清楚,也可与实地调研资料进行对比;当现成的二手资料不能解决调研问题时,企业必须针对调研题收集专门的资料,即一手资料。收集一手资料即进行实地调研,实地调研工作的好坏将直接影响调研结果的正确性。因此,进行实地调研应注意要求调研人员保持客观,边调研边分析,发现问题要追根究源,把调研深入下去。

（四）分析与总结

1. 整理分析调研资料 市场调研收集的资料大多是零星分散的,很难直接用于分析和汇总,需要"去粗取精、去伪存真"的整理分析,这是市场调研出成果的重要环节。包括:

（1）整理资料:一是将调研收集到的资料进行筛选,挑选出对调研目标有重要参考价值的资料,并对其可靠性进行审核,以确保原始资料的准确性和全面性;二是将这些资料按照市场调研的主题进行分类、编码、汇总,以便于查找归档、统计分析。

（2）分析资料:运用数理统计分析方法对整理汇总的原始资料进行运算处理,并根据运算结果对研究总体进行定量的描述与推断,并得出市场调研结论。

2. 撰写市场调研报告 市场调研结果必须写成调研报告,供有关预测决策部门应用或参考,才有价值。调研报告必须简明概括,力求客观,重点突出,文字简练,图表形象、易理解。调研报告的内容包括标题、目录、摘要、正文、结论与建议、附件等。详细内容将在本项目任务4中介绍。

点滴积累 ∨

1. 药品市场调研是指医药企业运用科学的方法和手段,有目的、有计划地收集、整理、分析并报告与企业有关的药品市场营销信息,为市场预测和企业营销决策提供依据和参考的整体活动。

2. 药品市场调研从各种角度分类,主要按调研的功能和目的、时间、范围及资料的来源等分为不同的类型。

3. 药品市场调研内容主要包括宏观市场环境调研、药品市场需求调研、药品消费者购买行为调研、市场营销组合因素调研。

4. 药品市场调研程序包括确定调研目标、制订调研方案、实施调研、分析与总结。

任务 2 策划药品市场调研

一、药品市场调研方案

市场调研方案又称市场调研计划,是执行调研活动全过程的一套整体框架,是对调研工作的各个方面和全过程的统筹安排,包括了整个调研工作的全部内容。市场调研方案一般包括调研目标、调研内容、调研对象、调研方法、调研人员、调研时间和工作期限、调研经费预算等内容。

（一）调研目的和目标

调研目的是说明"为什么要开展调研"，应指明该项目的调研结果能给企业带来的决策价值、经济效益、社会效益以及在理论上的重大价值等。调研目标是说明"应该进行什么样的调研"，应该明确、具体，并尽量可以量化，只有这样才能保证后续工作不会出现偏差。一般来说，药品市场调研的目标包括了解药品市场的基本环境，摸清药品市场的供求状况、竞争对手的状况、顾客的消费偏好等。

（二）调研内容和具体项目

调研内容和具体项目是指对调研对象所要调研的主要内容。确定调研内容和具体项目就是明确需要向调研对象了解的信息，是整个调研的核心，决定着调研是否有效。

（三）调研对象和范围

确定调研对象和范围，主要是为了解决向谁调研和由谁来具体提供资料的问题。调研对象就是根据调研目标、任务确定调研范围以及所要调研的总体。可靠有效的市场调研必须建立在选择正确的调研对象的基础上。

（四）调研方法

调研方法是指取得资料和信息的方法。市场调研的方法主要有一手资料调研和二手资料调研。具体调研方法的选择要依据调研目的、性质和调研经费预算等而定。选用的方法是否得当，对调研结果的功效影响极大。

（五）调研时间进度安排

调研时间进度安排是指制订详细的调研进度时间表，包括起讫时间和各项活动的时间安排。安排调研进度时，一要保证调研的准确性、真实性；二要尽早完成调研活动，保证时效性，同时兼顾经济性。

（六）调研人员

部署调研人员包括组织调研人员的培训、区域分工、将调研工作明细化、明确各调研人员的工作职责、明确人员间的相互协调配合方法。

知识链接

调研人员培训的内容

1. 业务培训的内容　①项目方案介绍，使调研人员对调研的总体情况有所了解，以便于更好地完成调研工作；②问卷的熟悉和试填写，使参加调研的人员了解和加以记忆调研问卷的内容，并且进行试填写，规范作答的方式、方法；③调研实施的技巧，包括接近、提问及谈话、记录和特殊情况处理等技巧。

2. 职业道德培训的内容　①思想道德方面，实事求是、不弄虚作假，诚实守信，保守秘密，谦虚谨慎、礼貌待人；②性格修养方面，耐心细致、不急不躁，克服畏难心理、遇挫不馁，愿意与人交流、深入实际。

（七）调研预算

调研预算就是调研活动的资金安排，主要有资料费、差旅费、调研费、印刷费、劳务费和其他费用。为防止意外情况发生,预算应留有一定的余地和弹性。

二、药品市场调研方法

药品市场调研方法按信息来源不同,可分为一手资料调研法与二手资料调研法 2 种形式。二手资料调研法是收集已经存在的信息进行调研,较为简单。但是当需要更深入地了解一个市场情况时,就需要进行一手资料的实地调研。

(一)二手资料调研法

1. 二手资料调研 又称案头调研法或文案调研法,是指调研人员在充分了解调研目的后,通过收集各种有关文献资料,对现成的数据资料加以整理、分析,进而提出有关建议以供企业相关人员决策参考的调研方法。二手资料调研法的优点主要有迅速便捷、成本低、可以克服时空限制、受各种因素的影响小等,其不足之处有加工和审核工作较难、存在滞后性和残缺性等。

2. 二手资料调研的步骤

(1)评价现成资料:现成资料是已经取得的第二手资料,可从以下几个方面进行评价:①现有的资料是否全面、精确地满足调研课题的要求;②资料的专业程度和水平如何;③资料所涉及的时期是否适当、时效性如何;④资料的精确性如何、是否可信;⑤资料的获得成本大小和迅速程度如何。对这些方面进行的综合评价是这一阶段的评价标准,当然实际情况千变万化,可灵活应用。

(2)搜集情报:调研项目确定后,经过前一阶段对现成资料的评价,随着调研的深入,仍需要从相关处收集获得更加详细的资料。从一般线索到特殊线索搜集情报,这是每个调研人员搜集情报的必由之路。

(3)筛选资料:资料收集后,调研人员应根据调研课题的需要和要求,剔除与课题无关的资料和不完整的情报。这就要求调研人员有一定的技术水平,对资料的取舍得当。例如调研人员在分析进入哪些市场的报告中,他就可以从分析以下因素着手:产品的可接受性、分销渠道、价格、竞争情况、市场消费能力和潜力等。

(4)撰写案头报告:报告是所有调研工作过程和调研成果赖以表达的工具,是对此次调研工作的总结。撰写时应注意:①针对性强,简单明了,用统计图表来反映问题,方便读者了解分析;②有说服力,报告的分析要有理有据,数据确凿,图表精确;③结论明确,这是调研报告意义和价值的体现,非常重要;④时效性强,报告应及时,起到调研工作的画龙点睛作用,是进行决策的重要依据。

3. 二手资料收集的途径

(1)企业内部的资料:企业内部的各种记录、财务报表、销售数据及技术资料等。

(2)政府权威机构的定期出版物:政府部门的各种统计年鉴、统计报告、调研报告等。

(3)行业协会的报告和定期出版物:行业组织定期或不定期发布的内部刊物,如行业景气指数、行业发展报告、行业法规、市场信息、会员经营状况和发展水平等。

(4)商业资料:如市场调研公司、咨询公司、高校及其他学术机构的研究报告,一般需要有偿获取。

(5)网络:可以通过搜索引擎,也可以直接登录专业网站等收集相关资料。

(二) 一手资料调研法

又称原始资料调研,主要是指调研者从被调研对象处直接收集到的有关信息资料。一手资料调研法的优点主要有资料的正式性强、及时性强等,其不足之处有耗费时间长、成本高、受时空限制、影响因素较多、对调研者的专业知识及实践经验和技巧要求较高等。随着社会经济的发展和营销活动的深入开展,一手资料收集信息的方法越来越多,主要有访问法、观察法和实验法3种。

1. 访问法 是将拟定调研的事项以口头或书面的形式,通过会面、问卷、电话或因特网向被调研者提出询问,从对方的回答中获取资料的调研方法。访问法是市场调研的常规方法,也是获取原始资料的主要方法。

(1)面谈访问:调研人员按事先准备的调研问卷或提纲当面询问被调研者以获取资料的方法。主要靠"走出去"的方式,但也可以"请进来",如采用用户座谈会的方式。见面访谈法的优点是调研结果的回收率高,收集资料全面,资料的真实性强,当面听取被调研者的意见,还能观察其反应,发现新问题;缺点是费用高、范围窄,调研结果受调研人员技术熟练程度和个人理解的影响大。

(2)电话访问:利用电话由调研人员提出问题,请对方做出回答。此法的优点是时间短、速度快、费用低,不受调研人员在场的心理压迫,使调研对象能畅所欲言;缺点是受通话时间的限制,调研问题少而简单,无法收集深层信息。

(3)信函访问:通过信件、报刊广告页、产品包装等途径,把事先设计好的调研问卷分发给被调研者,请他们按要求填好后再寄回。此法的优点是调研面宽、样本量大、成本低,不受调研人员在场的影响;缺点是回收时间周期长,被调研者也常常误解问卷的意思,问卷回收率低,一般只有15%~20%的问卷能收回。调研者可以采取有奖征答等办法提高问卷回收率。

(4)会议访问:指通过召开有关会议,利用会议的便利条件展开市场调研的一种调研方式。各种各样的会议如药品订货会、物资交流会、展销会等都是开展市场调研的有效场所。调研的形式主要有发调研表、出样订货、召开座谈会或个别交流等。

(5)网上访问:指应用计算机网络技术和传统调研技术相结合的、具有良好交互界面的、为适应网络时代而出现的一种现代调研技术。主要用来做产品研究方面的市场调研,如产品市场占有率、产品推广渠道等内容的调研。

知识链接

网络访问的特点

①不受时空限制;②利用多媒体技术,具有声图文并茂的友好的交互界面的特有优势;③在一定程度上可以降低调研成本,省去调研实施过程中的访问员费用等人工介入成本、礼品费、交通费等支出项;④减少了传统调研"入户难"的难度,在一定程度上提高问卷的应答率;⑤客观性较强,应答者可以不受调研员经验、情绪等主观因素的影响,能获得真实反映应答者态度的数据;⑥问卷处理程序简化,可以减少数据录入和数据转换等工作。

2. 观察法 是调研人员直接或通过仪器在现场观察和记录被调研者的行为和心理,获取所需资料的方法。观察法的优点是客观实在,能如实反映问题;缺点是调研结果是一些表面的可直接观测的现象,不能反映内在原因,更不能说明购买动机和意向。

(1)直接观察法:派人直接对调研对象进行观察。如药店想了解客流变化情况,可以安排调研人员在药店入口处和停车场观察不同时间的人数变化情况。

(2)亲自经历法:调研人员亲自参与某种活动收集有关资料。如某药厂要了解它的代理商或经销商服务态度的好坏,可派人到他们那里去买药品,但注意不要暴露自己的身份。

(3)痕迹观察法:不直接观察被调研者的行为,而是观察被调研者留下的实际痕迹。

(4)行为记录法:在调研现场安装收录、摄像及其他监听、监视仪器设备,调研人员不必亲临现场,即可对被调研者的行为和态度进行观察、记录和统计。如想了解顾客进入商店后的行进方向,就可以在店内天花板上安装摄像机,记录顾客的行进路线。

3. 实验法 是从影响调研问题的许多因素中选出一个或几个因素,将它们置于一定的条件下进行小规模的实验,通过实验测量获取资料的方法。实验法的优点是方法科学,可获得较正确的原始资料;缺点是不易选择出社会经济因素相类似的实验市场,市场环境的偶然因素多,影响实验结果,且所需的实验时间较长,成本也较高。实验法在因果性调研中应用很广,多用于调研市场营销策略、销售方法、广告效果等,如产品设计、价格、包装等的变动对销售的影响。

(1)单一实验组前后对照法:对比控制变量改变前后实验组的测量结果,其差异即为控制变量的影响结果。

(2)实验组与控制组对照法:除实验组外再选择一些与实验组中的对象类似的作为控制组,在实验组中改变控制变量,而在控制组中控制变量恒定,对比实验组和控制组在同一时期内的测量结果,其差异为控制变量的影响结果。

一手资料调研法

以上每种调研方法各有所长,具体调研过程中究竟采用哪一种或是几种方法,应根据调研目的、调研要求、调研对象的特点来灵活地进行相应选择。

知识链接

一名干练的调研人员应具备的基本素质

一是有调研时必需的经验和技巧,对问题的症结十分清楚,并能使被访者对问题产生浓厚的兴趣,说出想要说的话。

二是要性格开朗、头脑灵活、为人忠诚可靠、肯吃苦、富有创造力和想象力。

三是必须接受公司的培训,如进行产品知识的培训,能对有关产品的疑难问题给予详解,并予以专门指导。

三、药品市场调研抽样

药品市场调研抽样就是选取适宜的抽样方法,根据随机或非随机原则从调研对象总体中抽取一部分单位作为样本进行调研,然后根据样本结果推算出总体特征。

调研所选的样本是否具有代表性对调研结果影响很大。一般选取样本需要考虑3件事:调研对象是谁;样本的规模是多少;如何选取样本。

抽样一般分为随机抽样和非随机抽样两大类。随机抽样一般用于总体数量较大的调研,而非随机抽样则用于总体数量较少的情况。

(一)随机抽样

随机抽样就是按随机原则抽样,调研对象总体中的每个部分都有同等被抽中的可能性,是一种完全依照机会均等的原则进行的抽样调研,被称为是一种"等概率"。常用的方法有简单随机抽样、分层随机抽样、分群随机抽样、等距抽样等。

1. 简单随机抽样　又称完全随机抽样,是最常用的一种随机抽样方法,指从总体中随机抽取若干个个体为样本,抽样者不做任何有目的的选择。比如说从电话黄页中随机抽取号码作为电话访谈对象。

2. 分层随机抽样　是先将调研的市场总体按某一标志分成若干个类型组(层),使各组的组内标志值比较接近,然后分别在各组内随机抽取样本单位,最后把各层中抽出的样本合在一起构成总体的样本。

3. 分群随机抽样　是先将调研总体按一定的标准(如地区、单位)划分为若干群,再从中随机抽取部分群,对抽中的群内所有单位进行调研。

4. 等距抽样　又称系统抽样或机械抽样,它是先将总体的各个单位按某一标志顺序排列,并根据总体单位数和样本单位数计算出抽样距离,然后按相等的距离或等间隔来抽取样本单位。

(二)非随机抽样

非随机抽样是指抽样时不是遵循随机原则,而是按照研究人员的主观经验或其他条件来抽取样本的一种抽样方法。包括便利抽样、判断抽样和配额抽样。

1. 便利抽样　是指样本的选择完全由调研人员决定,取决于调研人员感觉到是否"便利"。比如零售药店在柜台销售药品的过程中向购买者进行询问调研等。在非正式的市场调研中,便利抽样的应用最为广泛。

2. 配额抽样　是指将调研对象按规定的控制特征分层,按一定的控制特征规定样本配额,由调研人员随意抽取样本。

3. 判断抽样　是指按照市场调研者对实际情况的了解和主观经验选定调研的样本单位。

点滴积累　∨ ···

　　1. 市场调研方案又称调研计划,是执行调研活动全过程的一套整体框架,是对调研工作的各个方面和全过程的统筹安排,包括了整个调研工作的全部内容。

2. 调研计划的一般格式包括调研目的和意义、调研内容和具体项目、调研对象和范围、调研方法、调研时间进度安排、调研人员、调研预算等。

3. 药品市场调研方法按信息来源不同，分为一手资料调研法与二手资料调研法。二手资料收集的途径主要有企业内部的资料、政府权威机构的出版物、行业协会的报告和定期出版物、商业资料、网络。一手资料调研的方法主要有访问法、观察法、实验法。

4. 药品市场调研抽样是指从调研对象总体中抽取一部分单位进行调研，然后得出关于总体状况的结论。选取样本的方式有随机抽样和非随机抽样两大类。

任务 3　设计药品市场调研问卷

问卷调研是市场营销调研中收集第一手资料最普遍使用的工具，是沟通调研人员与被调研对象之间信息交流的桥梁。因此，调研问卷的设计是市场调研的一项基础性工作，其设计的是否科学直接影响市场调研的成功与否，需要认真仔细地设计、测试和调整。调研问卷也称调研表，是系统记载需要调研的问题和调研项目的书面问卷。

一、市场调研问卷设计要求

调研问卷是目前为止市场调研中最常用的工具，问卷的设计是否科学直接影响市场调研的成功与否。因此，进行市场调研前需要认真仔细地设计、测试和调整调研问卷。问卷的设计要求有清晰的思路、丰富的经验、一定的设计技巧以及极大的耐心。具体应注意以下几个方面的问题：

（一）主题明确

根据调研目的，确定调研主题；在深刻理解调研主题的基础上，决定调研所需要的资料、调研表的具体内容和形式。

（二）问题适当

提出的每个问题都应对调研目的有帮助；应避免漏掉应该被回答的问题；问题的措辞应简单、直接，便于回答；必须避免倾向性、引导性、暗示性的提问。

（三）通俗易懂

调研问卷要使被调研者一目了然，避免歧义，愿意如实回答；问卷中的语言要平实，语气诚恳，避免使用专业术语；提问要讲究艺术性、趣味性，使被调研者乐意回答，对于敏感问题应采取一定技巧，使问卷具有较强的可答性和合理性。

（四）长度适宜

问卷中所提出的问题不宜过多、过细、过繁；问卷的长短可以因受访者对主题的关心程度、询问场所、调研对象类型、调研员训练程度而定，一个问题只能包含一项内容，以不超过 25 个问题为宜；回答问卷的时间不应太长，一份问卷回答的时间一般不多于 30 分钟。

（五）结构排列合理

问卷中问题的排序应有一定的逻辑顺序，符合被调研者的逻辑思维程序，一般是由简单到复杂、由表面直觉到深层思考、由一般性问题到特殊性问题排序。比如第一个问题尽可能地引起人们的兴趣,而较难或私人性的问题最后出现,这样应答者就不会变得过于自卫。

(六)便于统计

设计时要考虑问卷回收后的数据汇总处理,便于进行数据统计处理。

调研问卷在大规模使用之前应以少数人应答为实例,或将自己放在被调研人的地位,对问卷进行小规模的测试,考虑这些问题能否得到确切的资料、能否使被调研人回答方便等,审查测试结果,视不足之处予以改进。

知识链接

调研问卷的外观设计

问卷的外观也是调研问卷设计中不可忽视的一个重要因素。 外观影响访问者是否愿意、顺畅、容易地答题,诸如问卷所用的纸张品种、颜色,问卷的编排,字体样式等,都会影响被访问者回答问卷的质量水平。

调研问卷的外观设计应注意:

1. 问卷的外观应庄重、正式,以使被访问者感觉到是一份有价值的问卷。

2. 问卷应当只印在纸张的一面,而且必须为答案留出足够的空白,关键词应当划线或用醒目的字体。

3. 问卷使用的纸张大小比例恰当,使被访问者容易接受。 如一份问卷用 4 小张纸比 2 大张纸会使应答者感到压力小。

4. 问卷的每一页应当印有供识别用的顺序号,以便于被访问者答卷,也能避免调研者在整理时各页分散。

二、市场调研问卷结构

一份正式的调研问卷一般由 3 部分构成:前言、调研项目和附录。

(一)前言

调研问卷的前言主要说明调研的主题、调研的目的、调研的意义,以及向被调研者致意等。包括:

1. **问卷标题** 是概括说明调研研究的主题,使被调研者对要回答哪些方面的问题有个大致的了解。标题设计应简明、扼要、准确、突出,易于引起调研者的兴趣。

2. **问卷说明** 一般放在标题之后,旨在向被调研者说明调研的目的和意义。最好强调调研与被调研者的利害关系,以取得被调研者的信任和支持。问卷说明的形式可采取比较简洁、开门见山的方式,也可进行一定的宣传,以引起重视。有些问卷还有填表须知、交表时间、地点及其他事项说明。

（二）调研项目

调研项目是调研问卷所需调研的具体内容,是调研问卷的主体和核心部分。包括:

1. 被调研者的基本情况 指被调研者的一些主要特征,如姓名、性别、年龄、家庭人口、收入、文化程度、职业等。列入这些项目,是为了便于对调研资料进行分析和分类。当然,根据调研目的的不同要求,这些项目应有所取舍,并非多多益善。

2. 调研项目 是调研者所需了解的具体内容,就是依照调研主题设计若干问题要求被调研者回答,如商品的价格、质量、意见等。这部分内容设计的好坏直接影响整个调研的价值,因此,如何设置合理的调研项目是设计调研表的关键。

（三）附录

调研问卷的附录一般放在问卷的最后。包括:

1. 调研者的情况 是把有关调研者的个人档案列入,如调研员的姓名、访问时间等,以明确调研人员完成任务的性质。

2. 填写说明 是对某些问题的附带说明,包括填写问卷的要求、方法及被调研者应了解的项目和事项。

3. 结束语 一般在问卷的最后,可以用简短的词语对被调研人员的配合再次表示感谢,也可以征询被调研人员对问卷调研本身的看法。

4. 编码 对调研问卷和问卷中的调研项目设置编号,以便于被调研者填写、选择,也便于调研者分类、归档以及在电子计算机上建立数据库系统的统计处理。

总之,调研问卷的设计结构要合理,正文应占整个问卷的 2/3～4/5,前言和附录只占很少部分。

三、市场调研问题设计

一份调研问卷要想成功取得目标资料,除了做好前期大量的准备工作外,必须对问题的类别和提问方式与技巧仔细考虑,否则会使整个问卷产生很大的偏差,从一定程度上影响调研问卷水平质量的高低。因此,在设计问卷时,应对问题有较清楚的了解,并善于根据调研目的和具体情况选择适当的提问方式与技巧。

（一）调研问卷的问题类型

根据问题的答案是否具有规定性,问题一般有两种:封闭式问题和开放式问题。

1. 封闭式问题 指事先给定了备选答案,被调研者只能在所规定的答案范围内进行选择的问题。封闭式问题常用选择题的形式,便于被调研者回答,也便于调研者统计,但答案的伸缩性较小,其设计要求较高。封闭式问题常用于描述性、因果性调研。

2. 开放式问题 是指由被调研者用自己的话来自由作答的问题。开放式问题常用问答题的形式,容易设计,被调研者回答不受限制,答案能真实反映被调研者的想法,但缺点是对答案的整理分析比较困难,所以在一份调研问卷中只能占小部分。开放式问题常运用于探测性调研阶段,以了解人们的想法与需求。

(二)调研问卷的提问方式

1. 二项选择法 也称真伪法,是指对提出的问题仅有两个答案可选择,非此即彼。如"是"或"否""有"或"无""喜欢"或"不喜欢"等。优点是方便回答,便于统计分析;缺点是强制选择无法反映应答者意见程度的差别。

例如"你购买药品时注重牌子吗?" ①是( )②否( )

2. 多项选择法 在提问时一个问题提供两种以上的备选答案,请应答者选择其中一项或几项答案。这种方法多少可以缓和二项选择法强制选择的缺点,答案的统计分析也很简单。但是备选答案的设计较为复杂,要注意不要遗漏可能的答案,答案之间不能重复,而且备选答案不宜过多。

例如"下面列出的咽喉类药品,您服用过哪几种?" ①华素片( )②金嗓子喉片( )③草珊瑚含片( )④桂林西瓜霜( )⑤双料喉风散( )

3. 自由回答法 调研者围绕调研内容提问,不设定备选答案,被调研者不受任何约束,自由回答。优点是被调研者可积极思考、充分发表看法,而且问题的设计也较简单;缺点是被调研者的观点可能比较分散,个人的表达能力也会导致答案的差异,难以进行数据的统计分析。通常情况下应该较少采用甚至不用这样的提问方式。

例如您对××品牌的感冒药有什么看法?

4. 比较法 让回答者对调研对象的性质进行判断,做出比较。被调研者可以在"同意"到"不同意""重要"到"不重要""极好"到"极差"之间选择。

例如你如何看待"进口药品比国产药品要好"的说法? ①非常同意( )②同意( )③不同意也不反对( )④不同意( )⑤坚决不同意( )

5. 排序法 让回答者对多个给定答案排序。排序法设计中,应注意提示答案不宜过多,过多则应答者难以准确排序,而且回答结果也容易分散。

例如您购买××药品时优先考虑的因素是:

请将优先顺序号1、2、3…填写在答案前面的( )内

( )价格( )质量( )效果( )品牌( )外观( )售后服务( )其他

6. 打分法 在提问时给出若干提示答案,请应答者根据自己的认识打分,以反映被调研者对有关事物的看法、观点和评价。

例如在您看完××广告节目以后,请您就以下几个评价指标在相对位置打分:

程度打分(最差)　1　2　3　4　5　6　7　8　9　10(最佳)

①主题是否突出　　— — — — — — — — —

②画面是否清晰　　— — — — — — — — —

③能否引人注意　　— — — — — — — — —

④品牌是否明确　　— — — — — — — — —

7. 印象回想法 主要用于了解顾客的兴趣、注意力、选择记忆和平常的生活习惯。例如"请您回想一下,最近一年来引起您注意的感冒药的品牌名称有哪些?"

8. 词汇联想法 列出一些词汇,每项一个,由被调研者提出他头脑中涌现的第一个词。例如当

您听到下列字眼时,您脑海中涌现的第一个词是什么?

同仁堂——纯中药、老字号、信誉好……

9. 语句完成法 提出一些不完整的语句,每次一个,由被调研者完成该语句。例如当我的朋友购买馈赠亲友的保健品,我推荐……。

10. 故事完成法 提出一个未完成的故事,由被调研者来完成它。例如在网上购物后,收到的商品与你在网上订购的有区别时,你会……。请完成这个故事。

▶ **课堂活动**

下面是一张"有问题的问卷",请修改,并说明理由。

1. 你的收入最接近多少?

2. 你是否同意药品生产商和中间商要为药品的价格居高不下负责?

3. 你最近一次在药店购买的感冒药是多少钱一盒?

4. 消费者普遍认为××品牌的药好,你对××品牌的印象如何?

ER-3-4

典型案例:
三金西瓜霜
产品市场调
研问卷

点滴积累 ∨

1. 调研问卷也称调研表,是系统记载需要调研的问题和调研项目的书面问卷。

2. 市场调研问卷设计具体应注意以下几个方面的问题:主题明确、问题适当、通俗易懂、长度适宜、结构排列合理、适于统计。

3. 一份正式的调研问卷一般由3部分构成:前言、调研项目和附录。

4. 调研问卷的问题类型一般有2种:封闭式问题和开放式问题。

5. 调研问卷的提问方式主要有二项选择法、多项选择法、自由回答法、比较法、排序法、打分法、印象回想法、词汇联想法、故事完成法、语句完成法。

任务4 撰写药品市场调研报告

一、药品市场调研报告的含义

药品市场调研报告就是根据药品市场调研资料和调研结果加以概括并予以说明的书面报告,是对药品市场营销信息进行归纳和传递,是整个药品市场调研活动和工作的最终成果。

药品市场营销调研的最后一个步骤就是撰写一份高质量的药品市场调研报告,供委托者或本企业管理层作为营销决策的参考。调研报告的内容、质量决定了它对企业领导据此决策行事的有效程度。

二、药品市场调研报告的撰写原则

(一)尊重事实,不能先入为主

调研研究一般都有明确的目的。到哪里去,调研什么,事先都有设想和调研提纲。撰写时,不能以主观设想的调研提纲为依据,只能依据调研所得的事实。事实怎样就怎样写,不允许用调研之前设想的结论去套用或改造客观事实,更不能虚构。

（二）善于抓住本质

调研所得的信息是各种各样的,甚至会有截然相反的意见。因此,写作时要善于抓住那些最能说明问题的材料,不要眉毛胡子一把抓,堆砌很多材料还说明不了问题。有些材料很好,但与调研主题无关,也不能用上去,可以作为副产品加以使用,或写成另外的调研报告。

（三）定性分析与定量分析相结合

定量分析有大量数据作支撑,能增强说服力;定性分析能发挥人的主观能动性,把握市场发展的趋势和方向。因此,两者应有效地结合。

（四）多用群众的生动语言

调研报告可以而且应当对调研所得的材料进行加工提炼、集中概括,但是对于群众中生动的语言要尽量采纳,并保持其原来的面貌,使文章既说明问题,又令人爱看。

三、药品市场调研报告的撰写格式

药品市场调研报告的格式一般由标题、目录、摘要、正文、结论与建议、附件等几部分组成。

（一）标题

标题即调研报告的题目,就是写明调研报告的主题,把主要内容概括地叙述出来。调研报告标题可以只用一个正标题,如"冠心病治疗药市场分析";也可以在正标题之外再加副题,正标题反映报告的主题,副标题表明调研的对象及内容等,如《银杏叶制剂市场调研——机会与挑战并存》。

知识链接

市场调研报告标题的形式

1. 直叙式　直接反映调研意向,在标题中写明调研内容和调研范围。简明、客观,一般调研报告都采用。如"关于某感冒药销售情况的调研报告"。

2. 表明观点式　直接表明作者的观点、看法或对事物的判断、评价,在标题中揭示调研结论。如"感冒药降价不可取""止吐药物销售增加而药价走低"。

3. 提出问题式　以设问、反问等形式突出问题的焦点,以增强吸引性。如"某感冒药为何如此畅销"。

（二）目录

如果调研报告的内容、页数较多,为了方便阅读,应当使用目录或索引形式列出报告所分的章节和附录,并注明标题、有关章节号码及页码。一般来说,目录的篇幅不宜超过1页。

（三）摘要

摘要主要阐述调研的基本情况,是用简明扼要的文字向阅读者介绍整个市场调研的基本方案,包括调研的目标、范围、时间、地点及所采用的调研方式与方法、市场调研人员的个人资料、调研的意义等。

（四）正文

正文是市场调研报告的主体和重心。正文部分必须详细准确地叙述调研结果和分析结果，还应说明对问题进行分析的方法。包括调研的问题、调研采用的方法、调研步骤、取样方法、资料的收集方法、调研结果以及调研结果对企业营销活动的分析等，对所调研的问题做出结论，并提出解决问题的措施和建议。

（五）结论与建议

结论与建议是调研者基于调研事实，得出问题的结论并提出大致的措施和建议，它是撰写调研报告的主要目的。结论及建议与正文部分的论述要紧密对应，综述全文的重要观点，不可以提出无证据的结论，也不要没有结论性意见的论证。

（六）附件

附件是提供与调研结果有关的资料，对调研报告起注释作用。包括资料汇总统计表、原始资料来源、调研问卷、抽样名单、统计检验技术结果，以及一些重要的数据、图表和相关的制度文件等。调研过程中产生的附带性资料信息也可在整理后放在附录中。

提交调研报告后，调研人员还应对调研报告进行追踪，了解调研结论是否有参考价值、措施和建议是否被采纳，这样可以总结调研工作的成效，为以后的调研积累经验。

点滴积累 ⅴ ....

1. 市场调研报告就是根据市场调研资料和调研结果加以概括并予以说明的书面报告，是对市场营销信息进行归纳和传递，是整个市场调研活动和工作的最终成果。

2. 市场调研报告的撰写原则包括尊重事实，不能先入为主；善于抓住本质；定性分析与定量分析相结合；多用群众的生动语言。

3. 市场调研报告的格式一般由标题、目录、摘要、正文、结论与建议、附件等几部分组成。

目标检测

一、选择题

（一）单项选择题

1. 在调研开始阶段为明确医药企业存在的问题所进行的调研是（　　　）

    A. 探测性调研　　　　　B. 描述性调研　　　　　C. 因果关系调研

    D. 预测性调研　　　　　E. 典型调研

2. 一个国家或地区的经济结构、国民收入、消费结构、消费水平、经济增长走势等属于宏观医药市场调研涉及的（　　　）内容

    A. 政治环境　　　　　B. 科技环境　　　　　C. 社会文化环境

    D. 经济环境　　　　　E. 人口环境

3. （　　　）是整个调研的核心

A. 调研意义　　　　　　　　B. 调研内容和具体项目　　C. 调研方法

D. 调研时间进度安排　　　　E. 调研预算

4. 二手资料的不足在于( )

A. 收集不方便　　　　　　　B. 费时　　　　　　　　　C. 成本高

D. 时效性差　　　　　　　　E. 可以克服时空限制

5. 将拟定调研的事项以口头或书面的形式,通过会面、问卷、电话或因特网向被调研者提出询

问,从对方的回答中获取资料的调研方法是( )

A. 文案法　　　　　　　　　B. 观察法　　　　　　　　C. 实验法

D. 访问法　　　　　　　　　E. 行为记录法

6. 下列哪种方法不属于访问法( )

A. 走访调研　　　　　　　　B. 信函调研　　　　　　　C. 电话调研

D. 顾客动作观察　　　　　　E. 会议调研

7. 利用因特网进行购买意向问卷调研,属于( )

A. 访问调研法　　　　　　　B. 观察调研法　　　　　　C. 实验调研法

D. 案头调研法　　　　　　　E. 文案调研法

8. 以下不是二手资料的信息来源的是( )

A. 公司内部的资料　　　　　B. 发放的问卷调研　　　　C. 报刊书籍

D. 政府报告　　　　　　　　E. 行业协会的报告

9. ( )是调研问卷的主体和核心部分

A. 问卷标题　　　　　　　　B. 调研项目　　　　　　　C. 问卷说明

D. 填写说明　　　　　　　　E. 附录

10. "请问您使用过泰诺感冒药吗?"这种提问方式属于( )

A. 多项选择法　　　　　　　B. 比较法　　　　　　　　C. 二项选择法

D. 排序法　　　　　　　　　E. 自由回答法

11. 让回答者对调研对象的性质进行判断,做出比较。被调研者可以在"同意"到"不同意""重

要"到"不重要""极好"到"极差"之间选择。这种提问方式属于( )

A. 多项选择法　　　　　　　B. 比较法　　　　　　　　C. 二项选择法

D. 排序法　　　　　　　　　E. 自由回答法

12. ( )是市场调研报告的主要部分

A. 目录　　　　　　　　　　B. 结论与建议　　　　　　C. 正文

D. 摘要　　　　　　　　　　E. 标题

(二)多项选择题

13. 一手资料的不足在于( )

A. 耗时长　　　　　　　　　B. 受时空限制　　　　　　C. 成本高

D. 时效性差　　　　　　　　E. 收集方便

14. 二手资料收集的途径主要有( )

    A. 企业内部的资料   B. 商业资料

    C. 网络   D. 政府部门的各种统计年鉴

    E. 行业协会的报告

15. 一手资料收集信息的方法很多,主要有( )

    A. 文案法   B. 观察法

    C. 实验法   D. 访问法

    E. 案头法

16. 常用的随机抽样方法有( )

    A. 纯随机抽样   B. 分层随机抽样

    C. 等距抽样   D. 配额抽样

    E. 判断抽样

17. 根据问题的答案是否具有规定性,调研问卷的问题一般有( )

    A. 封闭式问题   B. 事实性问题

    C. 开放式问题   D. 态度性问题

    E. 预测性问题

18. 一份正式的调研问卷一般由哪几部分构成( )

    A. 前言   B. 调研项目

    C. 附录   D. 结论与建议

    E. 目录

19. 市场调研报告的格式除附件外,一般由( )部分组成

    A. 标题   B. 目录

    C. 摘要   D. 正文

    E. 结论与建议

20. 市场调研问卷设计具体应注意以下( )问题

    A. 主题明确   B. 通俗易懂

    C. 问题适当   D. 长度适宜

    E. 结构排列合理

二、简答题

1. 药品市场调研程序包括哪些步骤?

2. 药品市场调研计划的格式包括哪些部分?

3. 药品市场调研方法有哪些?

4. 一份正式的调研问卷由哪些部分构成?

5. 市场调研报告的格式由哪些部分组成?

三、案例分析

冬凌草含片如何做市场调研

（一）设计调研方案

1. 确定调研内容　咽喉类含片的总体市场容量；咽喉类含片的总体市场需求特点及变化趋势；冬凌草含片的石家庄市场销售状况及市场地位；竞争产品及竞争对手的营销策略；冬凌草含片的营销组合策略及相应措施的运作效果；存在的问题与面临的机会；附带宣传冬凌草含片。

2. 调研人员的组织　一线调研人员由某高校市场营销专业60名三年级学生担任，利用4周的学习时间展开调研工作，先培训，后上岗，高质量地完成调研任务是评定实习成绩的唯一依据；二线指导分析人员是学生的专业任课教师，身兼指导学生实习和为企业提供咨询服务的双重任务。

3. 收集资料　收集二手资料，企业内部的资料主要通过该集团销售科及驻石家庄办事处两个途径收集，企业外部的资料主要通过有关报刊杂志、统计部门、工商行政管理机构、医药管理部门等途径获取；收集一手资料，用实地观察法观察各零售药店咽喉类含片的销售情况，问卷法采取即时填表法，交谈法则主要用于了解深层次的、探索性的问题。

4. 调研对象及抽样方法　冬凌草含片是一种保健药品，其消费行为除受到消费者个人因素的影响外，还受到医院及医师、消费者所在单位的医疗保健制度、医药经销单位等因素的影响。因此，将调研对象确定为以下几类：一般消费者、医药经销单位、医院药房及相关科室医师、学校、企业、行政及其他事业单位。针对不同的调研对象确定不同的调研范围，其中医药经销单位和医院采用普查的方式；一般消费者调研采用非随机抽样的配额抽样法；学校、企业、事业单位则采用随机抽样的简单随机抽样法。

5. 设计调研问卷　共设计4份调研问卷：消费者1份、医院1份、医药经销单位1份，其他类1份。消费者问卷尽量设计成封闭性问题，医院及医药经销单位问卷可适当增加开放性问题，主观宣传内容放在最后一条。为使问卷调研取得预期效果，问卷初步设计好后先经过一组调研试用，试用结果满意，再正式使用。

6. 撰写调研报告　根据调研方案实施情况以及资料分析整理结果写出市场调研报告，提供给企业决策部门。

（二）咽喉类药品市场分析

1. 咽喉类药品的整体市场容量分析　咽喉含片作为咽喉方面的保健及辅助治疗药品，市场迅速扩大，发展前景广阔，除以原有的治疗为目的的消费者群体之外，以单纯保健为目的的消费者群体迅速增长；市场竞争非常激烈，草珊瑚独领风骚的时代已经过去，消费者的需要更加多样化、复杂化，各类含片的市场地位将做重新调整；含片中有些使用卫药健字许可证，市场进入障碍远低于卫药准字类药品，预计需求量将迅速达到饱和状态，新一轮竞争将是质量、品种、口感、产品形象的竞争。

2. 影响咽喉类药品含片市场扩张的主要因素分析　一是目前实行公费医疗的单位，健字类产品难以报销，国民自费买药吃的意识尚不浓，使含片失去了很大一片市场，随着自费医院比例的提高，含片市场有较大的扩张潜力；二是目前不少含片疗效较差，偏重口感，很难起到真正治病（尤其是急性病)的作用,已引起服用者的怀疑。

讨论分析:

1. 评价冬凌草含片的市场调研方案策划。

2. 结合本案例分析一次有效的市场调研活动应包含哪些具体内容?

项目三习题

项目四

分析药品市场营销环境

项目四PPT

导学情景 ∨

情景描述:

"早一粒,晚一粒"的康泰克广告曾是大家耳熟能详的医药广告,而康泰克也因服用频率低、治疗效果好而成为了大多数人首选的感冒药。 但当国家食品药品监督管理局于 2000 年 11 月 16 日发布《关于暂停使用和销售含苯丙醇胺的药品制剂的通知》时,中美史克旗下的康泰克瞬间被推到了风口浪尖的位置,其"康泰克""康得"因含有 PPA 而成为禁药。

"通知"发出后,史克公司立即做出反应,不仅表现在对媒体的真诚和对舆论的积极引导上,更重要的是媒体在发布"通知"的同时,向公众传达了史克公司视消费者为上的坚定态度。 中美史克天津制药有限公司在国家食品药品监督管理局发布通知后,立即停止销售和生产康泰克,销售额降至零点,而为改进康泰克配方,史克公司又投资了几个亿上马新的设备。 经历了 289 天的蛰伏,中美史克向公众推出了不含 PPA 的感冒药"新康泰克",成功地舞动了"PPA 风波"这柄双刃剑。

学前导语:

国家食品药品监督管理局"通知"的发布,对中美史克无疑是一枚重磅炸弹。 然而,中美史克迅速有效的处理,让这一场危机真正转变为机会。 医药企业尤其受到政治法律环境的影响,要想在竞争中求得生存与发展,必须重视市场营销环境的评价分析,以规避风险,寻找市场机会。 本项目将学习如何认识和分析药品市场营销环境。

ER-4-1

扫一扫,知重点

ER-4-2

药品市场营销环境的内涵

任务 1 药品市场营销总体环境分析

一、药品市场营销环境概述

(一) 药品市场营销环境的含义

美国著名营销学大师菲利普·科特勒认为,市场营销环境指的是影响企业的市场和营销活动的不可控制的参与者和影响力。因此,市场营销环境是企业赖以生存和发展的各种内外部条件,是客观和极其复杂的,具有确定与不确定、可控制与不可控制、机遇与威胁并存等特性。企业营销活动需要根据自身实际能力,适应内外部环境的变化,谋求和保持企业的外部环境、内部环境和企业目标三者之间的平衡。

药品市场营销环境是指与药品市场营销活动相关的,直接或者间接影响药品企业市场营销活动的,各种外界条件和内部因素的综合。由于药品市场的特殊性,决定了药品市场营销环境与其他商品的市场营销环境有一定区别。

▶ 课堂活动

讨论:药品市场营销环境与普通商品市场营销环境的区别是什么?

(二)药品市场营销环境的分类

药品市场营销环境可分为微观营销环境和宏观营销环境两大类。微观营销环境(又称直接营销环境)是指与企业营销活动紧密相关的环境因素,是直接影响企业营销能力的各种组织与行为者的力量和因素,包括企业、供应商、营销中介、顾客、竞争者和公众环境。宏观营销环境(又称间接营销环境)是指所有与企业的市场营销活动有关系的环境因素,包括人口、经济、自然、技术、政治法律和社会文化环境。见图 4-1。

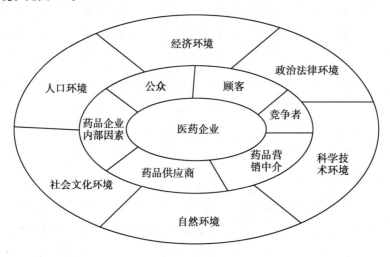

图 4-1　药品市场营销环境分类图

宏观营销环境对企业的影响通常是间接的,微观环境的影响是直接的。宏观环境决定着企业活动的大方向,通常通过微观环境对企业的营销活动产生影响。

(三)分析药品市场营销环境的意义

环境因素是客观存在的,是企业生存和发展的土壤。任何医药企业都是在一个开放的、不断发展变化的社会经济大环境中开展其营销活动的。分析药品营销环境的意义体现在如下几个方面:

1. 是企业从事药品营销活动的立足点　任何企业的药品营销活动都不是孤立的,如企业需要借助于媒介向公众传递企业和产品的信息;企业通过分析消费者可以了解消费者的需求,以便于推出满足消费者需求的产品和服务。因此,分析营销环境是企业进行营销活动的基础。

2. 可以发现经营机会,避免环境威胁　环境的变化既可以给药品企业营销带来市场机会,又可能对企业营销造成威胁。因此,企业在开展营销活动时,只有分析和研究市场及其环境,才能找出机会,避免威胁,更好地实现企业的发展战略和营销目标。

3. 为企业的药品营销决策提供了科学依据　企业只有对营销环境进行认真的调查、分析和预测,才能制订出有效的营销策略。如某企业的某个非处方药要进入某个区域市场,那么这个企业就需要对这个区域市场的情况进行详细的分析,包括消费者的用药习惯、竞争品种的情况、竞争对手的策略、当地居民的收入等,才能制订出适合这个区域的营销策略。

二、药品市场营销环境的特征

影响和制约药品营销活动的内外部环境因素很多,并且复杂多变,环境因素对不同的药品企业所产生的影响也不尽相同。因此,企业在策划营销活动及其实施过程中必须把握营销环境变化的规律,认识它的特点。药品营销环境的特点主要表现在以下几个方面:

1. 客观性　营销环境不以某个营销组织或个人的意志为转移,它有自己的运行规律和发展特点。企业的营销活动只能主动适应和利用客观环境,不能改变或违背。客观地检测环境因素才能减少营销决策的盲目和失误,赢得营销活动的成功。

2. 动态性　主要包括3个方面,一是某一环境因素的变化会引起另一环境随之变化;二是每个环境内部的子因素变化会导致环境因素的变化;三是各因素在不同的形势下,对企业活动的影响大小不一样。随着网络化、全球化、信息化的出现,尤其是电子商务的产生和发展使营销的内外部环境发生了深刻的变化。

3. 不可控性　药品市场营销环境作为一个复杂多变的整体,单个企业不能控制它,只能适应它;然而企业通过主观能动性的发挥,如调整营销策略、进行科学预测或联合多个企业等,可以冲破某些环境的制约或改变某些环境因素,从而取得成功。

4. 相关性　药品市场营销环境的各种因素之间相互制约与影响,其中一个因素的变化会引起其他多个因素相互变化,从而形成新的药品市场营销环境。由于药品市场环境的相关性,药品营销人员不能单从一个环境因素,而要从多个环境因素综合考虑企业的市场营销活动,才能全面地分析药品市场环境因素对企业的影响。

5. 差异性　不同的国家和地区其营销环境存在着很大的差异性,表现为西方发达国家和发展中国家在政治、法律、经济和文化上存在巨大差异;同一时期不同企业所处的微观环境也存在差异;大型药品公司与小型药品公司拥有的销售网络不一样;同一个环境因素的变化对不同的企业产生的影响大小也不一样,比如医疗体制改革对大型药品企业的影响和对小型药品企业的影响不一样等。

6. 复杂性　一方面表现为药品生产经营企业的外部环境因素是企业所不能控制的,另一方面表现为各环境因素之间经常存在着矛盾的关系。例如药品生产经营企业要生产出好的药品去满足消费者治疗与预防的需要,又要遵守政府有关保护野生动植物的法律和规定等。

三、药品市场营销环境的分析方法

国内外学者对营销环境的研究通常采用定性分析的方法。营销环境变化的复杂性和多样性使多种因素交织在一起,难以对各种指标进行量化。因此,通常使用的分析方法都是定性的分析方法。常用的市场营销环境分析方法是机会-威胁对比分析法、SWOT分析法。

(一) 机会-威胁对比分析法

1. 机会与威胁的含义　环境机会是指由于环境变化形成的对医药企业目前的营销产生的吸

引;环境威胁是指由于环境的变化形成的对医药企业现有营销的冲击和挑战。

企业可以根据所面临的内外部环境,对不同时期的具体情况细分为若干因素。例如:①市场需求方面:包括市场销售和增长率、利润率及增长潜力等;②市场竞争方面:包括同类药品的生产情况、竞争者情况及营销策略动态等;③社会政治经济方面:包括医药行业发展趋势和国家的产业政策、药品相关的政策法规等;④企业内部条件:包括药品的市场占有率、生产能力、技术能力、营销能力等。市场营销环境分析时可由企业市场营销人员在市场调研的基础上进行相关因素评价,最后进行机会-威胁程度分析。

2. **机会-威胁综合分析**　营销环境对医药企业营销的机会和威胁是并存的,威胁中有机会,机会中也有挑战,在一定条件下两者可相互转化,从而增加了环境分析的复杂性。医药企业可以运用机会-威胁矩阵加以综合分析和评价,更清楚地认识医药企业在环境中的营销状况,做出正确的判断,从而把握机会,规避威胁。见图4-2。

图 4-2　机会-威胁综合分析图

在相同的市场营销环境中,机会多而威胁少的企业称为理想型企业;机会多同时威胁也大的企业称为冒险型企业;机会少而威胁大的企业称为困难型企业;机会少但同时威胁也少的企业称为成熟型企业。

但是上述分析是指一般情况而言,因为随着市场营销环境的改变,企业所面临的机会和威胁都可能在不断变化,今天的机会也许是明天的威胁,今天的威胁也可能成为明天的机会。并且在企业的努力下,也可能使对他人而言是威胁的因素,转变为对自己有利的动力。这就需要企业充分重视市场营销环境的研究分析并及时调整营销策略,使市场营销环境向有利于企业生存发展的方向变化。

3. **应对机会的策略**

(1)及时利用:当市场机会与企业的营销目标一致,企业又具备利用市场机会的资源条件,并享有竞争中的差别利益时,企业应抓住时机,及时调整自己的营销策略,充分利用市场机会,求得更大的发展。

(2)待机利用:有些市场机会相对稳定,在短时间内不会发生变化,而企业暂时又不具备利用市场机会的必要条件,可以积极准备,创造条件,等待时机成熟时再加以利用。

(3)果断放弃:营销市场机会十分具有吸引力,但企业缺乏必要的条件,无法加以利用,此时企业应做出决策果断放弃。因为任何犹豫和拖延都可能导致错过利用其他有利机会的时机,从而一事无成。

4. **应对威胁的策略**

(1)反抗:采取措施影响环境的发展变化,阻止环境威胁的出现。

(2)减轻:通过调整营销组合加强对环境的适应,以减轻环境威胁的严重性。

(3)转移:转移到其他市场或者行业。

（二）SWOT分析法

1. SWOT分析法简介

（1）SWOT分别代表strengths（优势）、weaknesses（劣势）、opportunities（机会）、threats（威胁）。SWOT分析法是由旧金山大学的管理学教授于20世纪80年代初提出来的，是一种能够较客观而准确地分析和研究一个单位现实情况的方法，常常被用于制订医药企业发展战略和分析竞争对手情况。

（2）SWOT分析法又叫态势分析法或内外情况对照分析法，是将宏观环境、微观环境、市场需求、竞争状况、企业营销条件等进行综合分析，分析出与企业营销活动相关的优势、劣势、机会和威胁。分析的目的是随时掌握其发展趋势，从中发现市场机会和威胁，有针对性地制订和调整自己的战略与策略，不失时机地利用营销机会，尽可能地减少威胁带来的损失。

（3）运用SWOT的基本规则包括对医药企业的优势与劣势有客观的认识；区分医药企业的现状与前景；必须考虑全面；与竞争对手进行比较，比如优于或是劣于你的竞争对手；保持SWOT分析法的简洁化，避免复杂化与过度分析。

典型案例：某医药物流集团STOW分析

2. SWOT分析的基本思路

（1）分析环境因素：运用各种调查研究方法，分析出医药企业所处的各种环境因素，即外部环境因素和内部能力因素。外部环境因素包括机会因素和威胁因素，它们是外部环境对医药企业的发展直接有影响的有利和不利因素，属于客观因素；内部环境因素包括优势因素和弱势因素，它们是医药企业在其发展中自身存在的积极和消极因素，属于主动因素。在调查分析这些因素时，不仅要考虑到历史与现状，而且更要考虑未来发展问题。

（2）构造SWOT矩阵：将调查得出的各种因素根据轻重缓急或影响程度等排序方式，构造SWOT矩阵。在此过程中，将那些对医药企业发展有直接的、重要的、大量的、迫切的、久远的影响因素优先排列出来，而将那些间接的、次要的、少许的、不急的、短暂的影响因素排列在后面。

（3）制订行动计划：在完成环境因素分析和SWOT矩阵的构造后，便可以制订出相应的行动计划。制订计划的基本思路是发挥优势因素，克服弱点因素，利用机会因素，化解威胁因素；考虑过去，立足当前，着眼未来。

3. SWOT分析的要点　见图4-3。

（1）优势：是指一个医药企业超越其竞争对手的能力，或者指医药企业所特有的能提高医药企业竞争力的东西。竞争优势可以是以下几个方面：技术技能优势（独特的生产技术，低成本的生产方法，领先的革新能力，雄厚的技术实力，完善的质量控制体系，丰富的营销经验，上乘的客户服务，卓越的大规模采购技能）；有形资产优势（先进的医药生产流水线，现代化车间和设备，拥有丰富的自然资源储存，吸引人的不动产地点，充足的资金，完备的资料信息）；无形资产优势（优秀的品牌形象，良好的商业信用，积极进取的公司文化）；人力资源优势（关键领域拥有专长的职员，积极上进的职员，很强的组织学习能力，丰富的经验）；组织体系优势（高质量的控制体系，完善的信息管理系统，忠诚的客户群，强大的融资能力）；竞争能力优势（产品开发周期短，强大的经销商网络，与供应商良好的伙伴关系，对市场环境变化的灵敏反应，市场份额的领导地位）。

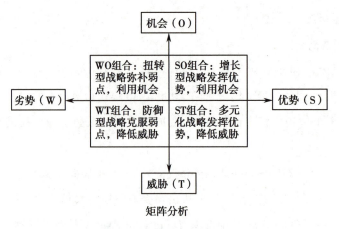

图 4-3　优势和劣势矩阵图

（2）劣势：是指某种医药企业缺少或做得不好的东西，或指某种会使医药企业处于劣势的条件。可能导致内部弱势的因素有缺乏具有竞争意义的技能技术；缺乏有竞争力的有形资产、无形资产、人力资源、组织资产；关键领域里的竞争能力正在丧失。

（3）机会：是指医药企业面临的潜在机会，这是影响公司战略的重大因素。医药企业管理者应当确认每一个机会，评价每一个机会的成长和利润前景，选取那些可与医药企业的财务和组织资源相匹配，使医药企业获得的竞争优势的潜力最大的最佳机会。潜在的发展机会可能是客户群的扩大趋势或产品细分市场；技能技术向新产品新业务转移，为更大的客户群服务；前向或后向整合；市场进入壁垒降低；获得购并竞争对手的能力；市场需求增长强劲，可快速扩张；出现向其他地理区域扩张，扩大市场份额的机会。

（4）威胁：是指危及医药企业的外部威胁。在医药企业的外部环境中，总是存在某些对医药企业的营利能力和市场地位构成威胁的因素。医药企业管理者应当及时确认危及医药企业未来利益的威胁，做出评价并采取相应的战略行动来抵消或减轻它们所产生的影响。医药企业的外部威胁可能是出现将进入市场的强大的新竞争对手；替代品抢占医药企业销售额；主要产品的市场增长率下降；汇率和外贸政策的不利变动；人口特征、社会消费方式的不利变动；客户或供应商的谈判能力提高；市场需求减少；容易受到经济萧条和业务周期的冲击。

案例分析

案例

云南白药牙膏是以牙膏为载体，借鉴国际先进口腔护理、保健技术研制而成的口腔护理保健产品。云南白药牙膏内含云南白药活性成分，具有帮助减轻牙龈问题（牙龈出血、牙龈疼痛）、修复黏膜损伤、营养牙龈和改善牙周健康的作用。结合市场调研，对云南白药牙膏进行 SWOT 分析。

分析

S（优势）：不但对牙龈出血效果显著，而且能有效防治口腔溃疡、牙龈肿痛、牙龈萎缩、牙龈炎、牙周炎、口臭、蛀牙等常见口腔问题；属于国家中成药绝密配方；是药企参照药品标准来做牙膏，产品质量可靠。

W（劣势）：牙膏市场竞争激烈，其他品牌牙膏的市场占有率较高；市场价格高，属于高档消费品，普通民众难接受；品牌的宣传力度不够，消费者对产品的认知简单；企业的营销观念和手段单一，较其他行业落后。

O（机会）：传统牙膏解决的大多是牙齿的问题，注重防蛀、清洁和美白的作用，很少关注口腔健康问题；中国90%的成年人都有不同程度的口腔问题；随着饮食习惯的改变（麻、辣、烫）和工作压力的增大，口腔溃疡、牙龈肿痛、出血、萎缩等口腔问题正快速蔓延，由此产生消费需求。

T（威胁）：我国医药市场体系欠发达，市场管理尚待完善；中华、黑人、高露洁、佳洁士等老品牌长期的市场部署使这些品牌的市场占有率非常高；云南白药牙膏将产品定位在高端消费市场，目标受众集中在两大人群上，一是有口腔问题的高端消费人群，二是收入不高但口腔问题严重的消费人群。

医药企业在维持竞争优势的过程中，必须深刻认识自身的资源和能力，采取适当的措施。一般说，医药企业经过一段时期的努力，建立起某种竞争优势；然后就处于维持这种竞争优势的态势，竞争对手开始逐渐做出反应；如果竞争对手直接进攻企业的优势所在，或采取其他更为有力的策略，就会使这种优势受到削弱。所以，医药企业应保证其资源的持久竞争优势。

点滴积累 ∨

1. 药品市场营销环境是指与药品市场营销活动相关的，影响药品企业市场营销活动的各种内外部因素的综合。包括宏观营销环境和微观营销环境两大类。宏观营销环境对企业的影响通常是间接的，微观环境的影响是直接的。
2. 药品营销环境的特征包括客观性、动态性、不可控性、相关性、差异性和复杂性。
3. 分析医药市场营销环境的方法主要是机会-威胁对比分析法和SWOT分析法。

任务 2　药品市场营销宏观环境分析

ER-4-4

药品市场营销的宏观环境

影响药品企业市场营销活动的宏观环境涉及人口、经济、政治、自然、科学技术和社会文化环境等多个方面，见图4-4。

一、人口环境

企业市场营销活动的最终对象是商品的购买者，而市场是由具有购买欲望与购买能力的人所组成的。人口作为市场的基本构成因素对市场与企业产生着整体性和长远性的影响，这种影响主要表现在人口规模与增长速度及人口的自然构成、社会构成、地区构成等，人口统计因素制约着市场规模与需求结构的变化。

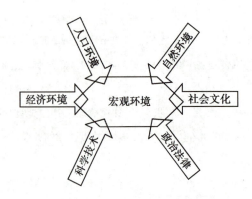

图 4-4 药品市场营销的宏观环境

（一）人口规模与增长速度

一般地说，人口规模越大，市场规模也就越大，需求结构也就越复杂。但是，在考察人口规模对市场规模及市场需求结构的具体影响时，通常都要考虑到社会经济的发展状况。从需求数量的角度看，社会经济的发展水平越高，人口规模越大，则社会购买力也就越大；反之，社会购买力就比较小。从需求结构的角度看，在社会经济发展水平较低的情况下，社会购买力主要集中在维持人们生存所必需的生存资料方面，而且人口规模越大这方面的市场压力就越强；在社会经济发展水平较高的情况下，人们对发展资料和享受资料的购买需求就会大大提高，而且表现为对包括生存资料在内的生活资料的品质要求与品种要求会明显增强和拓宽。

（二）人口的自然构成

人口的自然构成包括人口的性别构成和年龄构成等方面的内容。随着人们生活水平的提高、卫生保健条件的改善、残废率的下降、人均寿命的增加以及人口的较快增长，在人口的年龄结构方面一个值得注意的动向是包括我国在内的不少国家和地区出现了人口老龄化问题；另一个值得注意的现象是由于我国正处于生育增长期，因此婴幼儿及少年儿童的绝对数很高。由于男性与女性、老年人与儿童等在消费需求、消费方式及购买行为等方面往往存在着较大的差异，因此上述情况将给医药企业的营销活动带来很大的影响。

（三）人口的社会构成

人口的社会构成包括人口的职业构成、文化构成、家庭构成、民族构成、宗教构成等内容。目前我国人口的基本特点是随着工业化和城市化的发展，城镇人口增加，农村人口减少；随着产业结构的调整，一、二产业的就业人口相对减少，三、四产业的就业人口相对增加；随着文化教育事业的发展，我国公民的文化素质正在不断提高；随着一般生育率的降低以及人们观念的变化等原因，我国家庭规模小型化的趋向明显；我国有 50 多个民族，各自具有明显的文化特征等。所有这些都影响着市场需求的发展变化，这是值得医药企业注意的问题。

（四）人口的地区分布与地区间流动

人口的地区分布指的是人口在地理空间上的分布状态。一个地区的人口规模状况，会对该地区的市场规模产生直接影响；此外，人们往往会因其所处地区的地理条件、气候条件、文化习俗、社会经济发展水平等的不同，而在生活方式、消费需求、购买习惯、买力等方面呈现出明显的差异性。

我国家庭变化趋势及其影响

我国的计划生育政策导致了核心家庭中独生子女家庭占有很大的比例,子女在消费活动中的地位和对购买决策的影响越来越重要。 我国家庭的主要变化:①家庭规模呈缩小趋势。 由于计划生育政策、社会观念的变化、城市化和离婚率上升,目前我国家庭人口规模分布在 3 人、4 人和 5 人,2010 年第六次人口普查平均家庭规模为 3.1 人。 而且 3 人和 4 人的家庭呈持续增长态势,5 人以上的大家庭则持续下降。 家庭户数的增加,意味着子女婚后与父母分开居住成为主流。 ②夫妻角色的变化。 由"男主外,女主内"到男性承担更多的家务,更多的女性外出参加工作。 可能的影响是增加了家庭收入和购买力,在外工作的女性购物和做家务的时间减少。 ③结婚年龄推迟和离异家庭增多。 前者意味着更多的人会过更长的独身生活,而增加了对小型住宅、便利食品等的需求;后者是单亲家庭大量增加,对居家生活用品的需求将增长。

二、经济环境

市场营销的经济环境是指医药企业所面临的外部社会经济条件,主要是指社会购买力,包括经济发展阶段、地区发展状况、产业结构、货币流通状况、收入因素及消费结构。其中收入因素和消费结构的影响比较直接。

1. **消费者收入的变化**　市场容量的大小归根到底取决于消费者购买力的大小,消费者的需要能否得到满足主要取决于其收入的大小,其中实际收入和名义收入并不是完全一致的。收入分配不仅会影响消费者的支出能力,而且会影响收入的区域或社会阶层分布,从而影响区域市场或各社会阶层的潜在消费规模。世界各国之间的收入水平和分配差距很大,某些国家内部各地区之间的收入水平和分配也存在明显的差距。

2. **消费结构**　消费结构是指消费者在各种消费支出中的比例和相互关系。现在最常用的就是德国统计学家恩格尔提出的"恩格尔定律"。系数越小,说明一个国家(地区)越富裕,人们的收入越多,生活水平越高,对消费需求就会提出更高的要求。

3. **居民储蓄及消费信贷**　消费储蓄和信贷状况是影响消费者现时购买力和潜在购买力的重要因素。一般情况下,消费者个人储蓄的增加会相对减少现时的购买力,但又预示着潜在购买力的增加;而消费信贷的增加则会刺激消费者的现实购买。

4. **经济发展阶段**　经济发展水平较高的国家和地区在市场营销方面强调产品款式、性能和特色,重资本密集型产业的发展。经济发展水平较低的国家和地区侧重于产品的功能和实用性,以发展劳动密集型产业为主。

5. **地区发展状况**　地区经济的不平衡发展对企业的投资方向、目标市场及营销战略的制订都会带来巨大影响。

6. **产业结构**　产业结构是指各产业部门在国民经济中所处的地位和所占的比重及相互之间的

关系。一个国家的产业结构反映该国的经济发展水平。

三、自然环境

自然环境是影响企业营销活动的基本因素。一般而言,自然环境由自然资源、气候和土地面积3个基本成分组成。企业的运营和市场营销活动的开展都必须考虑自然环境的承受能力,实现可持续的发展观。

我国是一个幅员辽阔的国家,从总体看资源比较丰富,然而由于人口众多,因此从人均水平来说,不论是不可再生资源还是可再生资源又都是短缺的,绝大多数资源的人均占有量很低。又由于法制不健全、人们的环保意识差、缺乏全面效益观念等原因,对资源的破坏现象较为严重;同时,由于各种原因资源浪费问题又非常突出,高投入低产出、好原料次产品等现象较为普遍。这种情况要求政府部门必须进一步加强对资源的管理工作,运用法律、经济、行政等手段对破坏资源、消费资源的现象进行干预和控制。资源短缺,尤其不可再生资源越开采储量越少,资源成本趋于提高,政府对资源的管理不断加强,这对许多企业的发展来说无疑是一种威胁,然而反过来又迫使人们研究如何合理开发资源、有效利用资源以及寻找代用品等问题,这又给许多企业带来了发展机会。

在工业化和城市化的发展进程中,我国的环境污染也日趋严重。在许多地区已经严重影响人民的身体健康、生态平衡和社会经济的长远发展,环境保护已成为我国最重要的社会经济问题之一。随着治理环境污染呼声的高涨和政府干预的加强,医药企业必须采取措施控制污染、治理污染,这对许多企业又是一种压力和约束,但其中也蕴含着许多新的市场机会。

知识链接

道地药材的地域性

道地药材是指在特定环境和气候等因素的综合作用下,所形成的产地适宜、品种优良、产量较高、炮制考究、疗效突出、带有明显地域性特点的药材。常常得到人们赞誉的道地药材有甘肃的当归,宁夏的枸杞子,四川的黄连、附子,内蒙古的甘草,吉林的人参,山西的黄芪、党参,河南怀庆的牛膝、地黄、山药、菊花,江苏的苍术,云南的茯苓、三七等。

四、科技环境

科学技术环境是影响企业生产经营活动的外部科学技术因素。对科学技术环境的考察,主要涉及科学技术的发展现状、新的科学技术成果、科学技术发展的动向、科技环境的变化对社会经济生活的影响等方面的问题。当前,在世界范围内科学技术迅猛发展,生命科学研究发展迅速,生物工程等应用技术的发展速度加快,这对社会经济生活及医药企业的市场营销带来了一系列的影响。

1. 改变着人们的消费习惯,创造了新的需求。

2. 大部分产品的生命周期有明显缩短的趋势。

3. 新兴产业相继出现,传统产业面临着改造的巨大压力,落后产业被淘汰的可能性加剧。

4. 市场竞争日益激烈,技术因素的竞争更加突出。

5. 技术贸易的比重不断提高。

6. 发展中国家劳动力费用低廉的优势在国际经济联系中将受到进一步削弱。

7. 传统的流通结构、流通方式和手段面临着巨大的冲击。

8. 对企业的综合素质、经营管理工作等方面提出了更高的要求,以至于观念需要全面更新。

由此可以看到,随着科学技术的发展,企业将受到全面挑战,不能适应和引导这一过程的企业将面临被淘汰的威胁。

五、政治法律环境

政治法律环境主要是指国家的政治变动引起经济势态的变化及政府通过法律手段和各种经济政策来干预社会的经济生活,它往往是企业市场活动必须遵循的准则。医药企业的营销活动是整个社会经济活动的组成部分,不可避免地受到政治法律环境的影响和制约。从国内看,主要指国家的方针、政策、法令、法规及其调整变化对医药行业和医药市场的影响。从国际看,主要是指国际惯例、国际法以及政治权力与政治冲突对医药企业营销活动的影响。

（一）政治环境

1. 政治体制和经济管理体制 从宏观角度来看,与医药企业密切相关的突出问题在于政府机构是否精简、政府行为是否规范、是否能够切实为企业发展保驾护航、是否能够实现政企分开。随着中国经济体制、政治体制改革的逐步深入,中国医药企业将在一个更为开放、民主、法制化的政治环境中运行。

2. 政府的方针政策 国家的方针、政策可引导市场的需求,改变资源的供应,影响生产条件、产品质量,如公费医疗制度的改革就会鼓励或限制某些医药企业的生产和销售。就中国当前医药市场的总体情况来看,政府的政策突出体现在进一步整顿市场、建立合理公平的竞争机制、规范企业经营行为、打击药品商业贿赂等方面。值得注意的是方针政策具有可变性,会随着世界政治经济形势的变化而不断做出调整,企业只有密切关注方针政策变动的趋势,才能够不断迎合市场环境变化,获得成功发展。

（二）法律环境

法律是任何一个国家政治力量强制性的一种表现。对医药企业营销活动产生影响的法律法规主要有3个方面:一是有关经济方面的法律,如《合同法》《公司法》《商标法》《专利法》《广告法》《反不正当竞争法》《证券法》《票据法》《进出口商品检验法》《消费者权益保护法》等;二是有关药品生产、销售的法律法规,如《药品管理法》《药品零售连锁企业有关规定》《药品经营质量管理规范》《医疗广告管理办法》《进口药品管理办法》《中医药法》《国境卫生检疫法》《精神卫生法》《医疗事故处理条例》《初级卫生保健法》等;三是有关对消费者利益进行保护的法律法规,如《产品质量法》《药品不良反应报告和监测管理办法》等。

中国现在的法律环境正在日趋完善和健全,每一项新的法律、法规的颁布实施,或者原有法律、法规的修改,都会对医药企业的营销活动带来影响。医药企业应该严格遵守相关的法律法规,密切关注法律环境的变化,根据变化及时调整自己的营销战略和策略。

与药品企业市场营销活动有关的法律、法规很多,其中有的是为了维护市场秩序、保护公平竞争;有的是为了维护消费者利益;有的是为了社会利益、保护环境等。

六、社会文化环境

社会文化环境是影响企业营销活动的最复杂的因素,所以无论是国际市场营销还是国内市场营销,企业都应重视对社会文化环境的分析。

1. **文化** 文化不仅影响人们的思维,而且会影响企业的营销组合。文化是一个广泛而丰富的概念,可以从不同的角度划分为广义文化和狭义文化、精神文化和物质文化、核心文化和亚文化。任何一个企业在营销活动中都需要特别注意文化的差异性、稳定性和变革性。

2. **社会结构和社会群体**

(1)社会结构:社会结构实质上就是一个社会中人与人的关系,它反映在组成这个社会的基本单位的性质、各个社会群体的划分和相互关系、政治制度及其所决定的各个社会群体的社会作用等,是社会文化的重要组成部分。

(2)社会群体:社会群体是指两个以上的人由于某种共同的观念或利益,而形成的行为上具有共同特征或相关性的集体。社会群体对企业营销活动的影响主要体现为:①社会群体的亚文化导致群体消费的共性,是企业选择目标市场的依据;②社会群体作为压力集团,影响企业的营销活动。

3. **价值观念** 价值观念是指一个社会里人们对事物的评价标准和崇尚风气。在社会生活中,价值观念主要体现为时间观念、财富观念、创新观念和风险观念等。

4. **风俗习惯** 风俗习惯是人们自发形成的习惯性的行为模式,是一定社会中大多数人共同遵守的行为规范。风俗习惯所包含的范围十分广泛,涉及社会生活的方方面面,如消费习俗、节日习俗、商业习俗等。

5. **宗教信仰** 宗教信仰直接影响着人们的生活习惯、礼仪、风俗爱好等,从而影响着人们的消费行为。如宗教节日对于需求季节波动的影响有 4 个方面:宗教信仰、社会规范、宗教禁忌、宗教节日。

知识链接

颜色也会影响营销

颜色也具有象征价值,如白色代表纯洁,红色代表喜庆,黑色代表哀伤或庄重,绿色代表生命、青春与和平。但在不同的文化背景下,可能有不同的象征意义,如灰色在美国代表着昂贵、高质量,而在日本则同廉价商品相联系。一家生产饮用水的企业在马来西亚损失惨重,就是因为该公司使用绿色作为主色,而绿色在马来西亚是与丛林和疾病联系在一起的。可口可乐在世界其他地区销售采用红白相间的色彩包装,而在阿拉伯地区却改为绿色包装,因为那里的人民酷爱绿色,绿色意味着生命和绿洲。

点滴积累 ✓

1. 影响药品企业市场营销活动的宏观环境涉及人口、经济、政治、自然、科学技术和社会文化环境等多个方面。
2. 经济环境包括消费者收入的变化、消费结构、居民储蓄及消费信贷等。
3. 自然环境包括自然资源、地形、气候和地理位置。
4. 社会文化环境包括价值观念、风俗习惯、宗教信仰等。

任务3 药品市场营销微观环境分析

药品市场营销的微观环境

影响药品企业市场营销活动的微观环境涉及供应商、营销中介、竞争者、顾客、公众、药品企业内部环境等多个方面,见图4-5。

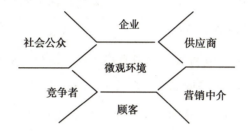

图4-5 药品市场营销的微观环境

一、顾客

药品顾客即药品市场,是市场营销环境中最重要的因素,是药品企业所服务的目标市场和营销活动的对象。企业的营销活动必须充分考虑消费者的需求及其变化。影响消费者需求的因素很多,有社会的因素,如社会的政治、经济、文化等;还有消费者个人的因素,如观念、价值观、收入水平、受教育的程度、职业、家庭状况等。但是,消费者的需求对企业的营销活动产生的影响和支配作用还取决于两个因素,第一个因素是市场的供需状况。当市场的性质是买方市场时,企业的营销活动就会更多地反映消费者的需求变化。第二个因素是消费者的权益意识。消费者权益意识的提高会使消费者在要求提高商品和服务质量、降低商品的价格等方面对企业增加竞争的压力。因此药品企业要深入研究目标市场,要针对顾客的特点,提供适合的药品产品。

市场一般包括消费者市场、生产者市场、中间商市场、政府市场等,均为顾客。

二、供应商

药品供应商是指向药品企业及其竞争者提供生产经营所需资源的公司和个人,例如药品原材料供应商、药品中间体供应商、药品半成品供应商等。作为药品企业营销环境的供应商,它对药品企业营销活动所产生的影响作用主要是保障供应、商品质量和供应价格等几个方面。较少的供应商会形成供应商的单方面垄断,就会增加企业的供应风险,降低商品供应的质量,或者会以提高商品的供应价格对企业进行要挟。企业在处理与供应商之间的关系时,要注意考虑以下几个方面:产品供应的品种和质量、交货的时间、供应的价格、退货政策、售后服务、相互之间的长期关系等。供应商一旦与企业达成共识就会建立长期的合作关系,利益共享。

三、营销中介

药品市场营销中介是指直接或者间接协助药品企业产品销售的所有公司、组织和个人。药品营销中介渠道企业包括供应商、商人中间商、代理中间商、辅助商。作为企业营销环境的市场营销中介,是为药品企业在开展营销活动过程中提供物流、信息流(促销流)、资金流等方面的服务。这些中介组织服务的质量、工作的效率,以及成本与价格会对企业形成竞争压力。由于企业与市场营销中介及供应商之间的关系可以是双胜式的(增益性的)而不是一胜一负式的(分配式的),所以企业与市场营销中介及供应商之间都应着眼于双方共同的长期利益来处理双方之间的关系,这样将有利于企业建立一个良好的市场营销环境。

ER-4-6

小故事:精耕通路细作人心——代理制营销

1. **中间商** 中间商是协助公司寻找顾客或直接与顾客进行交易的商业企业。中间商分两类:代理中间商和商人中间商。中间商对企业产品从生产领域流向消费领域具有极其重要的影响。在与中间商建立合作关系后,要随时了解和掌握其经营活动,并可采取一些激励性合作措施,推动其业务活动的开展,而一旦中间商不能履行其职责或市场环境变化时,企业应及时解除与中间商的关系。

2. **实体分配组织** 是指为药品的商品交换和物流提供便利,但不直接经营药品商品的组织和机构。实体分配组织协助公司储存产品和把产品从原产地运往销售目的地。仓储公司是在货物运往下一个目的地前专门储存和保管商品的机构。每个公司都需确定应该有多少仓位自己建造、多少仓位向存储公司租用。运输公司包括从事铁路运输、汽车运输、航空运输、驳船运输以及其他搬运货物的公司,它们负责把货物从一地运往另一地。每个公司都需从成本、运送速度、安全性和交货方便性等因素方面进行综合考虑,确定选用那种成本最低而效益更高的运输方式。

3. **市场营销服务机构** 市场营销服务机构是指市场调研公司、广告公司、各种广告媒介及市场营销咨询公司,他们协助企业选择最恰当的市场,并帮助企业向选定的市场推销产品。有些大公司如杜邦公司和老人牌麦片公司,他们都有自己的广告代理人和市场调研部门,但大多数公司都与专业公司以合同方式委托办理这些事务。如果一个企业决定委托专业公司办理这些事务时,就需要谨慎地选择,因为各个公司都各有自己的特色,所提供的服务内容不同,服务质量不同,要价也不同。企业还要定期检查他们的工作,倘若发现某个专业公司不能胜任,则须另找其他专业公司来代替。

4. **金融机构** 金融机构包括银行、信贷公司、保险公司以及其他对货物购销提供融资或保险的各种公司。金融机构不直接参与药品商品的经营活动,只是为企业提供正常运营所需要的资金。

四、竞争者

市场经济最突出的特征之一就是竞争,优胜劣汰是市场竞争的根本法则。竞争也是社会进步的动力。竞争环境直接影响药品企业是否能有效地进入目标市场和实现企业营销活动的目标。但竞争也会造成行业平均利润率的下降,竞争会降低企业的市场份额,竞争会使企业的产品过早地退出市场。药品市场营销观念表明,药品企业要想在市场竞争中获得成功,就必须要比竞争者更有效地满足消费者的需要与欲望。因此,药品企业所要做的并非仅仅是迎合目标顾客的需要,而是要通过有效的产品定位,使企业产品与竞争者产品在顾客心目中形成明显差异,从而取得竞争优势。在现代市场竞争环境中企业要想在竞争中取得胜利,就必须透彻了解和适应竞争环境,这样才能有效辨别竞争优势和劣势,知彼知己才能制订有效的竞争策略,既可主动攻击又可最佳防御。

药品企业在市场上所面对的竞争者,从市场竞争的角度主要分为以下4种类型:欲望竞争者、种类竞争者、形式竞争者和品牌竞争者(本书项目六详述)。

五、公众

社会公众是指对企业实现其市场营销目标构成实际或潜在影响的任何团体,包括金融公众、媒介公众、政府公众、公民行动公众、地方公众、一般公众、企业内部公众。由于企业的生产经营活动影响着公众的利益,因此政府机构、金融组织、媒介组织、群众团体、地方居民乃至国际上的各种公众必然会关注、监督、影响和制约企业的生产经营活动。这些制约力量的存在,决定了企业必须遵纪守法,善于预见并采取有效措施满足各方面公众的合理要求,处理好与周围各种公众的关系,以便于在公众中树立起良好的企业形象,这是企业适应和改善微观环境的一个重要方面的工作。每个企业的周围都有以下7类公众:

1. 金融公众 金融公众对企业的融资能力有重要的影响。金融公众主要包括银行、投资公司、证券经纪行、股东。

2. 媒介公众 媒介公众指那些刊载、播送新闻、特写和社论的机构,特别是报纸、杂志、电台、电视台。

3. 政府公众 企业在制订营销计划时,必须认真研究与考虑政府政策与措施的发展变化。主要包括药品监督管理部门、卫生部门、税务部门等。

4. 公民行动公众 一个企业的营销活动可能会受到消费者组织、环境保护组织、少数民族团体等的质询。

5. 社区公众 每个企业都同当地的公众团体,如邻里居民和社区组织,保持联系。

6. 一般公众 企业需要关注一般公众对企业产品及经营活动的态度。虽然一般公众并不是有组织地对企业采取行动,然而一般公众对企业的印象却影响着消费者对该企业及其产品的看法。

7. 内部公众 企业内部公众包括员工和股东。大公司还发行业务通讯和采用其他信息沟通方法,向企业内部公众通报信息并激励他们的积极性。当企业雇员对自己的企业感到满意时,他们的态度也就会感染企业以外的公众。

案例分析

案例

1982 年 9 月 29 日和 30 日，在芝加哥地区发生了有人因服用含氰化物的"泰莱诺尔"药片而中毒死亡的事故。强生公司经过对 800 万片药剂的检验，发现所有这些受污染的药片只源于一批药，总共不超过 75 片，最终的死亡人数为 7 人，且全部在芝加哥地区。为向社会负责，该公司将预警消息通过媒介发向全国。随后的调查表明，全国 94% 的消费者知道了有关情况。

为维护其信誉，强生公司在很短的时间内就回收了数百万瓶这种药，同时花了 50 万美元来向那些有可能与此有关的内科医师、医院和经销商发出警报。在这一事件中，公司针对消费者发起了一场表明自己的立场、显示其社会责任心的传播运动。美国政府当时正在制定新的药品安全法，强生公司看到了这个机会，果断采取了行动，实施抗污染的包装。它是药品行业对政府要求采取"防污染包装"以及美国食品药品监督管理局制定的新规定做出积极反应的第一家企业。

由于强生公司成功处理了这一危机，它获得了美国公关协会当年颁发的银钻奖，同时也夺回了它的市场。当时若不这么做，企业会因人们对中毒的歇斯底里心理而遭受巨大损失，且这种损失是很难弥补的，因为人们对企业失去了信任。

分析

"泰莱诺尔"案例成功的关键是因为有一个"做最坏打算的危机管理方案"。特别有意思的是，这一危机管理方案的原则正是公司的信条，即"公司首先考虑公众和消费者的利益"。这一信条在危机管理中发挥了很好的作用。可见社会公众和消费者的影响在企业的经营当中是很重要的。

六、药品企业内部环境

药品企业内部环境是由药品企业可以控制的要素构成的，主要包括药品市场营销管理部门、其他职能部门和最高管理层。药品市场营销部门在制订决策时，不仅要考虑到药品企业外部的环境力量，而且要考虑药品企业内部的环境力量。首先，要考虑其他业务部门（如制造部门、采购部门、研究与开发部门、财务部门等）的情况，并与之密切协作，共同研究制订年度和长期计划。其次，要考虑最高管理层的意图，以最高管理层制订的企业任务、目标、战略和政策等为依据制订市场营销计划，并报最高管理层批准后执行。这些内部环境条件共同决定着企业综合素质的状况，形成了一个有机的整体，药品企业的发展就取决于这个有机的整体。所以市场营销工作的成败，最终将取决于企业的综合素质和整体工作状况。

点滴积累　∨

1. 影响药品企业市场营销活动的微观环境包括顾客、供应商、营销中介、竞争者、公众和企业内部等多个环境因素。

2. 药品营销中介包括经销商、营销中介机构、市场营销服务机构和金融机构。

3. 医药企业面临的竞争者包括欲望竞争者、种类竞争者、形式竞争者和品牌竞争者。

4. 公众包括金融公众、媒介公众、政府公众、公民行动公众、社区公众、一般公众、内部公
众等。

目标检测

一、选择题

（一）单项选择题

1. 代理中间商属于市场营销环境的(　　)因素

    A. 内部环境　　　　　　　　　B. 竞争　　　　　　　　　　C. 市场营销渠道企业

    D. 公众环境　　　　　　　　　E. 人口

2. 市场营销环境中(　　)被称为是一种创造性的毁灭力量

    A. 新技术　　　　　　　　　　B. 自然资源　　　　　　　　C. 社会文化

    D. 政治法律　　　　　　　　　E. 人口

3. 理想业务的特点是(　　)

    A. 高机会高威胁　　　　　　　B. 高机会低威胁　　　　　　C. 低机会低威胁

    D. 低机会高威胁　　　　　　　E. 不确定

4. 购买商品和服务供自己消费的个人和家庭被称为(　　)

    A. 生产者市场　　　　　　　　B. 消费者市场　　　　　　　C. 转售市场

    D. 组织市场　　　　　　　　　E. 非营利市场

5. (　　)指人们对社会生活中各种事物的态度和看法

    A. 社会习俗　　　　　　　　　B. 消费心理　　　　　　　　C. 价值观念

    D. 营销道德　　　　　　　　　E. 学习

6. (　　)是指企业所在地邻近的居民和社区组织

    A. 社团公众　　　　　　　　　B. 社区公众　　　　　　　　C. 内部公众

    D. 政府公众　　　　　　　　　E. 媒体公众

7. 协助厂商储存并把货物运送至目的地的仓储公司的是(　　)

    A. 中间商　　　　　　　　　　B. 财务中介　　　　　　　　C. 营销服务机构

    D. 实体分配公司　　　　　　　E. 代理商

8. 消费习俗属于(　　)因素

    A. 人口环境　　　　　　　　　B. 经济环境　　　　　　　　C. 文化环境

    D. 地理环境　　　　　　　　　E. 政治法律环境

9. 消费流行属于(　　)因素

    A. 社会文化环境　　　　　　　B. 人口环境　　　　　　　　C. 地理环境

    D. 顾客环境　　　　　　　　　E. 政治法律环境

10. 以下哪个是影响消费者需求变化的最活跃的因素(　　)

A. 人均国民生产总值　　　　　B. 个人收入　　　　　C. 个人可支配收入

D. 个人可任意支配收入　　　　E. 恩格尔系数

（二）多项选择题

11. 下列属于市场营销微观环境的是（　　　　）

A. 辅助商　　　　　　　　　B. 政府公众　　　　　C. 人口环境

D. 消费者收入　　　　　　　E. 国际市场

12. 人口环境主要包括（　　　　）

A. 人口总量　　　　　　　　B. 人口的年龄结构　　　C. 地理分布

D. 家庭组成　　　　　　　　E. 人口性别

13. 影响消费者支出模式的因素有（　　　　）

A. 经济环境　　　　　　　　B. 消费者收入　　　　　C. 社会文化环境

D. 家庭生命周期　　　　　　E. 消费者家庭所在地点

14. 以下属于宏观营销环境的有（　　　　）

A. 公众　　　　　　　　　　B. 人口环境　　　　　　C. 经济环境

D. 营销渠道企业　　　　　　E. 政治法律环境

15. 营销中介包括（　　　　）

A. 中间商　　　　　　　　　B. 物流公司　　　　　　C. 营销服务机构

D. 财务中介机构　　　　　　E. 供应商

16. 企业面对的市场类型有（　　　　）

A. 消费者市场　　　　　　　B. 生产者市场　　　　　C. 中间商市场

D. 国际市场　　　　　　　　E. 政府市场

17. 企业面对的公众有（　　　　）

A. 融资公众　　　　　　　　B. 社区公众　　　　　　C. 中间商公众

D. 企业内部公众　　　　　　E. 消费者公众

18. 研究收入对消费者需求的影响时，常使用的指标有（　　　　）

A. 人均国民生产总值　　　　B. 个人收入　　　　　　C. 个人可支配收入

D. 个人可任意支配收入　　　E. 恩格尔系数

19. 市场营销环境的特征是（　　　　）

A. 客观性　　　　　　　　　B. 差异性　　　　　　　C. 多变性

D. 稳定性　　　　　　　　　E. 相关性

20. 对环境威胁的分析一般着眼于（　　　　）

A. 威胁是否存在　　　　　　B. 威胁的潜在严重性　　C. 威胁的征兆

D. 预测威胁到来的时间　　　E. 威胁出现的可能性

二、简答题

1. 怎样理解企业与营销环境的关系？

2. 宏观环境和微观环境各包括哪些具体内容?

3. 试分析社会公众对企业营销产生的影响。

4. 自然环境的变化对企业营销会产生怎样的影响?

三、案例分析

连花清瘟胶囊利用环境机会得发展

2009 年,甲型流感暴发之后,国家卫生计生委研究制定了《甲型 H1N1 流感诊疗方案(第 3 版)》,连花清瘟胶囊(颗粒)就在其中,包括《新闻联播》在内的国内以及全球各大媒体对中药连花清瘟胶囊抗甲型 H1N1 流感病毒的良好疗效进行了广泛的报道,企业抓住机会,加大渠道覆盖与管控力度,尤其是延伸分销渠道,注重政府采购,加强价格控制,强力终端拉动,线上、线下密切配合,立体作战;开展公益捐赠活动;同时深入进行临床科研,取得了良好的经济效益和社会效益。

分析讨论:

1. 连花清瘟胶囊的成功体现了哪些重要的宏观环境和微观环境的影响?

2. 结合连花清瘟胶囊成功的案例,谈谈科学技术对药品企业的影响大吗?

分析药品市场购买行为

导学情景 V

情景描述：

　　顾客 A 和 B 结伴来到某药店，顾客 A 要挑选一种复合维生素片，让顾客 B 当参谋。 A
顾客："到底哪种好呢，我觉得'善存'好一些，价格也可以。"B 顾客："还是'21 金维
他'好一些，我们公司的同事都说效果不错。"而药店店员极力推荐"金施尔康"："我们店
内的'金施尔康'卖得最好了，'善存'和'21 金维他'虽然广告做得多，但效果却不如'金
施尔康'……"顾客 B 打断店员的话："那我们再去其他药店看看。"说完拉着顾客 A 出门
了。 这个药店店员碰到如此情况，也许应该分析一下：A 顾客的消费行为及背后的消费心理
是什么；谁是这次药品购买行为的有力影响者……

学前导语：

　　以上这些问题看似普通，但恰恰是药品消费心理和行为的经典呈现。 可见，分析药品消
费者购买行为，有助于更好地满足消费者的真实需求，实现医药企业的营销目标。 本项目将
学习药品市场购买行为的不同特征，解读药品购买者心理活动和购买行为之间的互动密码，
准确地把握顾客的购买行为。

扫一扫，知
重点

任务 1　药品消费者购买行为分析

一、药品消费者市场分析

（一）药品消费者市场的含义

　　根据购买者的不同,将药品市场划分为两大类:药品消费者市场和药品组织市场。两类市场的
特征不同,其购买行为也有着明显的差异。

　　药品消费者市场是为满足其维护健康、预防疾病、治疗疾病等生活需要,而购买药品及相关服务
的个人或家庭消费群体的总和。药品消费者市场属于终端市场,决定着其他市场的购买,因此,其购
买行为是我们重点分析的对象。

　　药品组织市场是指为维持经营活动,对药品进行再加工、转售,或向社会提供服务而购买药
品和服务的各类组织的总和,由药品生产企业、批发企业、零售企业、各级医疗机构和诊所、政府
机构等组成。药品组织市场是一个非常巨大的市场,药品往往需要经过多次药品组织市场的

交易才能送到患者手中,而且部分产品(如原料药、辅料、医疗器械等)的最终购买者就是医疗机构或者政府机构,其采购的批量、方式和采购的持续性都比药品消费者市场更大、更复杂、更持久。

(二) 药品消费者市场的特征

1. 规模性和发展性 我国人口基数庞大,药品消费者市场购买者数量多、购买范围广。随着社会经济的发展,人们的生活水平得到提高,保健意识也越来越强,药品市场规模不断壮大。加之近年来,我国着力建设覆盖城乡全体居民的基本医疗保障体系,大大提高了我国的人均用药水平。人们对药品的消费需求,不论是从数量上还是从质量上,都在不断发展。药品消费者市场可谓潜力巨大,这也为医药企业的发展带来了较多较好的机会。

2. 急迫性和安全性 消费者往往出于对健康的渴望才购买药品,特别是在非健康状态尤其是疾病状态时,对医药用品的需求特别急切,他们希望及时地、不加犹豫地进行医药消费。药品是特殊消费品,不能随意挑选和品尝服用,相对于其他商品而言,消费者更加重视药品的安全性,在药品品种和数量选择上都十分慎重。

3. 单一性和多样性 药品不同于其他商品,人们不可能单纯依据漂亮的包装、便宜的价格或动人的广告等而购买药品,而且只有在预防疾病或治疗疾病时才产生购买的欲望,这个诱因是唯一根本的,其需求的可诱导性相对于其他消费品市场要小得多。因而,药品促销过程中的"诉求点"就不能像一般商品那样丰富。同时,由于存在消费者个体上的差异,不同消费者的市场需求千差万别,同一消费者的消费需求也具有多元化的特征。因此,消费者对于药品的需求就呈现出选择的多样性和需求的层次性。比如消费者在购买同种疗效的药品时,在首先关注疗效的前提下,可能有的关注中药或西药的成分,有的关注价格的高低,有的关注服用的方便性等。

4. 非专业性和低选择性 由于疾病的诊断和药品的使用需要专业的医学、药学知识,而大多数消费者都缺乏专业知识,无法自行诊断疾病、选择使用药品。一般来说,消费者除可自行判断、购买、使用少数的非处方药外,大多数情况下,选择药品的主动权不在消费者自己,处方药主要由医师来决定用药品种、数量和方式,非处方药也容易受到执业药师、药店店员、患过相同疾病的亲友等人员以及药品广告的影响来决定购买。但这并不意味着药品企业可以无视消费者的知情权,相反应该采用各种有效方法,科学合理地指导消费者用药。

5. 互补性和可替代性 消费者市场需求的药品很多是相互补充品或相互替代品。有些药品往往需配伍使用,它们是互补品,如利福平与乙胺丁醇。这样,一种药品的销售会带动另一种药品的销售,企业生产和销售互相补充的药品不仅给消费者带来方便,还能扩大药品销售,给企业带来较多的收益。有些药品之间存在着此消彼长的关系,即一种药品的销售会限制另一种药品的销售,它们是替代品,如青霉素钠盐与青霉素钾盐。这就要求企业及时把握市场发展变化趋势,有目的、有计划地组织药品生产和供应,以满足市场需求。

6. 季节性消费需求 不同的季节气候环境会对人体产生不同的特殊影响,引发季节性疾病,从而导致用药需求呈现出明显的季节性,如春冬之交是感冒药的需求旺季。另外,季节变化对人们的生理和心理需求本身也有直接影响,从而使需求具有季节性,如防暑药、滋补药等。

二、药品消费者购买行为分析

（一）药品消费者购买行为的含义

药品消费者购买行为是指消费者在一定的购买动机驱使下，为了满足某种需求，而购买药品的活动过程。它不仅包含了显性的购买行为，还包括了隐性的消费心理活动。

消费者的购买行为由其购买动机引起，不同的购买动机会导致消费者购买行为的多样化，从而形成不同的市场。消费者购买动机是由需要引起的，它复杂多样，一般可分为生理性购买动机和心理性购买动机两大类。营销者必须从购买者的需求和动机来分析市场购买行为。

（二）药品消费者购买行为模式

通过研究消费者的实际购买行为可以了解消费者"买什么、在哪里买的、如何购买、花多少钱购买、什么时候买的、为什么购买"等问题，但其中"为什么购买"是一个非常复杂并难以轻易得出答案的问题。心理学认为，消费者的行为是受自身某种心理活动所支配的，刺激-反应是一切心理现象产生的方式。没有刺激就没有反应，也就没有心理现象。对于消费者购买行为的研究，关键在于研究营销刺激与消费者反应之间的关系。

从营销学的角度来看，刺激包括营销刺激和其他刺激。营销刺激是指企业在营销活动中所运用的各种刺激物，如产品、价格、促销等刺激物；其他刺激包括经济的、技术的、政治的以及文化的刺激。购买过程是从购买者的某种需要开始的，消费者的需要是由各种刺激因素引起的（图 5-1）。

外部刺激		购买者"黑箱"		购买者的反应
营销刺激	外部刺激	购买者的特征	购买者的决策过程	购买者的决策
产品 价格 渠道 促销	经济的 技术的 政治的 文化的	文化 社会 个人 心理	需求确认 收集信息 评价方案 购买决定 购买后行为	产品选择 经销商选择 购买时机 购买数量

图 5-1　药品消费者购买行为的刺激-反应模式

"购买者黑箱"由两部分组成：一是购买者的特征，不同的消费者在文化、社会、个人、心理等属性上有自己的特征，它会影响购买者对外界刺激的反应；二是购买者的决策过程，不同的消费者在确认问题、收集信息、评估方案、做出决策的过程中有不同的表现，会影响购买者的最终决定。

对营销人员来说，营销客体的质量、价格及销售状况都是显而易见的，是"白箱"；而营销对象的心理活动和购买欲望则是难以把握的"购买者黑箱"。只有打开黑箱，营销活动才能得以顺利进展。消费者购买行为其实是在寻求"净价值最大化"（得到的总价值与付出的总成本之间的差价）。解剖"购买者黑箱"的前提就是要了解顾客所追求的净价值。

知识链接

黑 箱 理 论

所谓"黑箱",就是指那些既不能打开,又不能从外部直接观察其内部状态的系统,比如人们的大脑只能通过信息的输入、输出来确定其结构和参数。黑箱是我们未知的世界,也是我们要探知的世界。如何了解未知的黑箱呢,我们只能在不直接影响原有客体黑箱内部结构、要素和机制的前提下通过观察黑箱中"输入""输出"的变量,得出关于黑箱内部情况的推理,寻找、发现其内部规律,实现对黑箱的控制。这种研究方法叫作黑箱方法。黑箱方法从综合的角度为人们提供了一条认识事物的重要途径。黑箱理论在营销中有着广泛的运用。

(三)药品消费者购买行为类型

根据参与者的介入程度和品牌间的差异程度,可将消费者购买行为分为以下 4 种类型:

1. 复杂的购买行为　当消费者购买价格较高的商品、偶尔购买的商品、有风险的且有非常有意义的商品时,消费者对不同品牌的商品需要大量学习,广泛了解产品性能、特点,从而对产品产生某种看法,最后决定购买。对于这种复杂的购买行为,药品营销者应想方设法帮助消费者了解产品性能、产品优势及其给购买者带来的利益,从而影响购买者的最终决策。

2. 习惯性的购买行为　当消费者购买价格较低的商品、经常购买的商品、品牌差异小的商品时,消费者不需要花时间进行选择,也不需要经过收集信息、评价产品特点等复杂过程。消费者只是通过被动的学习来接收信息,而后产生购买行为。消费者有可能做出评价,也可能不做出评价。药品营销者可以用价格优惠、电视广告、独特包装等方式鼓励消费者试用其产品。

3. 寻求多样化的购买行为　当消费者对那些产品品牌差异明显,但又不愿意较长时间来选择和评价,而是通过不断变换所购商品的品牌的购买行为称为寻求多样化的购买行为。针对这种购买行为类型,医药营销者可采用销售促进和占据有利货架位置等办法保障药品供应,刺激消费者购买。

4. 减少失调的购买行为　当消费者对那些产品品牌差异不大,不经常购买且购买时又有一定的风险的商品时,消费者一般通过产品、价格、便利性等方面的比较采取购买行为。消费者购买商品后,有时会产生有些不协调或不够满意的感觉,但在使用过程中会通过了解更多的商品信息、寻求种种理由来减轻、化解这种不协调的感觉,以证明自己的购买决策是正确的。对于这种购买行为类型,药品营销者应注意运用价格策略和人员推销策略,选择最佳的销售地点,并向消费者提供有关产品评价的信息,使其在购买后相信自己做了正确的决策。

ER-5-2

减少失调的
购买行为

三、影响药品消费者购买行为的因素

消费者购买行为主要受到购买者、产品、销售者及购买情景 4 类因素的影响。购买者因素是指购买者自身的因素,购买者的购买行为受到文化、社会、个人及心理等方面的影响。产品的质量、特点、款式和价格以及售后服务等与产品有关的因素称之为产品因素。企业的知名度与信誉、企业的营销策略等对消费者的购买决策有着重要的影响。与购买决策有关的各种情景因素,如消费潮流、购买现场环境、购买气氛的感染等也会影响消费者购买行为。

从购买者本身来说,消费者购买行为受到文化、社会、个人和心理因素的影响(图 5-2)。

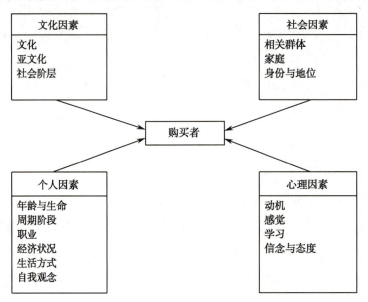

图 5-2　影响消费者购买行为的主要因素

(一)文化因素

文化、亚文化和社会阶层等文化因素对消费者的行为具有最广泛和最深远的影响,这种影响在当前的消费行为中的作用越来越明显。医药营销人员必须了解个人的文化和与之相伴的价值观,以及亚文化和社会阶层如何影响人们的购买行为。

1. **文化**　是一个社会精神财富的结晶,其内容包括价值观念、伦理道德、风俗习惯、宗教信仰、言语文字等,它是影响人们需求和行为的重要因素。由于人类生活在一定的社会环境中,他们在该社会文化中自然地学习以致形成一套独特的价值观、信念、态度、风俗习惯与行为准则。由于人的行为大部分是在后天学来的,从人们的价值观到日常生活方式都是在一定的文化环境中形成的,任何人都是在一定的社会文化环境中生活的,不同的社会文化环境产生了消费者购买行为的差异。不同的文化背景下的生活方式和信念差异主要表现在文化价值观、文化习俗、产品需求感觉及使用习惯、产品偏好、生理差异等方面。其中文化价值观是影响不同文化背景的消费行为的一个主要因素,文化习俗反映了在特定的文化环境下消费者的常规思考与行为模式。

2. **亚文化**　每一文化都包含着若干亚文化群体,亚文化能为其团体成员提供更为具体的认同感,它们特定的认同感和社会影响力将各成员联系在一起,使这一群体有特定的价值观观念、生活格调与行为方式。亚文化对人们的生活习惯如饮食、衣着、娱乐等有更直接的影响。一般主要有 4 种亚文化群体:民族群体、宗教群体、种族群体和地理区域群体。

3. **社会阶层**　是指一个社会中具有相对的同质性和持久性的群体,它是按等级排列的,每一阶层的成员具有类似的价值观、兴趣爱好和行为方式。企业可以根据消费者所处的社会阶层考察该阶层的职业、受教育程度、收入来源状况等因素,确定企业的市场定位,制订相应的营销策略。

（二）社会因素

消费者购买行为不仅受到文化因素的影响,同时也受到诸如参照群体、家庭、社会角色与地位等一系列社会因素的影响。

1. 参照群体 是指那些直接或间接影响人的态度、行为和价值观的群体,可分为直接参照群体和间接参照群体。

直接参照群体是指某人所属的群体或与其有直接关系的群体。其中与某人直接、经常接触的一群人,如家庭成员、朋友、同事、邻居等组成的群体为首要群体;与某人直接、不经常接触的群体,如宗教组织、学会、职业协会和各类社会组织等为次要群体。其中首要群体对消费者购买行为的影响最大,消费者在购买商品前一般要先征求首要群体的意见,在购买商品后往往又要听取首要群体对其购买决策的评价。

间接参照群体是指某人的非成员群体,即此人不属于群体中的成员,但又受其影响的一群人。这种参照群体又分为渴望参照群体和非渴望参照群体。渴望参照群体是指某人推崇的一些人或希望加入的集团,例如社会名流、体育明星、影视明星就是其崇拜者的向往群体,他们的一举一动、穿着打扮、生活爱好等常常会成为人们的模仿对象。非渴望参照群体是指某人讨厌或反对的一群人。一个人总是不愿意与厌恶的群体发生任何联系,在各个方面都希望与其保持一定的距离,甚至经常反其道而行之。

参照群体对人们的消费行为的影响主要表现在以下几个方面:

(1)生活方式的影响:参照群体向人们展示新的行为和生活方式,这就容易使消费者产生羡慕和模仿。

(2)行为态度的影响:参照群体的独特的行为处世方式影响着人们的自我观念,使人们认为自己是属于该群体的成员,从而对人们的态度产生影响。

(3)信息沟通的影响:由于信息来源的相同、信息内容的类似性影响消费者对产品的认识,从而影响消费者购买行为。

知识链接

群 体 理 论

群体是指2个以上的人为了达到共同的目标,以一定的方式联系在一起进行活动的人群。群体有其自身的特点:成员有共同的目标;成员对群体有认同感和归属感;群体内有结构、有共同的价值观等。群体的价值和力量在于其成员思想和行为上的一致性,而这种一致性取决于群体规范的特殊性和标准化的程度。

群体通常可分为正式群体和非正式群体。正式群体是指由组织结构确定的、职务分配很明确的群体,常见的正式群体有命令型群体和任务型群体2种。非正式群体是指成员为了满足个体需要,以感情为基础自然结合形成的、没有正式结构的、多样的、不定型的群体,常见的非正式群体有利益型群体和友谊型群体2种。

药品营销人员应重视各参照群体的影响作用,找出自己目标市场的参照群体,搞清他们是如何影响消费者购买行为的,通过何种促销方式才能有效地推销自己的产品。研究分析参照群体在药品消费行为中的影响,可以研究两类重要的群体关系:医患关系及患者自发组织的非正式组织。医患关系就是医师和患者组成的一种特殊的群体关系。由于药品消费的特殊性,医师对患者进行药品消费行为具有重要的影响作用。另一种群体关系,如一些特殊病症患者自发组成的类似于"癌症康复俱乐部""糖尿病之友"等群体对消费行为也有影响。这些组织会定期举行活动,让那些既受病症痛苦折磨煎熬又受世俗偏见困扰的人们有机会在一起,互相鼓励以提高战胜病魔的勇气,互相交流用药体会,互相推荐甚至相伴购买特殊药品或器械。由于同病相怜,他们相互交流时更容易引起共鸣,因而相互之间的影响会很大。

药品企业在市场营销过程中必须充分重视消费者的相关群体对其购买行为的影响。药品生产经营者可以根据医患关系及患者自发组织的非正式组织对消费行为的影响,出资组织参与由医学专家参与的各种活动,宣传有关医学、药学的最新动态,组织参与各种医药协会、康复俱乐部等组织活动。

▶▶ 课堂活动

分组讨论:参照群体对药品消费者购买行为的影响有哪些? 药品广告如何利用参照群体进行很好的药品推广?

2. 家庭 是社会组织的一个基本单位,它强烈地影响着人们的价值观、人生态度、自我观念,对消费者购买行为有着重要影响。一般人受家庭的影响来自两个方面:一个是受父母的影响,另一个来自自己的配偶和子女的影响。家庭生命周期对消费者行为有非常重要的影响,在不同的阶段,同一消费者及家庭的购买力、兴趣及消费偏好会有很大的不同。根据婚姻、年龄及子女状况等因素,把家庭划分为5个阶段:

(1)单身阶段:由于年轻且单身,几乎没有经济负担,常常是新消费观念的带头人,属于娱乐导向型消费。

(2)新婚阶段:此阶段是指从结婚开始到生育后代之前,属于年轻无子女家庭。由于没有其他经济负担,加上双方父母的经济资助,因此经济条件比最近的将来较好、购买力强,对耐用品、大件商品的欲望强烈。

(3)满巢阶段:又分为以下3个阶段。

1)满巢阶段1:是指年轻夫妻,有6岁以下子女的阶段。此阶段是家庭用品的高峰期,夫妻不满足现有的经济状况,消费较多的儿童产品,并注意家庭储蓄。

2)满巢阶段2:是指年轻夫妻,有6岁以上未成年子女的阶段。此阶段家庭经济状况较好,受广告及其他市场营销的刺激较少,大多属于理智型消费。注重商品消费的档次及品牌,注重子女的教育投资。

3)满巢阶段3:是指年长的夫妇与尚未独立的成年子女居住的阶段。此阶段经济状况较好,夫妇双方及子女皆有工作。属于理智型消费,注重家庭储蓄。

(4)空巢阶段:是指年长的夫妇与子女结婚另立门户的阶段。此阶段前期收入较高,家庭消费多为老年用品,如医疗保健用品。娱乐及服务性消费支出增加,后期由于退休,收入减少。

(5)鳏寡阶段:是指单身老人独身的阶段。此阶段收入锐减,特别注重情感需要及安全保障。

药品营销人员可以根据家庭生命周期阶段的不同消费行为特点,制定相应的营销策略。如在满巢阶段,由家庭生活的消费以小孩为重心,孩子的教育、医药消费成为家庭的最大支出项目。这一阶段中,对医药企业有利的儿童药品市场容量大。而且出于年轻父母对独生子女的爱护,加上经济条件普遍较好,药品消费倾向于药品效果好、作用快、副作用小、服用方便,而对药品价格等因素相对关注较少。生产经营儿童药品的企业应该走品牌发展的战略才能较好地占领该市场。而在空巢阶段及鳏寡阶段,由于夫妇年龄的增大、各种疾病的产生,使得消费者更注重医疗保健的消费,因而深入研究中老年消费者的心理及消费行为,开发出适合中老年消费的药品,制订出适合的营销策略是药品营销人员的主要任务之一。

3. 社会地位与角色 每个人在其一生中会参与许多群体,如家庭、俱乐部及其他各种组织等,在不同的群体中会有不同的位置。每个人在各个群体中的位置可用角色和地位来确定,每一角色都伴随着一种地位,这一地位反映了社会对他的总体评价。一个人在各个群体中的不同角色和社会地位都会影响其购买行为。人们常常购买某些具有地位标志的商品来表明他们的社会地位。

对药品营销人员而言,必须弄清那些产品有变成地位标志的可能性,以便于采取相应的市场营销组合打入新市场或提高原有的市场占有率。

(三)个人因素

消费者购买决策也受其个人因素的影响,所谓个人因素包括消费者的个性特征、年龄、性别、职业、经济状况、生活方式和自我观念等。

1. 个性特征 是指一个人在个体生活过程中所形成的对现实产生稳定的态度,以及与之相适应的习惯行为的心理特征。个性特征是一个人所特有的心理特征,是在一定的家庭环境和社会环境中长期形成的,它导致一个人对其所处环境的相对一致和持续不断的反应。

2. 年龄 消费者在购买食品、服装、汽车、家具和娱乐等方面会随年龄的变化而不断地发生变化。就药品及保健品消费而言,在婴幼儿阶段,儿童药品的消费占主导地位;而在中老年阶段,预防和保健治疗药品占据重要地位。

3. 性别 有很多产品是按照性别来区分的,如保健品与化妆品、服装,同时由于男性与女性的社会和经济角色的差异,他们的购买决策也有差异。研究表明女性和男性对购物地点的选择有相似之处,对购物环境、产品价格、商品质量有着相似的要求。然而,男性和女性的购物感觉存在差异。

4. 生活方式 是指一个人在社会上所表现的有关其活动、兴趣和看法的生活模式。来自不同的文化背景、社会阶层,甚至来自相同的职业,也有可能具有不同的生活方式。企业在制订营销组合策略时,必须理解促销产品与品牌和生活方式之间的关系。对医药营销人员而言,只有研究药品产品和品牌与具有不同的生活方式的各群体之间的相互关系,才有可能吸引相关生活方式下的消费者的注意和购买。

(四)心理因素

消费者购买行为要受动机、感觉、学习以及信念和态度等主要心理因素的影响。

1. 动机　是使人采取行动满足某种需要的驱动力量,是一种升华到足够强度的需要,它能够及时引导人们去探求满足需要的目标。

心理学家曾提出许多人类动机理论,其中最著名的是美国心理学家亚伯拉罕·马斯洛的需要层次理论,该理论对营销人员分析消费者购买行为具有重要的参考作用。该理论认为,人是有欲望的动物,需要什么取决于已经有了什么,只有尚未被满足的需要才影响人的行为,亦即已满足的需要不再是一种动因。

按照马斯洛的需要层次论,药品需要是属于安全需要。消费者由于生病或者为了预防疾病的发生而购买药品,消费者消费行为的目的是保证身体健康。然而由于药品消费的特殊性,消费什么药品、消费多少等并不只是受消费需要的影响,还受其他影响因素的制约,比如国家政策的因素、医师的影响等因素。

2. 感觉　心理学认为,感觉是人对各个事物的个别属性的反映。实际上,感觉是我们怎样看待周围的世界以及怎样认识我们在做出购买决策时需要什么帮助。一个产生购买动机的消费者,如何行动则受其对刺激物的知觉程度的影响。人们对于刺激物的理解是通过感觉进行的,即通过视、听、嗅、味、触5种感官对刺激物的反应,将感觉到的材料通过大脑进行分析综合,从而得到知觉。知觉是指个人选择、组织并解释信息的投入,以便于创造一个有意义的过程,它是对客观事物的各个部分和属性的整体反映。它不仅取决于刺激物的特征,而且依赖于刺激物与周围环境的关系以及个人所处的状况。人们要经历3种知觉过程,即选择性注意、选择性曲解和选择性记忆,也就是心理学上的知觉的选择性。

根据知觉的选择性原理,药品营销人员要通过改变药品的形状、颜色、功效、味道、剂型、成分、包装等有别于其他药品的特性与方式以及改变价格、广告、数量等促销方式来刺激潜在消费者,以加深消费者的印象而促使消费者购买。

3. 学习　几乎所有的消费者都来源于学习。学习是指通过经验或实践改变行为的过程。要直接观察学习是非常困难的,但是通过观察一个人的行为可以推断出学习是何时发生的。如某个消费者在某医药志上看到了某一中新型的胃药,如果该消费者在看到该消息的当天就去药店购买了这种药品,就表明该消费者已经对这种药品有了一定的了解。

一个人的学习是通过驱使力、刺激物、诱因、反应和强化的相互影响而产生的。人们要行动就得学习,由于市场营销环境不断变化,新产品、新品牌不断涌现,消费者必须经过多方收集有关信息之后才能做出购买决策。因此,药品营销者需要时常为消费者做药品宣传。

4. 信念和态度　信念是指一个人对某些事物所持有的看法。信念是建立在知识、信任或传闻的基础之上的。消费者容易形成对某一产品的性能的一套信念,然后在这套信念的基础之上形成产品的品牌形象。人们对商品所具有的信念可能是来自实际经验,也可能来自个人的理解,也有可能含有感情色彩因素。态度是指一个人对某些事物或观念长期持有的好与坏的认识上的评价、情感上的感受和行动倾向。人们常把对事物的种种态度归纳为心理上的喜欢和不喜欢两大类。根据喜欢的程度不同,可以划分为不同的消费偏好。

通过学习,人们获得了自己的信念和态度,而信念和态度又反过来影响人们的购买行为。医药营销者应关注人们头脑中对其产品或服务所持有的信念,即本企业产品和品牌的形象等因素。人们根据自己的信念做出行动,态度能使人们对相似的事物产生相当一致的行为。一个人的态度呈现为稳定一致的模式,改变一种态度就需要在其他态度方面进行重大调整。

四、药品消费者购买行为分析的要点

药品消费者购买行为分析主要围绕"5W1H"来进行。"5W1H"是指 who(何人购买)、where(何地购买)、what(购买什么)、when(何时购买)、why(为何购买)、how(如何购买)。

(一)何人购买

谁是我们的消费者?购买者和购买决策者是谁?药品营销人员需要了解特定药品的购买者情况,如消费者的年龄、收入、职业、受教育程度等状况。

(二)何地购买

消费者在哪里?消费者在什么地方购买?由于国家对药品实行分类管理制度,使得我国药品消费者购买药品的地点主要在医院和药店购买,处方药一般购买地点在医院,非处方药的购买地点可以在药店。随着医药电子商务的不断发展,在具有资质的网络平台上也可以购买非处方药。

(三)购买什么

消费者要什么?在了解消费者购买什么药品时,除不仅要回答企业目标顾客最想得到的产品和服务外,更重要的是药品营销人员要知道消费者在购买药品时所关心的重点是什么。不同的消费者在购买同一类药品时所关心的内容不可能完全相同,有的消费者关注药品品牌、有的消费者关注药品疗效、有的消费者关注药品价格等。药品营销人员根据各种情况把药品与消费者的需要结合起来,充分满足消费者的需求。

(四)何时购买

消费者何时买?是在过去、现在或未来?何时购买主要从两个方面来分析:一是购买时机的选择。消费者的购买时机不仅受到消费者需求的紧迫性及市场行情等因素的影响,也与消费者的作息时间及售卖者的销售时间有关。二是购买的频率和数量的确定。消费者多长时间购买一次、一次购买的数量会是多少,了解消费者的购买频率和数量,可以更进一步了解消费者的消费类型。

药品消费者购买行为主要是突发性购买,什么时候生病什么时候吃药,要预测某一个具体消费者何时购买药品是不容易的,因而购买时机的考虑对于具体的消费者而言是不现实的。但从医药市场总体上考察,药品消费具有季节性消费的特征,有时在药品营销过程中会因为某些疾病的发生具有时间上或季节上的规律性而产生旺、淡季之分。了解药品消费者购买药品时可能存在的时间性规律,药品营销者就可以把握最佳的销售时机,从而扩大药品销售。

(五)如何购买

消费者如何买?消费者的购买方式既有现场购买、邮购、预购等,也可以采用现金购买、信用卡购买、支票方式、支付宝、微信支付等方式购买等。药品营销者要根据这些方式的不同进行产品设计、价格决策等。

（六）为何购买

消费者购买药品的目的是什么？他们产生购买行为基于什么样的原因和背景？分析为何购买，可以更好地把握消费者的需求，挖掘消费者深层次的内心世界。

五、药品消费者购买决策

药品消费者购买决策就是消费者为满足自身的某种需求而寻求最适合的药品或服务的解决方案。消费者购买决策的内容因人和环境的不同存在着明显的差异，但不同的消费者购买决策具有一些共性的特点。

药品消费者购买决策过程就是消费者在特定心理驱动下，按照一定程序发生的药品购买心理和行为过程。一般分为5个阶段，见图5-3。

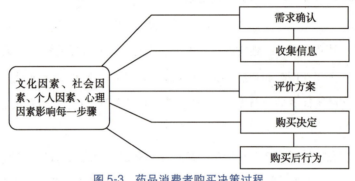

图5-3 药品消费者购买决策过程

（一）需求确认

确认需求是整个购买过程的起点。消费者只有首先认识到有待满足的需求时才能产生购买动机。消费者产生对药品的需要源于多种原因。

药品消费者的需要主要表现为3个方面：①突发性需要：消费者对药品的需求不具备预见性和预期性，而是随着疾病的发作突发性产生，这是药品市场中最常见的一种需要；②经常性需要：一些慢性病患者久病成医，对某类药品的品牌、效能、价格都非常熟悉，经常需要、购买、服用；③无意识需要：即潜在的需要，很多消费者本身已经存在某种病症，但由于一些原因没有发现，一旦发现后产生的用药需要。

企业进行营销活动，应从引起消费者需求阶段开始，调查研究那些与本企业产品有关联的驱使力，善于按照消费者的购买规律，适当地安排诱因，设置能引起消费者某种需要的环境，促使消费者对本企业生产经营的产品产生强烈的需求，并转化为实际购买行动。比如提高消费者的健康卫生意识、免费为消费者体检，帮助消费者发现对药品的需要，并将此需要上升到对本企业产品的具体需求这个层次。

（二）收集信息

在确认了需求之后，消费者要收集能满足他们需要的各种可供选择的相关信息。信息收集可以从内部或外部以及内外部同时产生。内部信息收集是回忆记忆中原有信息的过程，这种信息在很大程度上是来源于消费者以前购买某产品的经验。外部信息收集是从外部环境中收集信息的过程。信息源一般包括个人来源（家庭、朋友、同事、熟人）、个人经验（如试用某一产品）、公共来源（大众传播媒体、消费者评审组织等）等。例如当消费者在医院购买药品时，他们购买药品的决策在很大程度上是由主治医师决定的,而对于药店非处方药的购买,绝大多数消费者是来自执业药师的推荐。

（三）评价方案

在获得信息和形成可供选择的产品组合后,消费者会利用记忆中的和从外界获得的信息对已经获得的产品信息进行比较、评价和选择后,才会最后做出购买决策。医药营销人员需要知道哪些特性在影响消费者的选择方面是重要的,是一种因素还是几种因素共同影响。某种单一的产品特性如药品价格可能并不足以解释消费者的选择理由。药品消费者在进行药品购买方案评价时,主要在药品有效性、安全性、价格及国家药品政策等方面进行权衡,最终决定购买何种药品。

（四）购买决定

药品消费者经过方案评价后,就会形成对某种药品品牌的偏好和购买倾向。在一般情况下,消费者就会按照购买倾向购买自己心目中期望的产品。但是,在购买倾向与购买决定之间,还受到他人的态度和意外情境因素的影响,甚至会改变自己的购买决定。

他人的态度是指家庭成员、直接相关群体、医师、药品零售人员等人对购买决定与实际购买行为的态度,此因素的影响取决于消费者与影响人的关系的密切程度、反对程度和消费者对别人的态度。

意外情境因素是指某些非预期的意外事件,如家庭收入出现较大的变化、涨价等因素。意外情境因素是消费者推迟、修正、放弃某一药品购买行为的影响因素之一。由于意外情况导致未来不可知的因素,购买行为是购买意向与未知因素相互作用的结果。医药市场营销人员应该了解那些有可能使消费者改变购买决定与行为的因素,进而采取措施来减少消费者的可觉察风险。

（五）购买后行为

消费者购买某种产品是期望从某种产品中得到所期望的结果。这种期望的实现程度会决定消费者对购买行为是否满意。药品消费者在购买某种药品并使用了一段时间后,会产生某种程度的满意感和不满意的感受,进而采取一些使市场营销人员感兴趣的购买后行为。什么因素决定了消费者对购买时满意还是不满意,答案就在于消费者期望和产品价值之间的关系。如果产品未达到消费者的期望,消费者就会失望;如果达到了期望,消费者就会满意;如果超出了期望,消费者就会感到惊喜。

如果消费者感到满意或很满意,他们就很可能下次继续购买这种品牌的药品,并向其他人宣传该产品的优点;如果消费者不满意或很不满意,他们就很可能下次不再购买这种品牌的药品,并可能向其他人宣传该产品的缺点。因而,药品营销人员应采取有效措施尽量减少购买者买后不满意的程度。

点滴积累 ∨

1. 药品消费者购买行为包括了显性的购买行为和隐性的心理活动。

2. 药品消费者购买行为模式呈现刺激-黑箱-反应模式,对于药品消费者购买行为的研究,关键在于研究营销刺激与消费者反应之间的关系。

3. 根据参与者的介入程度和产品间的差异程度,可将药品消费者购买行为分为4种类型: 复杂的购买行为、习惯性的购买行为、寻求多样化的购买行为、减少失调的购买行为。

4. 药品消费者购买行为的基本内容包括"5W1H"。

5. 药品消费者购买决策过程由需求确认、收集信息、评价方案、购买决定和购买后行为 5 个阶段构成，药品消费者购买行为主要受到购买者、产品、销售者及购买情景 4 类因素的影响。

任务 2　医院购买行为分析

由于药品的特殊性，目前我国接近 80% 的药品都是通过医院这一终端出售给最终消费者的。国家规定处方药必须凭执业医师或执业助理医师处方才可调配、购买和使用，因此医院是处方药销售的最大市场。根据 2015 年中康资讯发布的《中国医药行业六大终端用药市场分析蓝皮书》，2014 年整个中国药品市场总规模达 12 802 亿，同比增长 13.3%，预计 2015 年市场规模将达 14 273 亿，城市等级医院市场占整个药品市场 55% 的份额，县域等级医院的市场占比为 18%，城市基层医疗的市场占比为 6%，农村基层医疗的市场占比为 5%，零售药店则占 16% 的份额。因此，对于医药生产企业和批发企业而言，医院市场尤为重要，直接关系到企业的生存与发展，是当前竞争最激烈的市场。

知识链接

我国医院的等级划分

按照《综合医院分级管理标准（试行草案）》，我国医院经过评审，确定为三级，每级再划分为甲、乙、丙三等，其中三级医院增设特等，因此我国医院共分三级十等。

一级医院（住院床位 20~99 张），是直接为社区提供医疗、预防、康复、保健综合服务的基层医院，是初级卫生保健机构。其主要功能是直接对人群提供一级预防，在社区管理多发病、常见病现症患者并对疑难重症做好正确转诊，协助高层次医院搞好中间或院后服务，合理分流患者。

二级医院（住院床位 100~499 张），是跨几个社区提供医疗卫生服务的地区性医院，是地区性医疗预防的技术中心。其主要功能是参与指导对高危人群的监测，接受一级转诊，对一级医院进行业务技术指导，并能进行一定程度的教学和科研。

三级医院（住院床位 500 张以上），是跨地区、市、省以及向全国范围提供医疗卫生服务的医院，是具有全面医疗、教学、科研能力的医疗预防技术中心。其主要功能是提供专科（包括特殊专科）的医疗服务，解决危重疑难病症，接受二级转诊，对下级医院进行业务技术指导和人才培训；完成培养各种高级医疗专业人才的教学和承担省级以上科研项目的任务；参与和指导一、二级预防工作。

[资料来源：1989 年，国家卫生部《综合医院分级管理标准（试行草案）》]

一、医院购买模式

（一）医院购买行为的主要类型

医院购买行为可分为新构型、修正重构型和直接重购型 3 种。3 种购买类型在特征、复杂程度、营销重点上存在一定的差异,见表5-1。

表 5-1　医院购买行为的主要类型

类型	特征	复杂程度	营销重点
新购型	首次购买医药产品或服务的行为,包括认识、兴趣、评估、试用、采用阶段	复杂	了解购买决策过程,找出关键影响因素,及时传递信息和服务,制订相应的营销策略
修正重构型	对医药产品的规格、价格、交货条件进行修改的购买行为	一般	及时掌握修正的原因、目的和指标,及时调整营销策略
直接重构型	对以前的购买行为表示满意,重复购买	简单	做好售后服务工作,建立长期的供应关系

在医院采购中,由于部分医药产品使用的连续性、稳定性,以及为了节约采购成本,提高采购效率,大多数医药产品采购是修正重构型或直接重构型,只有部分新特医药产品属于新购型。由于医院是治病救人的直接场所,特别是公立医院带有典型的服务性和公益性特征,一般由政府出资并运营,因此在采购行为上与医药企业有着很大的不同。

(二)医院药品采购的常见类型

1. 药品集中招标采购　是指多家医院通过药品集中招标采购组织,以招投标的形式购进所需药品的采购方式。药品集中招标采购的目的是保证我国医疗体制改革的顺利进行,从源头上治理医药购销中的不正之风,规范医疗机构的药品购销工作,在保证药品质量的前提下合理降低药品价格,减轻社会的医药费用负担。药品集中招标采购的范围为各省新农合报销药品目录和各省基本医疗保险、工伤保险和生育保险药品目录药品;临床普遍应用、采购量较大的药品;卫生行政部门或招标人确定实行集中招标采购的其他药品。目前药品集中招标采购已经覆盖全国所有县级以上的公立医院,是我国医院药品采购规模最大、使用最为广泛、采购程序最为复杂的采购方式。

ER-5-3

典型案例:珠海的"机选"公立医院药品采购方式

▶▶ 课堂活动

随着新医改的不断深化,全国都积极推行药品招标采购制度,各地政府先后出现了几个经典的药品集中招标采购模式,如四川挂网模式、上海闵行模式、云南宣威模式。请分析、比较3种经典模式的不同特点,讨论公立医院药品采购模式的发展趋势。

(活动提示: 请查阅各省卫健委、药监局官方网站)

2. 药品备案采购　是指为满足医院临床用药的需要,对属于备案采购范围内的药品,按照一定的程序规定进行议价,医院按照统一公布的议定价格进行采购的一种采购方式。备案采购的药品采用"事先备案,目录管理,网上采购,严格监管"的工作方式进行。

医院药品备案采购是药品集中招标采购方式的一种补充,主要适用于药品集中招标采购目录范围之外的临时、急需药品的采购。其采购原则如下:①在各省医疗机构药品集中招标采购目录范围内有入围成交品种或入围后撤标的品种,原则上不实行备案采购;②应严格控制备案采购,确保入围成交品种正常使用,临床确有需要,按备案程序报经主管部门审核批准后方可备案采购;③申请备案的药品备案价格原则上不能高于全市医疗机构最近一次最低采购价,没有最低采购价对应的药品由专家委员会定价;④经审核批准备案采购的品种将同药品集中招标采购入围品种实行挂网采购,按药品集中采购入围品种管理。

随着国家推行"两票制"进程的加快,公立医院在采购程序上还要符合"两票制"的规定。

知识链接

"两票制"2018 年将在全国全面推开

2016 年 12 月 26 日,国务院医改办、国家卫生计生委、国家食品药品监督管理总局等 8 个部委联合下发《印发关于在公立医疗机构药品采购中推行"两票制"的实施意见(试行)的通知》(国医改办发〔2016〕4 号),明确公立医疗机构药品采购中逐步推行"两票制",鼓励其他医疗机构药品采购中推行"两票制",争取到 2018 年在全国全面推开。

"两票制"是指药品生产企业到流通企业开一次发票,流通企业到医疗机构开一次发票。药品生产企业或科工贸一体化的集团型企业设立的仅销售本企业(集团)药品的全资或控股商业公司(全国仅限 1 家商业公司)、境外药品国内总代理(全国仅限 1 家国内总代理)可视同生产企业。药品流通集团型企业内部向全资(控股)子公司或全资(控股)子公司之间调拨药品可不视为一票,但最多允许开一次发票。药品生产、流通企业要按照公平、合法和诚实信用原则合理确定加价水平。

在公立医疗机构药品采购中推行"两票制"的地区,集中采购机构编制采购文件时,要将执行"两票制"作为必备条件。对于招标采购的药品,要验明药品生产企业的资质,由药品生产企业直接投标。参与药品集中采购的药品企业要在标书中做出执行"两票制"的承诺,否则投标无效;实行其他采购方式采购药品,必须在采购合同中明确"两票制"的有关要求。

公立医疗机构在药品验收入库时,必须验明票、货、账三者一致方可入库、使用,不仅要向配送药品的流通企业索要、验证发票,还应当要求流通企业出具加盖印章的由生产企业提供的进货发票复印件,两张发票的药品流通企业名称、药品批号等相关内容互相印证,且作为公立医疗机构支付药品货款凭证,纳入财务档案管理。每个药品品种的进货发票复印件至少提供一次。鼓励有条件的地区使用电子发票,通过信息化手段验证"两票制"。

二、医院采购的特点

医院采购由于其采购主体的非营利性、采购行为受政府政策主导以及采购目的的不同,与药品消费者购买行为相比,具有以下鲜明的特点:

1. 数量少,但采购量大　根据《2015 年我国卫生和计划生育事业发展统计公报》的数据显示,到 2015 年年末,全国医疗卫生机构总数达 983 528 个,其中医院 27 587 个、基层医疗卫生机构 920 770 个、专业公共卫生机构 31 927 个,其他机构 3244 个。据艾美仕市场研究公司《中国医药市场全景解读》报告显示,2015 年中国处方药市场规模超过 9900 亿元,占医药市场总规模的 85%,销售同比增长约6%,医院作为处方药销售的主渠道,占据77%的市场份额。因此医院药品采购行为呈现采购批量大的特征,特别是在县级以上医院,占据了处方药的绝对市场份额。

2. 位置相对集中,需求呈现派生性　医院往往集中在人口密度比较高的城镇,而且优质的医疗资源往往集中在北京、上海、广州、天津、山东、江苏、浙江等省市,因此这些区域的药品购买量占的比重非常大。另外,医院购买药品是为了给患者防病治病所用,医院对药品的需求是由病患对防病治病的需求而引发的,因此医院的需求最终取决于医药最终消费者对医药产品的需求。

3. 采购的专业性强,受政策影响大　由于药品的特殊性,药品的质量、规格、品种、价格、厂家等各异,医院采购对采购人员的要求非常高,既要具备专业的药学知识,又要具备必需的市场营销知识;同时,由于涉及民生,其购买行为受政府政策的影响非常大,大多数卫生管理部门和医院都有正式的采购组织,即药品集中采购中心,受卫生监管部门直接管理,其重要的采购决策在严格遵守国家药品采购政策法规下,一般由医院的临床一线专家医师和药学高级管理人员共同做出,程序复杂,审查严谨。

4. 购买具有连续性,业务关系相对稳定　由于医院所用的大多数药品具备购买技术性强、质量要求严、医师用药习惯的延续性、临床需求的持续性和稳定性、部分药品的独家代理等特点,医院采购的品种会保持相对稳定,每年更换和撤销的品种比例不高,由此表现出医院采购行为的连续性特点,因此医药生产或批发企业一旦和医院的业务合作成功,并保持好良好关系,其稳定性相对较高。

三、医院采购行为的影响因素

影响医药采购的基础性因素是经济因素,即药品的质量、价格和服务。但当药品的质量、价格和服务级别没有差异的情况下,组织机构的采购人员几乎无法进行规律性的选择。因此经济因素不只是影响其行为的唯一因素,环境因素、社会因素、心理因素等都会对医院采购行为产生影响。

1. 环境因素　是指影响医院采购行为的外部环境因素,它包括政治法律、医药科技、市场竞争、经济、人口、社会文化等因素。因为药品的特殊性和公立医院的公益性,国家对药品采购的政策监督管理非常严格,如药品集中招标采购制度、药品"零差价"政策的执行、2012年8月1日施行的《抗菌药物临床应用管理办法》都会对医院的采购行为产生重要影响,因此医药营销人员必须密切注意这些环境因素的发展变化,准确、及时地分析这些因素对企业的影响,并适时调整营销策略,力求将问题转变成机会。

2. 组织因素　是指医院的内部组织情况对采购行为的影响。医院本身是一个按照国家有关法律要求组建而成的事业机构,它有规范的药品采购程序、专业的药品采购队伍、严格的采购监督制度,医药营销人员必须对这些内容进行充分的了解,如医院的进药程序、药事委员会的构成、参与采购工作的所有人员及对供货时间、产品质量、付款时限的具体规定等,从而规范自我的营销行为并尽量与这些具体的要求相吻合。

3. 人际因素　是指能够影响医药采购行为的医院内部的人事关系。由于参与购买过程的部门和人员较多,所承担的角色和作用各不相同,他们相互之间的互补、排斥和同盟关系,往往会影响医院最终的采购行为,因此他们是医药市场营销人员费尽心机想揣摩的内容,也是最难掌握的东西,且没有规律性。对于这些人际因素切不可盲目猜测,而是要深入了解、仔细辨析。

4. 个人因素　是指采购人员的年龄、收入、教育程度、职位、性格、兴趣爱好、职业道德、敬业程度、与医药营销人员的关系等。医院采购通常被认为是理性行为,但当采购药品的质量、疗效、价格、服务等相类似时,医院采购人员的个人因素就会产生较大的作用。所以医药营销人员不仅要在药品质量、价格、服务等硬件上下功夫,也要与影响医院采购的相关人员经常沟通、建立良好稳固的合作关系等软件上做准备。

点滴积累 ⋁

1. 药品组织市场的购买者是组织而非个人,其购买目的是进一步生产或销售来获利而不是自己使用以防病治病,因此与药品消费者市场有着显著的差异。

2. 我国医院经过评审,确定为三级,每级再划分为甲、乙、丙三等,其中三级医院增设特等,因此我国医院共分三级十等。

3. 医院采购模式主要有药品集中招标采购、药品备案采购。

4. 医院采购行为的特点:医院数量少,但采购量大;位置相对集中,需求呈现派生性;采购的专业性强,受政策影响大;购买具有连续性,业务关系相对稳定。

5. 医院采购行为的影响因素主要有环境因素、组织因素、人际因素、个人因素等。

任务 3　连锁药店购买行为分析

连锁药店又称药品零售连锁企业,是指由总部、配送中心和若干个门店构成的药品零售企业,总部是连锁企业经营管理的核心,配送中心是连锁企业的物流机构,门店是连锁企业的基础,承担日常零售业务,跨地域开办时可设立分部。

近两年我国的药品零售连锁企业发展迅速,根据商务部发布的《全国药品流通行业发展规划(2016—2020 年)》,国家将培育形成一批网络覆盖全国、集约化和信息化程度较高的大型药品流通企业。药品批发百强企业的年销售额占药品批发市场总额的90%以上;药品零售百强企业的年销售额占药品零售市场总额的40%以上;药品零售连锁率达 50%以上。而在资本方面,国内外的风险投资不断进入,鸿翔一心堂、老百姓大药房、益丰大药房等国内优秀的药品零售企业即将登陆 A 股市场,这将有助于企业的快速扩张与发展,也预示着未来我国药品零售连锁企业将迎来新一轮的发展机遇。

▶ **课堂活动**

请同学们查询最新中国连锁药店综合实力百强榜及直营力百强榜。

一、连锁药店购买模式

(一)根据采购渠道分类

1. 生产企业直接采购　特点是可购药品的种类较少,但价格较低,由于地理位置的原因,运输成本可能会高一些。

2. 批发企业采购　特点是可购药品的种类较多,但药品的价格会高一些,由于运输药品种类和数量较多,可能会享受低的运输费率。

(二)根据采购规模、时机、供货商数量分类

1. 分散采购　是依据采购计划和库存情况,在不同的供货商中购买所需的药品。

2. 集中采购　是依据采购计划和库存情况,在一家供应商中购买所需的药品。

3. 现卖现买　是药店依据药品销售情况的多少,随时补充药品的库存。

4. 投机采购　是根据预测市场需求的波动,在需求高峰到来之前,提前大量囤积药品或依据市场价格的波动特征,在低价时大量买入某种药品的采购方式。

5. 预算采购　是根据连锁药店当期流通资金状况,考察可用资金数额的多少来计划采购药品的种类和数量。

6. 多货源采购和单货源采购　是指一种药品可以从多个或单个供货商处采购。如果有多个供应商,采购不到某药品的风险较小,供货的可靠性高,讨价还价和选择不同药品规格的余地较大,但由于与各个供应商打交道,工作量较大,与供应商的关系较松散,供应商对长期合作的信心不足,责任心较弱。

二、连锁药店采购的特点

药品零售连锁企业由于其购买主体的企业性质以及购买目的的不同,在购买行为上也表现出与其他医药组织不同的特点。

1. 注重供货单位的法定资格和质量信誉的审核　供货企业的法定资格和质量信誉的确定:通过审核供货单位的生产或经营许可证和营业执照;索取全部供货企业的最新的药品生产许可证或药品经营许可证以及营业执照复印件,并在复印件上加盖企业的红色公章;同时要注意确认其证照的有效期和经营范围。另双方要签订质量保证协议,订货按程序签订有质量条款的正式合同;如通过GMP或GSP认证的企业还应索取加盖了该企业红色印章的认证证书复印件,还应收取税证复印件,进口药品还应收取其合法证书。

2. 集中统一采购,体现成本优势　连锁药店一般实行总部集中统一采购,剔除中间代理环节,直接和上游厂家合作,以较大的订单数量来换取厂家或者供货商价格上的让利,将采购成本降到最低,实现最大的成本优势,同时连锁药店还可争取到更多的优势品种的独家经销权,仅限所属门店销售,以保证各门店的品种竞争优势。

3. 对药品价格敏感,重视高毛利品种　连锁药店是市场经济中自负盈亏的独立企业法人,因此在有效满足顾客防病治病需求的情况下,实现更多盈利是其最根本的目的。由于医药零售市场的竞争非常激烈,连锁药店不仅要面对同类连锁药店的竞争,还要受到单体零售药店、社区卫生医疗机构的市场竞争威胁,因此连锁药店在采购药品时,在保证药品质量的前提下,对药品价格非常敏感,一旦发现有超低价格的药品或是高毛利品种,连锁药店马上会调整采购策略,重点布局高毛利品种,尽量保证进货药品的低价,运用高毛利品种创造更多的利润,以实现企业利润的最大化。

三、连锁药店采购行为的影响因素

影响连锁药店采购行为的因素包括宏观环境和微观环境因素,而连锁药店作为医药生产企业的下游市场,更多的是考虑消费者市场的变化。

1. 医药供货商因素 主要包括供货企业的基本情况、医药产品情况以及企业的市场运作情况3个因素。供货企业的基本情况是指医药生产企业或医药批发企业的合法性、规模、信誉以及能否提供合格的产品报验资料、药检报告、授权委托书等基本情况;医药产品情况是指该医药产品的质量、价格、品牌、中间利润、是否为医保产品、是否为独家品种等信息;企业的市场运作情况是指供货企业能否提供优质的市场运行计划,包括广告力度、促销支持和服务水平等,有无严格的市场保护措施以及杜绝窜货和不正当竞争等。以上因素都将影响连锁药店的采购行为。

2. 组织内部因素 是指连锁药店内部的采购程序、组织机构、采购目标、营销策略以及内部采购人员的调整和变动等组织内部因素。

3. 消费者因素 是指连锁药店的目标客户需求水平、消费特点、覆盖范围、顾客满意度、对拟购产品的接受程度等因素。

4. 竞争者因素 同行采购同种医药商品的竞争、供货方的竞争、单体零售药店的竞争、社区医疗服务机构的竞争等因素都是连锁药店采购所需考虑的。

▶ **课堂活动**

如果你是一家药品生产厂家的销售人员,负责某OTC产品的销售,你想让该药品进入一家大型连锁药店,请根据连锁药店购买行为的特点和影响因素,谈谈你该如何开展业务?

点滴积累 ∨

1. 连锁药店采购行为的特点为注重供货单位的法定资格和质量信誉的审核;集中统一采购,体现成本优势;对药品价格敏感,重视高毛利品种。
2. 连锁药店采购行为的影响因素有医药供货商因素、组织内部因素、消费者因素、竞争者因素等。

任务4 社区医院、单体诊所、单体药店购买行为分析

一、社区医院购买行为

社区医院又称社区卫生服务机构,是指在城市范围内设置的、经区(市、县)级政府卫生行政部门登记注册并取得《医疗机构执业许可证》的社区卫生服务中心和社区卫生服务站。它是以社区、家庭和居民为服务对象,以妇女、儿童、老年人、慢性病患者、残疾人、贫困居民等为服务重点,开展健康教育、预防、保健、康复、计划生育技术服务和一般常见病、多发病的诊疗服务,具有社会公益性质,

属于非营利性医疗机构。

2006 年国务院出台《国务院关于发展城市社区卫生服务的指导意见》，积极探索新的医疗模式，促进社区医疗机构与更高层次医院之间的制度化分工。到 2015 年年末，我国已建成社区卫生服务中心(站)34 321 个，国家倡导的"小病进社区，大病去医院，康复回社区"的新就医格局正逐步形成。

（一）社区医院采购行为的特点

1. 社区医院只能采购基本药物和增补目录(需经过各省卫生行政部门批准)的品种，而不能采购其他药物。2012 年版《国家基本药物目录》在原来 307 种的基础上扩充为 520 种。

2. 社区医院对基本药物实行网上集中采购，贯彻带量采购、量价挂钩、双信封制、集中支付、全程监控等采购政策。

3. 坚持质量优先、价格合理的采购原则，全面执行"药品零差价"，进一步完善基本药物质量评价标准和评标办法，以降低虚高的药价同时也避免低价恶性竞争，确保基本药物安全有效、供应及时。对独家品种和经多次集中采购价格已基本稳定且市场供应充足的基本药物试行国家统一定价。

4. 对用量小、临床必需的基本药物通过招标采取定点生产等方式确保供应。对已达到国际水平的仿制药，在定价、招标采购方面给予支持，激励医药企业提高基本药物质量。

（二）社区医院采购行为的影响因素

社区医院是我国公立医疗机构不可缺少的一部分，其购买行为的影响因素主要体现在药事管理法规及国家出台的政策等方面，其他影响因素和前面所述的医院采购基本相同。

二、单体诊所购买行为

单体诊所又称私人诊所，是指由具有医师执业证书或医士(师)及以上职称等专业人员开设的从事医疗活动的营利性医疗机构。私人诊所是国家卫生事业的补充，其合法权益受法律保护，国家鼓励和支持医务人员到偏僻山区和缺医少药的地区依法开办私人诊所，从事医疗活动。截止到 2015 年年末，我国共有诊所和医务室 195 290 个。

（一）单体诊所采购行为的特点

1. 从合法渠道进货，渠道选择灵活　个体行医人员和诊所所用药品一般就近从合法药品经营企业或延伸的经营网点采购；无药品经营企业的或延伸网点的，可经县药品监督管理部门同意后委托乡镇卫生院统一采购，严禁从其他非法渠道采购药品。

2. 受政策影响小，采购自主权大　目前我国多数单体诊所暂时还不要求参加药品集中招标采购，未执行"药品零差价"，因此相对于大型医院和社区医院受政策影响小。诊所拥有采购自主权，在药品品种的选择、价格谈判、交易方式上比较灵活，其药品采购主要结合市场行情，在双方协商下进行。

3. 用药范围局限，采购批量小　私人诊所必须按核准的诊疗科目进行医疗活动，和综合性医院相比，能够进行的医疗科目比较少，因此在用药范围上比较局限，如口腔诊所、眼科诊所、骨伤科诊所等，其用药比较固定、用药范围比较小。而部分农村的私人诊所由于考虑到所承担的医疗风险，一般只接诊普通患者，因此用药也相对单一。另外，私人诊所的经营规模一般比较小，很多属于"夫妻店"，采购的批量比较小，在采购规模上无优势可言。

（二）单体诊所采购行为的影响因素

单体诊所购买行为的动机比较单纯，其最根本的目的是在治愈病患的同时获得可观的经济利益，因此经济因素是影响私人诊所采购行为的最根本的因素。另外，私人诊所的负责人是购买行为的决策者，不同于其他医疗机构和连锁药店拥有其他众多的决策影响者，其购买行为比较灵活和自由，因此医药营销者必须集中精力和目标，与诊所负责人加强沟通和交流，建立长期的合作共赢关系。

三、单体药店购买行为

单体药店是指将购进的药品直接销售给消费者的非连锁药品经营企业，它由私人按照《药品经营质量管理规范》（GSP）的要求开设，经营方式灵活多变。

（一）单体药店采购行为的特点

1. 以需定购，勤进快销 单体药店以消费者的实际需求为出发点来组织货源，每次进货的批量比较少，但次数比较多，多销多进，少销少进，以保持合理的周转库存为限度。如对货源正常的药品少进，进销持平；对季节性的商品要根据季节变化和发病规律，季前多进，季中边销边进，季末逐步少进或不进，过季基本销光。

2. 货比三家，多渠道进货 药品零售市场的竞争异常激烈，单体药店为了最大限度地降低成本，在进货品种、规格、价格、厂家等方面会进行多家横向比较。由于当前医药批发企业众多，很多药店在供应商的选择上不单局限于本地区的医药批发公司，也同时选择跨区域的医药批发企业，实行多渠道比较进货、择优进货。

3. 规模小，但数量众多 单体药店的规模一般比较小，大部分药店的营业面积在100m² 以下，经营的品种数量大多低于5000 种，因此其单店的采购规模比较小，无法形成规模优势。但是单体药店的数量众多，整体的采购量非常大。为改变单体药店采购“势单力薄”的现状，我国部分区域成立了药店采购联盟，将多家药店的采购量整合在一起与上游供应商谈判，以获得更低的药品进价。但由于采购联盟组织松散并涉及药店成员间责、权、利的划分，各药店成员本身存在竞争以及各药店成员所处的发展阶段和经营策略不同，因此采购联盟往往“名存实亡”，难以为继。

（二）单体药店采购行为的影响因素

单体药店是私人开设的提供药学服务的营利性组织，其目的在于提供专业药学服务的同时赚取更多的利润，因此其购买行为的影响因素同私人诊所相似，主要是经济因素和单体药店负责人的个人因素。另外，供货商因素、消费者因素、竞争者因素也会对单体药店的购买行为产生影响。

点滴积累 ╲

1. 社区卫生服务机构实行网上集中采购，坚持质量优先、价格合理的采购原则，严格执行“药品零差价”。

2. 单体诊所采购行为表现出渠道选择灵活、受政策影响小、采购自主权大、采购批量小、用药范围局限等特点。

3. 单体药店采买行为的影响因素同私人诊所相似。

目标检测

一、选择题

（一）单项选择题

1. 药品消费者购买决策过程的第一阶段是（　　）

　　A. 收集信息　　　　　　　B. 评价方案　　　　　　　C. 确认需求

　　D. 决定购买　　　　　　　E. 购买后行为

2. 以认真分析、仔细比较为主要特征的购买行为属于（　　）

　　A. 冲动型　　　　　　　　B. 理智型　　　　　　　　C. 不定型

　　D. 品牌型　　　　　　　　E. 机动型

3. 社区卫生服务机构只能采购（　　）

　　A. 基本药物目录中的品种　　B. 处方药　　　　　　　C. 非处方药

　　D. 医保用药　　　　　　　E. 非医保用药

4. 处方药消费者购买力的主要影响者是（　　）

　　A. 执业药师　　　　　　　B. 朋友　　　　　　　　　C. 药店营业员

　　D. 医师　　　　　　　　　E. 药监部门人员

5. 以下有关药品组织市场的特点表述正确的是（　　）

　　A. 市场的需求属于原发性需求　　　　B. 市场由最终药品消费者构成

　　C. 市场较分散，多为小型购买　　　　D. 专家购买，购买决策较为复杂

　　E. 购买批量大，购买决策简单

6. 刘女士欲购买一种新减肥药，她对这种药品方面的信息并不了解，对这类购买行为，企业可

　　采取的营销措施是（　　）

　　A. 提供热情的咨询服务，耐心介绍药品知识

　　B. 不要有过多的询问和特别的关注

　　C. 注重药品的包装和柜台陈列等

　　D. 注意推荐低价且效果不错的药品

　　E. 推出无效退款的营销措施

7. 在消费行为分析中，通过经验或实践改变行为的过程是（　　）

　　A. 信念　　　　　　　　　B. 态度　　　　　　　　　C. 学习

　　D. 感觉　　　　　　　　　E. 需求

8. 一个人对某些事物或观念长期持有的好与坏的认识上的评价、情感上的感受和行动倾向指

　　的是消费行为分析中的（　　）

　　A. 信念　　　　　　　　　B. 态度　　　　　　　　　C. 学习

　　D. 感觉　　　　　　　　　E. 需求

9. 消费者对不同品牌的商品需要大量学习,广泛了解产品性能、特点,从而对产品产生某种看法,最后决定购买,这种购买行为是(　　)

　　A. 复杂的购买行为　　　　　　　　　B. 习惯性的购买行为

　　C. 寻求多样化的购买行为　　　　　　D. 减少失调的购买行为

　　E. 复杂的习惯性购买行为

10. 消费者购买商品后,有时会产生有些不协调或不够满意的感觉,但在使用过程中,会通过了解更多的商品信息、寻求种种理由来减轻、化解这种不协调的感觉,以证明自己的购买决策是正确的,这种购买行为是(　　)

　　A. 复杂的购买行为　　　　　　　　　B. 习惯性的购买行为

　　C. 寻求多样化的购买行为　　　　　　D. 减少失调的购买行为

　　E. 复杂的习惯性购买行为

(二) 多项选择题

11. 从消费者心理角度看,药品消费者购买行为的影响因素有(　　)

　　A. 需要与动机　　　　　B. 年龄　　　　　　　C. 消费者的收入水平

　　D. 信念与态度　　　　　E. 性格

12. 参与药品消费购买决策过程的角色有(　　)

　　A. 发起者　　　　　　　B. 影响者　　　　　　C. 决策者

　　D. 购买者　　　　　　　E. 使用者

13. 影响药品消费者购买行为的主要因素有(　　)

　　A. 文化因素　　　　　　B. 社会因素　　　　　C. 个人因素

　　D. 心理因素　　　　　　E. 价格因素

14. 药品市场购买行为是指药品消费者或组织客户在一定的购买动机驱使下,为了满足某种需求而购买药品或服务的活动过程,它包括了(　　)

　　A. 显性的购买行为　　　B. 隐性的心理活动　　C. 价格制订

　　D. 渠道设计　　　　　　E. 促销策略

15. 药品组织市场购买行为的影响因素有(　　)

　　A. 法律政策等环境因素　　　　　　　B. 组织内部的营销目标等因素

　　C. 组织中的人际关系因素　　　　　　D. 购买参与者的个人因素

　　E. 相关群体因素

16. 从消费角度看,人类需要的基本层次应该有(　　)

　　A. 生理需要　　　　　　B. 安全需要　　　　　C. 社会需要

　　D. 尊重需要　　　　　　E. 自我实现需要

17. 连锁药店购买行为的影响因素主要有(　　)

　　A. 医药供货商因素　　　B. 组织内部管理因素　　C. 消费者因素

　　D. 竞争者因素　　　　　E. 个人因素

18. 药品消费者购买行为的"5W1H"包括(　　　)
　　A. who(何人购买)　　　　B. where(何地购买)　　　　C. what(购买什么)
　　D. when(何时购买)　　　　E. how(如何购买)

19. 根据参与者的介入程度和品牌间的差异程度,消费者购买行为分为(　　　)
　　A. 复杂的购买行为　　　　B. 习惯性的购买行为　　　　C. 寻求多样化的购买行为
　　D. 减少失调的购买行为　　E. 理智的购买行为

20. 连锁药店根据采购渠道分为(　　　)
　　A. 从生产企业采购　　　　B. 从批发企业采购　　　　C. 单独采购
　　D. 集中采购　　　　　　　E. 分散采购

二、简答题

1. 结合医药市场的实际,分析影响消费者行为的主要因素有哪些?

2. 药品消费者购买行为决策过程包括哪些阶段?

3. 研究消费者购买行为与类型对于医药企业制订营销策略有何作用?

4. 医院采购的主要类型、影响因素有哪些?

5. 单体药店购买行为的特点和影响因素有哪些?

三、案例分析

集中招标采购创新——安徽药品招标"双信封"模式

"双信封"模式评标是指投标人将投标报价和工程量清单密封于一个报价信封中,其他商务和技术文件密封在另外一个信封中。首先进行技术资质预审,通过者才有资格进行二次开标。

安徽"双信封"通过技术标把关质量,通过商务标降低价格,规定只有入围技术标,才有资格进行商务标评审,目的就是在优先确保质量的前提下,保证低价者中标。安徽省另辟蹊径,打破了质量层次的常规划分,在价格的比拼前设置审核门槛,采用如销售规模、企业排名、品牌知名度、上年度销售额、假劣药记录等综合性指标,进行主、客观打分评价投标药品的质量优劣。此外,其创新之处还体现在量价挂钩、一次完成采购全过程、最大限度地降低采购成本。

"双信封"模式的薄弱点体现在仍然未能真正意义上跳出招标"唯价格论"的怪圈,中标药品质量并没有得到实质性保障。企业间竞相降价比拼将会造成所谓的"药价虚低"现象,应当说相比于"药价虚高",极低的中标价格使得企业或按标准生产很难回收成本;或放弃市场,彻底不生产。同时,也难以避免缺乏社会责任的制药企业偷工减料、以次充好、低限投料等,大大增加了药品安全风险。如此结果,必然与医改和社会保障的基本目标背道而驰。有报道曾对安徽中标的复方丹参片和牛黄解毒片两个品种的各个规格进行过测算,最终认定其中标价尚不及成本价的1/3;同样,在安徽省公布的中标结果中,蜀中制药共22个品种中标,其中复方丹参片(薄膜衣片)(120片/瓶)的中标价为2.99元,而该品种的国家最高零售指导价则为14.1元,两者相差近5倍,其中的差异着实令人深思。2011年"蜀中制药涉嫌用苹果皮造假板蓝根,以降低成本"的事件极为轰动,其被认为是安徽"双信封"以低价中标的最直接的负面效果体现。根据《中国药典》标准检测,在板蓝根的成分检测中只有检测氨基酸一项,且只定性不定量,只要成分检测中检测到氨基酸,就等于合格。然而,很多生物都自身带有氨基酸,包括苹果皮在内。也就是说,如果用苹果皮假冒板蓝根作为原材料生产"板蓝根颗粒",同样能顺利通过检测,成为"合格"的假药。尽管四川省药监局给出的公开监测结果是蜀中制药的板蓝根不存在质量问题,但蜀中制药这一行为引发医药行业热议,诸多行业协会和医药企业认为,"合格"的假劣药将会引发更高的药品安全风险。众所周知,药品集中招标采购覆盖的使用人群较广,基本药物的覆盖面更高。采用招标形式的药品一旦发生质量隐患,波及的范围很大。蜀中制药是采用苹果皮为原料,为"合格"的假药,虽然不会对患者带来明显的危害,但无疑会延误患者的治疗,由此产生的后果不言而喻;同时,如果采用其他低成本的有害物质替代合法的原料,则后果更不堪设想。

讨论分析:

1. 安徽药品招标"双信封"模式的优点和缺点是什么?如何能够取长补短?

2. "合格"的假药的出现给药品科学招标带来了什么思考?

项目六

药品市场竞争战略

导学情景 ∨

情景描述：

肛泰上市前已有痔疮宁栓、马应龙痔疮栓、化痔丸、槐角丸等治疗痔疮的药品，市场竞争激烈，如何才能从众多的产品中脱颖而出、赢取市场呢？通过对竞争者的分析，发现市面上的痔疮产品主要包括膏剂、丸剂、栓剂3种剂型，这3种剂型均存在不方便、用药尴尬、肛门用药易被排泄等问题。

为此，某制药公司研发的肛泰贴剂采用中医脐疗原理、透皮吸引技术，贴肚脐治疗痔疮，避免了膏剂、丸剂、栓剂等肛门内直接给药的弊端，一天贴1片，24小时持续有效地治疗；随时随地用药，痔疮发作时将药片往肚脐上一贴即可，无须忍痛回家用药。这是其最大卖点，"贴肚脐，治痔疮"的广告传遍了大江南北，给痔疮药品市场带来了革命性、颠覆性的变化，迅速赢得消费者的好感，取得上市1年就销售上亿的好业绩。

学前导语：

企业在进行有效的竞争者分析后，明确自己在市场竞争中的地位后，再对竞争对手进行准确的评估，选取相应的竞争营销战略，是企业在激烈竞争中制胜的关键，也是市场营销成功的基础。本项目将学习药品企业市场竞争营销战略，使学生能领会、分析并进行药品市场竞争营销战略的制订和实施。

任务 1　辨析药品市场竞争者

扫一扫，知重点

一、竞争者含义

竞争者（competitor）狭义上是指与本企业提供的产品或服务相类似，价格相似，拥有相似目标顾客的其他企业；广义上是指所有与本企业争夺同一目标顾客的企业，包括现实竞争者和潜在竞争者。

企业在识别竞争者时，不仅要看到现实竞争者，也要能够辨别潜在竞争者；企业还应当有长远的眼光，从行业结构、业务范围角度、竞争地位、反应模式等方面识别竞争者，从而有针对性地制订自己的竞争战略。

二、竞争者识别

（一）行业竞争观念下的竞争者识别

提供同一类药品或互相替代药品的企业相互成为竞争者,以药品行业为导向识别竞争者的观念为行业竞争观念,依据此观念的竞争者识别可从以下4种状态进行。

1. 完全竞争(pure competition)　完全竞争状态下,同质的药品有很多共同的卖方和买方,没有任何一方能完全控制价格。这类市场具有进入容易、资源可随时转换的特点。如感冒药品的市场竞争就具有完全竞争的典型特征。

知识链接

我国感冒药品市场前景广阔

感冒药是 OTC 药品市场竞争最激烈的领域之一,截至 2016 年,国内医药制药企业接近 7000 家,其中上千家企业生产同类不同剂型治疗感冒、咳嗽的药品约 100 多种。据国内专业医药数据研究机构中康 CMH 监测数据显示,我国感冒药市场销售规模由 2007 年的 110.8 亿元增长到 2017 年的 284 亿元,2017 年感冒药的销售规模占零售药店畅销类药品市场份额的 7.8%,较之 2016 年同比增长 8.3%。尽管竞争激烈,但该类药品市场空间巨大、技术门槛较低、利润回报丰厚的特点仍然刺激着众多企业趋之若鹜。

---

2. 完全垄断(pure monopoly)　整个药品行业只有一个生产者或经营者的市场结构状态。由于排除了竞争,这种低效率的市场结构类型是受到法律限制的,药品市场不符合垄断市场的条件。

3. 垄断竞争(monopolistic competition)　指有许多药品企业在市场上销售相似药品的市场竞争状态。该状态的形成条件有以下 3 点:

(1)生产集团中有大量的企业生产有差别的同种药品,这些药品彼此都是非常接近的替代品。如碧生源减肥茶与美葆媛减肥茶之间的竞争。

(2)生产集团中的企业数量非常多,以至于每个企业都认为自己的行为影响很小,不会引起竞争对手的注意和反应,也不会受到竞争对手的报复措施的影响。

(3)企业的生产规模较小,进入和退出生产集团较为容易。在现实生活中,垄断竞争的市场组织在零售业和服务业中较为普遍。

4. 寡头垄断(oligopoly)　指同时包含垄断因素和竞争因素,更接近于完全垄断的一种市场状态。其显著特点是少数几家药品企业的产量在全行业总产量中占很高的比例,控制着药品行业的供给,从而形成垄断。

知识链接

全麻药品的行业垄断状态

麻醉用药行业与药品其他子行业相比，具有临床推广专业性强、壁垒高的特点，竞争格局相对稳定，相对维持着整个行业较高的增长水平，其他企业难以进入。2017年，人福医药几乎独揽了以芬太尼系列为代表的中高端麻醉镇痛药的全部市场，并占据总体麻醉镇痛药市场规模的50%，是行业绝对的领导者。过去5年，主导产品芬太尼系列演绎了高速成长的神话。其中，芬太尼是国内独家品种，定位于中低端市场，增长平稳；瑞芬太尼也是独家品种，定位于高端麻醉镇痛药，近5年复合增长率64%；舒芬太尼成寡头垄断，公司占据65%的市场份额，5年复合增长率152%。

在上述4种行业竞争结构类型中，完全竞争行业和完全垄断行业是两个极端，现实中不多见。垄断竞争和寡头垄断两个类型介于两个极端之间，是大量存在的两种行业结构。行业竞争结构会随着时间的推移而变化。

（二）市场竞争观念下的竞争者识别

以药品市场为导向确定竞争者的观念为市场竞争观念，据此观念可将竞争者分为以下4个层次。

1. 欲望竞争者（desired competitors） 指满足不同欲望的产品竞争者。如化妆品与美容养颜保健品之间通常情况不存在竞争，但爱美的消费者在选择一种100元的化妆品或美容养颜保健品时，它们之间就会存在竞争关系，成为彼此的欲望竞争者。

2. 种类竞争者（generic competitors） 指以不同种类的药品满足消费者的同一欲望时的竞争者。如治疗疾病时中药和西药成为彼此的竞争者。

3. 形式竞争者（product competitors） 指满足同一欲望的同一种类的不同形式的药品间的竞争。如痔疮药市场上的痔疮膏、痔疮栓、痔疮丸、痔疮贴因规格、剂型不同而形成的竞争者。

4. 品牌竞争者（brand competitors） 指满足同一欲望的同一种类的同样形式的不同品牌之间的竞争者。如痔疮药品市场上的马应龙、云南白药、普济等品牌之间的竞争。

▶ **课堂活动**

康师傅绿茶、酸奶、藿香正气液相互间属于什么类型的竞争者？

三、竞争者优劣势分析

竞争者优劣势分析是指企业通过确认竞争者、判定竞争者目标、评估竞争对手实力、分析竞争对手优劣势、预测竞争对手反应、识别竞争者战略6个方面对竞争对手的优劣势进行准确分析与判断，精准预测其战略定位和发展战略，从而提升自身竞争实力的方法。常用的有SWOT战略分析法、波士顿矩阵分析法和波特五力分析模型3种，在此主要介绍波士顿矩阵分析法和波特五力分析法。

(一) 波士顿矩阵分析法

波士顿矩阵由美国著名的管理学家、波士顿咨询公司(Boston Consulting Group,BCG)的创始人布鲁斯·亨德森首创于1970年,又称市场增长率-相对市场份额矩阵、BCG矩阵。BCG矩阵将组织的每一个战略事业单位(SBUs)在2维矩阵图上,按照战略规划和资本预算标两个重要的衡量指标,分出明星、问题、现金牛和瘦狗4种业务领域,从而分析哪个战略事业单位提供高额的潜在收益、哪个战略事业单位是组织资源的漏斗,帮助多种经营的公司确定哪些产品宜于投资、宜于操纵哪些产品以获取利润、宜于从业务组合中剔除哪些产品,从而使业务组合达到最佳经营成效。见图6-1。

图6-1　波士顿矩阵图

1. 明星型业务(stars) 　为高增长、高市场份额业务,该业务领域中的产品处于快速增长的市场中并占有支配地位的市场份额,可视为高速成长市场中的领导者,将成为公司未来的现金牛业务。

2. 问题型业务(question marks) 　为高增长、低市场份额业务,该业务领域中的产品往往是公司的新业务,多为投机性产品,利润率较高、市场份额占比小,企业对其发展需要投入大量资金,风险较大。

对于该类业务产品,慎重思考"是否继续投资、发展该业务"的问题。当该类业务符合企业发展的长远目标、企业具有资源优势、能够增强企业的核心竞争力时,适合投入大量资金,采用增长战略,将其发展成明星型业务;反之,则适合采用收缩战略,缩减资金投入,规避风险。

3. 现金牛业务(cash cows) 　为低增长、高市场份额业务,该业务领域中的产品是成熟市场中的领导者,享有规模经济和高边际利润的优势,能带来大量资金,是企业现金的来源,但市场已经成熟、未来的增长前景有限,适合采用稳定战略,保持市场份额。

4. 瘦狗型业务(dogs) 　为低增长、低市场份额业务,该业务领域中的产品存在的原因多为感情因素,通常占用很多的资金、管理部门的时间等资源,微利甚至亏损,适合采用收缩战略,出售或清算业务,将资源转移到更有利的领域。

(二) 波特五力分析模型

20世纪80年代初,迈克尔·波特(Michael Porter)提出通过对供应商的讨价还价能力、购买者的讨价还价能力、潜在竞争者进入的能力、替代品的替代能力、行业内竞争者现在的竞争能力5种力量的分析,可以有效分析企业所处的竞争环境。见图6-2。

1. 供应商的议价能力 　当供应商提供的投入要素价值占购买者产品总成本的较大比例、对购

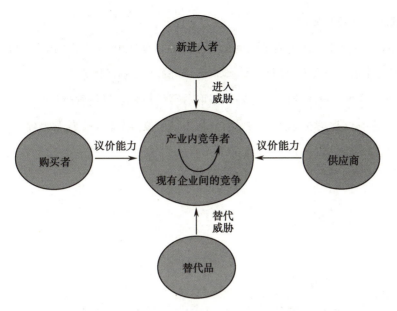

图 6-2　波特五力分析模型图

买者产品生产过程非常重要、严重影响购买者产品质量时,供应商的潜在议价能力就大大增强。此时,供应商主要通过改变产品投入要素的价格、产品单位价值质量的方式影响购买者的营利能力和产品竞争力。

2. 购买者的议价能力　购买者主要通过压价、要求提供较高的产品或服务质量的能力来影响行业中供应商的营利能力。以下 4 种情况时,购买者具有较强的议价能力:

(1)购买者总数较少、购买量较大,在卖方销量中的占比较大。

(2)供应商行业由大量相对规模较小的企业组成。

(3)购买的是标准化产品,可随时转向多个供应商购买产品。

(4)购买者能实现后向一体化,而供应商不能前向一体化,即客大欺主。

3. 新进入者的威胁　新进入者在给行业带来新生产能力、新资源的同时,可能会与现有企业发生原材料与市场份额的竞争,导致现有企业的营利水平降低,严重时可能危及部分企业的生存。进入障碍的大小与现有企业的反应是影响新进入者威胁严重程度的两大因素,现有企业可以从这两个方面对新进入者进行竞争性控制。

进入障碍主要包括规模经济、产品差异、资本需要、转换成本、销售渠道开拓、政府行为与政策、不受规模支配的成本劣势(如商业秘密、产供销关系、学习与经验曲线效应等)、自然资源、地理环境等,其中有些障碍是新进入者很难借助复制或仿造的方式来突破的。

现有企业对进入者的反应情况,主要是采取报复行动的可能性大小,取决于现有企业的资金实力、固定资产规模、行业增长速度等多个方面的因素。

4. 替代品的威胁　处于同一行业或不同行业的企业可能因所生产的产品互为替代品而产生竞争,这种竞争主要会以以下 3 种形式影响现有企业的竞争战略。

(1)影响现有企业的产品售价以及获利潜力。

(2)促使现有企业提高产品质量、降低成本、降低售价、凸显产品特色。

(3)产品购买者转换成本降低。

5. 同业竞争者的竞争　现有企业之间的竞争主要表现在价格、广告、产品介绍、售后服务等方面,其竞争强度与企业自身实力、行业政策、地理环境等多个方面的因素有关。

根据以上 5 种竞争力量的分析,企业可以采取尽可能地将自身经营与竞争对手隔绝、努力从自身利益需要出发影响行业竞争规则、先占领有利的市场地位再发起进攻性竞争行动等手段来应对这 5 种力量的竞争,从而增强自己的市场地位与竞争实力。

点滴积累　∨

1. 竞争者一般是指那些与本企业提供的产品或服务相似,并且所服务的目标顾客也相似的其他企业。

2. 行业竞争观念下的企业竞争者识别包括完全竞争、完全垄断、垄断竞争和寡头垄断 4 种结构类型。

3. 市场竞争观念下的企业竞争者识别包括欲望竞争者、种类竞争者、形式竞争者、品牌竞争者 4 种类型。

4. 竞争者优劣势分析常用的方法是 SWOT 分析法、波士顿矩阵分析法和波特五力分析模型。

任务 2　制定药品市场竞争战略

药品企业要在激烈的药品市场竞争中获胜,必须分析竞争者的基本战略,制订自身切实有效的竞争战略,从而战胜竞争者。对竞争者基本战略的分析可以从行业和市场两个角度进行。

一、市场竞争的基本战略

美国哈佛商学院著名的战略管理学家迈克尔·波特从行业角度分析提出竞争的基本战略包括 3 种:成本领先竞争战略、差异化竞争战略、集中化竞争战略。这 3 种战略对企业组织架构的要求不同,成功实施需要不同的资源和技能,企业须从中选择一种作为其主导战略。

(一) 成本领先竞争战略

即低成本战略,指企业通过有效途径降低成本,使其低于竞争对手的成本,甚至是同行业中的最低成本,从而获取竞争优势的一种战略。成本领先竞争战略的具体内容详见表 6-1。

表 6-1　成本领先竞争战略的具体内容

主要类型	适用条件	收益	风险
简化产品型成本领先战略	现有企业间价格竞争激烈	抵挡住现有竞争对手的对抗	降价过度引起利润率降低
改进设计型成本领先战略	产品标准化、同质化	抵御购买商讨价还价的能力	新加入者可能后来居上
材料节约型成本领先战略	实现产品差异化的途径少	更灵活处理供应商的提价行为	丧失对市场变化的预见能力

主要类型	适用条件	收益	风险
人工费用降低型成本领先战略	顾客使用产品的方式相同	形成价格进入障碍	技术变化降低企业资源的效用
生产创新及自动化型成本领先战略	消费者具较高的降价谈判能力、转换成本低	树立与替代品的竞争优势	易受外部环境影响

（二）差异化竞争战略

指为使企业产品形成与众不同特点而采取的一种战略。这种战略的核心是取得某种对顾客有价值的独特性。差异化竞争战略的具体内容详见表6-2。

表6-2　差异化竞争战略的具体内容

主要类型	适用条件	收益	风险
产品差异化战略	多种途径创造企业与竞争对手产品之间有价值的差异	提高顾客的品牌忠诚度，使替代品无法与之竞争	可能丧失部分客户
服务差异化战略	顾客的需求存在差异	形成强有力的产业进入障碍	用户所需产品的差异因素下降
人事差异化战略	采用类似的差异化途径的竞争对手少，能真正实现"差异化"	增强企业对供应商的议价能力	差异不被感知
形象差异化战略	技术变革快，市场竞争集中在推陈出新	削弱购买者的议价能力	过度差异化导致目标客户过于局限，缩减原有的市场份额

▶▶ 课堂活动

　　XH药庄自2009年上市以来，始终坚持"顾客就是上帝"，始终遵守"买贵了，差价2倍赔偿；买到假药，100倍赔偿；服务不满意，投诉有奖"的"三大承诺"，成功赢取了顾客的满意，在竞争激烈的药品营销终端市场牢牢占据了一席之地。

　　分析：（1）XH药庄采用了哪些差异化战略？

　　　　　（2）使用这些战略需要考虑哪些因素？

（三）集中化竞争战略

也称聚焦战略，指企业的经营活动集中于某一特定的细分市场进行的一种战略。集中化竞争战略的具体内容详见表6-3。

表6-3　集中化竞争战略的具体内容

主要类型	适用条件	收益	风险
产品线集中化战略	具有完全不同的用户群、不同的客户需求、不同的使用方式	便于集中企业的力量和资源，更好地服务于特定目标	竞争力下降

续表

主要类型	适用条件	收益	风险
顾客集中化战略	无竞争对手实行集中化战略	企业可更好地调研与产品有关的技术、市场、顾客以及竞争对手等各个方面的情况	市场占有率下降
地区集中化战略	企业的资源不允许追求广泛的细分市场	战略目标集中明确,经济效果易评价,战略管理过程易控制,带来管理的简便	产品销量可能变小
低占有率集中化战略	选择的细分市场比其他市场更具吸引力		

二、不同市场地位的竞争战略

(一)不同市场地位的竞争者

根据药品企业自身在市场竞争中所处的地位,可分为药品市场领导者、药品市场挑战者、药品市场跟随者和药品市场补缺者4种。

1. 药品市场领导者(market leader)　指某类药品的市场占有率最高的企业。这类药品企业在药品市场价格调整、新产品开发、配销覆盖和促销力量等方面处于主导地位,是市场竞争的导向者,也是竞争者挑战、效仿或回避的对象。

2. 药品市场挑战者(market challenger)　指那些相对于药品市场领导者而言处于行业中第二、第三和以后位次的药品企业。

3. 药品市场跟随者(market follower)　指安于次要地位、不热衷挑战、在“和平共处”的状态下求得尽可能多的收益、更愿意采用市场跟随战略的药品企业。

4. 药品市场补缺者(market niche)　指在大型企业忽视的市场夹缝中求得生存和发展的小型药品企业。

(二)不同市场地位的竞争战略

1. 药品市场领导者的竞争战略　作为市场领导者,本身就具有很大的市场优势,在面对竞争者时,常用的竞争战略详见表6-4。

表6-4　药品市场领导者的竞争战略

战略类型	战略目标	具体做法
扩大市场规模战略	促进产品总需求量的增长,扩大市场容量	寻求新用户、开发新产品功能、开辟产品新用途
维护市场占有率战略	维护好现有的市场占有率	(1)进攻性保护战略:降低成本、完善薄弱环节 (2)防御性保护战略:开发新市场、维护现有市场
提高市场占有率战略	提高市场占有率	产品创新、质量领先、多品牌延伸、强力促销

续表

战略类型	战略目标	具体做法
竞争营销战略	确保行业领导地位	(1)品牌战略:结合细分市场占位原则和强势的品牌主题宣传,做好行业定位 (2)产品战略:引领产品研发,设置高门槛的行业壁垒,不断提升产品概念,让客户始终选择自身最前沿的产品 (3)整合营销战略:结合正面的营销攻势、销售渠道铺设、排他性市场举措及高黏度售后服务牢牢占据目标客户

2. 药品市场挑战者的竞争战略 通常包括 2 种:一是向药品市场领导者发起挑战,夺其市场份额;二是固守已有的药品市场,免受其他竞争对手的攻击。无论实施哪种战略,都要求企业必须有比竞争对手更鲜明的优势,如特色产品、特色服务、特色促销等。详见表6-5。

ER-6-2

经典案例:某降脂药忍痛降价原因

表 6-5　药品市场挑战者的竞争战略

战略类型	战略目标	具体做法	对企业的要求
正面攻击战略	集中全力向竞争对手的主要市场阵地正面进攻	与竞争对手在产品、广告、价格等方面进行直接较量	适合具备非常雄厚的资金、技术、管理、营销实力的药品企业
侧翼进攻战略	寻找和攻击竞争对手的弱点	(1)区域性侧翼进攻:在全国或全世界寻找对手力量薄弱的区域,对这些区域发动进攻 (2)细分性侧翼进攻:寻找领先企业尚未为之服务的子市场,并迅速填补空缺	
包围进攻战略	抢占领导者的市场	全方位、大规模进攻	挑战者只有在拥有优于对手的资源,并确信围堵计划的完成足以打垮对手时方可使用这种战略
迂回进攻战略	完全避开对手的现有阵地迂回进攻	(1)发展与竞争对手无关的产品,实行产品多元化 (2)以现有产品打入新地区的市场,实行市场多元化 (3)发展新技术、新产品取代现有产品,实行产品独特化	
游击进攻战略	巩固永久性市场地位	向竞争对手的不同市场区域发动小规模、间断性进攻,干扰对手,使其疲于奔命	特别适合资金短缺的小型企业采用的竞争战略
竞争营销战略	与药品市场领导者保持竞争距离,同时屏蔽后来竞争者的挑战	产品的研发、差异化竞争的设置、产品概念的更新、差异化的营销攻势、销售渠道铺设和补充化的售后服务	

3. 药品市场追随者的竞争战略 该类药品企业愿意追随市场领导者,努力维持其市场份额。其基本竞争战略详见表6-6。

表6-6 药品市场追随者的竞争战略

战略类型	战略目标	具体做法
紧密追随战略	全面紧密追随药品市场领导者	在各个细分市场的营销组合战略方面模仿药品市场领导者,不进行任何创新
距离追随战略	与领导者保持一定差别	在目标市场、产品创新、价格水平和分销渠道等方面都追随领导者,同时保持一定差别
选择追随战略	避免与市场领导者正面交锋	选择性地改进领导者的产品、服务和营销战略,选择其他市场渠道销售产品
竞争营销战略	将市场空缺转化为实际利润	对市场空缺进行高精度营销攻势、针对性销售渠道铺设及专属化售后服务

虽然药品市场追随者安于现状,但药品市场挑战者却往往将其作为攻击目标。因此处于市场追随者地位的企业应在已经取得的市场份额内不断改进营销组合策略、增加顾客的满意度和忠诚度来增强自身药品的市场竞争力,保持并扩大市场份额。

4. 药品市场补缺者的竞争战略 市场补缺者在市场上占有约10%的市场份额,主要通过专业化、精心服务于药品市场中的某些细小部分来占据有利的市场位置。补缺者的竞争战略关键在于"6个专业化",即最终用户专业化、垂直专业化、顾客专业化、服务项目专业化、分销渠道专业化、质量与价格专业化。

药品市场补缺者在制订自身的竞争营销战略时,可以从以下几个方面进行思考:

(1)确定药品市场追随目标。

(2)确定药品发展战略:紧扣品牌追随主题,开发追随化药品,并提出衍生化的药品概念,从多个方面来做好自身药品的系统发展工作。

(3)制订整合营销战略:通过4Ps的整合营销战略,最大化实现药品企业的市场价值。

企业的竞争营销战略是企业抓住机会,充分发挥自身在产品、市场和技术等方面的竞争优势和潜力,以求得企业快速成长和发展的一种战略。在企业的总体战略目标确定之后,竞争战略的关键和首要问题就是为企业确定最佳业务领域和未来成长方向,这也是竞争战略模式选择的前提和起点。

点滴积累 ▽

1. 从行业角度分析的市场竞争基本战略包括成本领先竞争战略、差异化竞争战略、集中化竞争战略。

2. 在目标市场所处的地位不同的企业竞争者有市场领导者、市场挑战者、市场跟随者、市场补缺者。

3. 从市场角度分析的基本竞争战略分为市场领导者扩大市场需求量、维护市场占有率、扩大市场占有率;市场挑战者正面攻击、侧翼进攻、包围进攻、迂回进攻、游击进攻;市场跟随者紧密追随、距离追随、选择追随;市场补缺者。

目标检测

一、选择题

（一）单项选择题

1. 企业要制订正确的竞争战略和策略，就应深入地了解（　　）
   A. 技术创新
   B. 消费需求
   C. 竞争者
   D. 本企业的特长
   E. 行业发展趋势

2. 不同卖主以产品差异性吸引顾客开展竞争，这属于（　　）
   A. 完全竞争
   B. 完全垄断
   C. 不完全垄断
   D. 垄断竞争
   E. 寡头垄断

3. 产品导向的适用条件是（　　）
   A. 产品供不应求
   B. 产品供过于求
   C. 产品更新换代快
   D. 企业形象好
   E. 产品质量高

4. 对某些特定的攻击行为没有迅速反应或强烈反应的竞争者属于（　　）
   A. 从容型竞争者
   B. 选择型竞争者
   C. 凶狠型竞争者
   D. 随机型竞争者
   E. 愿望竞争者

5. 一般来说，"好"的竞争者的存在会给公司（　　）
   A. 增加市场开发成本
   B. 带来一些战略利益
   C. 降低产品差别
   D. 造成战略利益损失
   E. 带来发展动力

6. 企业根据市场需求不断开发出适销对路的新产品以赢得竞争的胜利属于（　　）
   A. 速度制胜
   B. 技术制胜
   C. 创新制胜
   D. 优质制胜
   E. 产品制胜

7. 企业要通过攻击竞争者而大幅扩大市场占有率，应攻击（　　）
   A. 近竞争者
   B. "坏"竞争者
   C. 弱竞争者
   D. 强竞争者
   E. 平行竞争者

8. 下面哪一个不是决定行业结构的因素（　　）
   A. 成本结构
   B. 进入与流动障碍
   C. 销售量及产品差异程度
   D. 社会变化
   E. 行业政策变化

9. 市场领导者扩大市场总需求的途径是（　　）
   A. 寻找产品新用途
   B. 以攻为守
   C. 扩大市场份额
   D. 正面进攻
   E. 迂回进攻

10. 市场领导者保护其市场份额的途径是（　　）
    A. 以攻为守
    B. 增加使用量
    C. 转变未使用者
    D. 寻找新用途
    E. 拓宽市场渠道

（二）多项选择题

11. 下列各项中,属于竞争者分析的是(　　)
 　　A. 识别竞争者　　　　　　　　B. 判定竞争者的战略和目标
 　　C. 评估竞争者的优劣势　　　　D. 评估竞争者的反应模式
 　　E. 认识市场需求特征

12. 企业每项业务的内容包括(　　)
 　　A. 要进入的行业类别　　　　　B. 要服务的顾客群
 　　C. 要迎合的顾客需要　　　　　D. 满足需要的技术
 　　E. 运用技术生产出的产品

13. 市场领导者的主要竞争战略包括(　　)
 　　A. 不主动竞争　　　　B. 保护市场份额　　　　C. 扩大市场份额
 　　D. 谋求垄断　　　　　E. 扩大总需求

14. 市场挑战者的主要竞争战略包括(　　)
 　　A. 攻击市场领导者　　B. 扩大总需求　　　　　C. 攻击经营不佳的企业
 　　D. 跟随市场领导者　　E. 保护市场份额

15. 市场补缺者的作用是(　　)
 　　A. 拾遗补缺　　　　　B. 有选择跟随　　　　　C. 见缝插针
 　　D. 攻击市场追随者　　E. 打破垄断

16. 市场领导者扩大总需求的途径有(　　)
 　　A. 攻击挑战者　　　　B. 开发新用户　　　　　C. 击倒补缺者
 　　D. 寻找产品新用途　　E. 增加使用量

17. 业务范围技术导向型企业把所有(　　)的企业视为竞争对手
 　　A. 使用同一技术　　　B. 满足顾客同种要求　　C. 满足同一顾客群要求
 　　D. 生产同类产品　　　E. 产品售价相同

18. 完全垄断可分为(　　)
 　　A. 寡头垄断　　　　　B. 政府垄断　　　　　　C. 垄断竞争
 　　D. 完全竞争　　　　　E. 私人垄断

19. 市场竞争迫使企业不断(　　)
 　　A. 开发新产品　　　　B. 降低经营成本　　　　C. 提高经营效率
 　　D. 改进生产技术　　　E. 提高管理水平

20. 根据需要导向确定业务范围时,应考虑(　　)
 　　A. 外部资源条件　　　B. 技术和产品　　　　　C. 市场需求
 　　D. 企业实力　　　　　E. 跨行业经营能力

二、简答题

1. 简述药品市场竞争的战略原则。

2. 请举例说明发现药品新用户的方法。

3. 药品市场领导者在提高药品市场占有率时应考虑哪些因素？

三、案例分析

独辟蹊径、借势发力的太极五子衍宗丸

借助国家倡导二胎的契机,太极集团四川绵阳制药有限公司结合市场调研,独辟蹊径,针对我国不孕不育、备孕等刚性需求,借势发力,巧用网络新媒体,对品牌宣传推广发挥"四两拨千斤"的杠杆效应,以五子衍宗(浓缩)丸抢滩"生药"蓝海,实现太极五子衍宗丸销售同比增长3倍以上。

讨论分析:

1. 案例中的药品企业采用了什么营销战略?

2. 通过本案例的分析可得到什么启发?

项目六习题

项目七

药品目标市场营销战略

导学情景 ╲

情景描述：

　　传统古方六味地黄丸虽然为广大中老年消费者所熟知，但他们对六味地黄丸的了解仅停留在浅层次的补肾、治腰痛的基础上，并不太清楚该药在疾病治疗中的辅助功效。 在很多时候，出于本能和趋利性，企业并不希望把自己的药品定位于"辅药"，更倾向于"主药"，哪怕事实上并非如此。 而仲景牌六味地黄丸则运用了用药地位的细分变量，从消费者的心理需求出发，把自身定位为"辅药第一品牌"，突出自身对多种疾病治疗中的辅助功效，成功地区隔了自己和市场上300多家企业生产的多种六味地黄丸，取得了较好的市场效果。

学前导语：

　　进行有效的市场细分，选择合理的目标市场，进而在目标市场上进行准确的市场定位，是企业市场营销成功的基础。 本项目将学习药品目标市场营销战略，学会分析并制订药品目标市场营销战略。

任务 1　药品市场细分

扫一扫，知重点

一、药品市场细分概述

（一）市场细分

　　市场细分是指企业根据消费者需求、购买行为、购买习惯等的差异性，把整个市场划分为若干个不同的"细分市场"（亦称"子市场"）的过程。细分后的任何一个细分市场都是一个具有相同或类似需求的消费者群，而分属于不同细分市场的消费者的需求则有着较明显的差异。

　　市场细分不仅是一个分解的过程，也是一个聚集的过程，即把对某种产品特点最易做出反应的消费者分解出来集合成群。这种分解和聚集过程可以依据多种标准连续进行，直到寻找出其规模足以实现企业利润目标的某一个消费群体。

▶ 课堂活动

"市场细分"和"细分市场"有何不同？

知识链接

市场细分的由来

市场细分是美国市场学家温德尔·史密斯（Wendell R Smith）于 20 世纪 50 年代中期提出来的。 在此之前，企业往往把消费者看成具有同样需求的整体市场，就单一产品为所有的购买者进行大量生产、大量分配和大量促销，即进行大众化营销。 大众化营销以较低的成本和价格获取较高的毛利，如早期的可口可乐公司只生产一种 6.5 盎司的瓶装可乐。 但随着生产力水平提高、企业间竞争激烈，人们的收入水平不断提高、需求日益多样化，给大众化营销造成了很大的困难，从而导致了市场细分概念的提出。

"市场细分"概念一诞生即被业内人士广泛接受和应用，营销专家都把细分看作是继"以客户为中心"的观念之后的又一次营销革命，许多企业放弃大众化营销转化为细分营销。

（二）药品市场细分

药品市场细分是指医药企业依照药品消费者对药品需求、购买行为、消费习惯的差异性，把药品市场划分成若干个细分市场的过程。

从某种意义上说，人口的总量就是药品的整体市场，每个人都有可能成为药品消费者，但他们的需求又各不相同。如感冒作为一种常见性和多发性疾病，几乎每个人都会成为感冒药市场的消费者。然而，不同消费者的感冒症状不同、收入不同等差异，都会导致其对感冒药的需求不尽相同。因此，药品企业在确定营销策略前必须了解药品消费者的需求差异，按照疾病谱（或疾病种类）、消费者的个人特征等细分变量将整体药品市场细分为若干个不同的购买群体。

（三）药品市场细分的依据

可以说，只有当消费者需求呈现出较大的差异时，市场细分才成为企业在营销管理活动中急需解决的问题。

从消费者对商品需求的角度讲，可以将市场分为同质市场和异质市场。同质市场是指消费者对某种商品的需求大致相同的市场，如某些原料药和一些 OTC 常用药市场；异质市场是指消费者对某种商品的需求差异明显且不易改变的市场，如处方药市场。

对于同质市场，消费者的需求差异很小，企业无须进行市场细分。但大多数市场属于异质市场，消费者的需求差异很大，才使药品市场细分成为必要。异质市场的市场群之间的差异大，但市场群内部的差异小，因而市场细分实际上是按照一定的依据将异质市场分解为若干个同质市场的过程。

但是，同质市场与异质市场不是绝对的和一成不变的，随着科技的进步、社会消费水平的提高以及价值观念的改变，一些同质市场也在向异质市场转化。如钙片市场中也出现了不同的需求，如加维生素 D 钙、加维生素 C 钙、老年钙、儿童钙等。

由此可见，药品市场细分的立足点是市场上消费者需求的不同（异质市场的存在）。市场细分不是根据药品种类对企业药品的细分，而是根据消费者需求对药品消费群体的细分，药品市场细分的客观依据是消费者需求的差异性。

二、药品市场细分的作用

(一) 有利于发掘市场机会，开拓新市场

企业通过药品市场细分，可以对每一个细分市场的购买潜力、满足程度、竞争情况等进行分析对比，寻求有利于本企业的市场机会，及时编制新产品计划，掌握产品更新换代的主动权，开拓新市场，夺取优势市场的地位。这一作用在中、小型药品企业中尤为突出，它们可以发现那些被大型企业所忽视且尚未满足或没有被充分满足的消费需求，拾遗补缺，在激烈的市场竞争中占有一席之地。

(二) 有利于选择目标市场，制订营销策略

药品市场细分后，企业对消费者的需求及他们所追求的利益有了更具体、更深入的认识，可以有针对性地确定自己的服务对象(即目标市场)，更好地满足消费者的用药需求，合理规划市场营销方案。同时，企业在较小的细分市场开展营销活动，易于掌握市场需求的变化，更能迅速、准确地进行市场信息反馈，提高企业的应变能力和竞争能力，及时调整营销策略，从而使企业的产品、价格、分销、促销设计更加符合消费者的需求，取得市场营销的主动权。

(三) 有利于有效利用资源，取得良好的经济效益

任何一个企业的人力、物力、财力都是有限的。在市场细分基础上的营销，可以使药品企业扬长避短、有的放矢，结合自身的资源和能力状况，选择出对自己最有利的目标市场，将有限的资源用在最适当的地方，发挥最大的效用。细分后的子市场范围更为明确，需求的特点也更易为企业所掌握，企业可以更准确地预测市场的规模及其变化，预测未来的经营业绩，获取最大的经济效益。

三、药品市场细分的标准

药品市场细分是根据一定的标准来进行的，即以药品市场本身的特点来细分药品市场。由于消费者市场与生产者市场具有不同的特点，因此市场细分的标准也有区别。

(一) 药品消费者市场细分的标准

1. 地理环境 按照药品消费者所处的地理位置、自然环境等进行药品市场细分，这是一种比较传统的、相对稳定的市场细分方法。俗话说"一方水土养一方人"，由于地域环境、自然气候、文化传统、风俗习惯和经济发展水平等因素的影响，处在同一地理环境下的消费者，其需求与偏好、购买行为与习惯、对企业营销策略与措施的反应等往往具有相似性。见表7-1。

表7-1 地理细分标准

细分变量	细分市场
国别	国际、国内
地理区域	东北、华北、华东、中南、西北、西南等
城乡规模	大城市、中等城市、小城市、大乡村、小乡村等

续表

细分变量	细分市场
气候	南方、北方、海边、内陆等
人口密度	城市、郊区、乡村、边远地区等
地貌特征	山区、平原、高原、草原地区等

(1)地理区域:我国幅员辽阔,不同地区的药品消费者差异较大。如经济发展水平较高的地区,消费者的保健意识强,保健品市场较大;城市与农村市场在用药习惯、用药常识、购买能力等方面都存在明显的差异,一般农村市场药品消费者的受教育程度较低、收入较低,因此在购买药品的过程中会更关注价格,也更易受到他人的影响。

(2)气候:由于气候的差异,疾病的发生情况有很大的不同。如鼻炎为寒冷气候条件下的多发病,脚气则为炎热气候条件下的多发病。

(3)人口密度:人口密度与市场规模直接相关,一般呈现出正比关系;人口在地区间频繁流动,也改变了药品需求结构和规模,如外来人口通常没有医疗保险,直接在药店中购药的较多等。

国别、城乡规模、地形地貌等不同,其经济、文化、生活方式不同,也会致使药品市场的规模、结构等不同。

2. 人口状况 按照药品消费者的年龄、性别等人口统计变量对药品市场进行细分。人是市场营销活动的最终对象,也是造成市场需求差异的本质性因素。人口统计变量比较容易衡量,有关数据相对容易获取。因此,企业常以人口状况作为市场细分的依据。见表7-2。

表7-2 人口细分标准

细分变量	细分市场
年龄	6岁以下、6~11岁、12~19岁、20~34岁、35~49岁、50~64岁、65岁以上
性别	男、女
家庭人口	1~2人、3~4人、5人以上
家庭收入	3万以下、3万~5万、5万~7万、7万~10万、10万以上等
职业	职员、工人、农民、管理人员、专业和技术人员、私营企业主、离退休人员、学生、家庭主妇、失业者等
受教育程度	小学、初中、高中、大学、研究生以上等
民族	汉族、回族、满族、维吾尔族、蒙古族、藏族、苗族等
宗教	无宗教、佛教、基督教、天主教、道教、伊斯兰教等
国籍	中国国籍、其他国籍

(1)年龄:由于消费者的年龄不同,使之在生理、心理、生活方式、价值观、社会角色、社交、兴趣爱好、需求与偏好等方面存在明显的差异。如高血压、骨质疏松为中老年人的多发病,腹泻、发热为婴儿的多发病;购买药品时,老年人通常以经济、方便为首选条件,而年轻人具有时尚、不在意价格、易受广告影响、易产生购买冲动的消费特点。利用年龄这一细分变量进行药品市场细分时,还应注

意人口老龄化的趋势。

（2）收入：购买者的收入是引起需求差异的一个直接而重要的因素，消费者的收入水平直接影响市场的大小和消费者的支出模式。购买力在很大程度上是由收入所决定的，如高收入者对保健品的需求会多于低收入者。

（3）受教育程度：购买者的受教育程度不同，其价值观、文化素养、知识水平不同，会影响他们对药品种类的选择和购买行为。受教育程度较高的人获取药品知识的能力较强，自我保健意识也较强，其购买行为会相对较为理性；受教育程度较低的人其购买行为受他人和广告的影响较大。

消费者的家庭人口和收入、性别、国籍、民族、宗教风俗等因素对药品需求也会有不同程度的影响，如减肥产品通常都是针对女性消费者的需求而设计的。家庭生命周期也是很重要的市场细分变量（在项目五中做了详细介绍）。

3. 心理因素 按照消费者的生活方式、性格、态度等心理变量细分药品消费者市场。见表7-3。

表7-3 心理细分标准

细分变量	细分市场
购买动机	物美价廉、社会声誉、使用方便等
个性特征	外向与内向、理智与冲动、积极与保守、独立与依赖、乐观与悲观等
生活方式	稳定型、时尚型、知识型、平庸型、迷茫型等
消费态度	热爱、肯定、不感兴趣、否定、敌对等

（1）购买动机：人的行为是受动机支配的，比如购买者购买药品的目的有治疗、预防、保健，而有的是馈赠，其购买要求就会表现为追求疗效、价格、包装等方面的不同。

（2）个性特征：个性是指一个人比较稳定的心理倾向与心理特征，它会导致一个人对其所处环境做出相对一致和持续不断的反应，通常会通过自信、自主、支配、顺从、保守、适应等性格特征表现出来。如个性保守者通常不愿做新的尝试，很难接受新药。

知识链接

OTC药品购买亦受医师等人员的影响

药品具有特殊性，一般处方药市场的细分以医师为中心，OTC药品市场的细分以消费者为中心。但是OTC药品毕竟是用来治病救人的，因为药品知识的专业性较强，而且不是一种普及性的知识，所以消费者在购买和使用时会十分关注专业人士如医师、药剂师、药品营业员等人的意见。

据美国Scott Levin医疗保健咨询公司的一份调查，约有50%的患者根据医师的建议使用OTC药品。医师处方中的OTC药品对患者以后自己选择OTC用药也有着重大影响。

因此，对OTC药品的市场细分，既要考虑消费者的个性因素特征，也应考虑医师等相关人员的个性因素。

（3）生活方式：追求不同生活方式的消费者对商品的爱好与需求有很大差异。比如知识型消费者选择和购买药品时更侧重于药理内容介绍,而非价格或其他促销因素。

(4)消费态度:态度是指一个人对某些事物或观念长期持有的好与坏的认识上的评价、情感上的感受和行动的倾向。比如多数药品消费者认为医院的药均会比药店的价位高,但质量可靠,首选在医院购药等。

知识链接

药品消费者购买的 4 种态度

1. 踏实者,占被调查人数的 35%,不赞成健康宿命论,不过分地保护自己,也不过分地伤害自己。认为治疗确有效果,且倾向于较方便实用的治疗,不认为治疗非有医师不可。

2. 寻求权威者,占被调查人数的 31%,倾向找医师或服用处方药,不是宿命论者,也不是禁欲主义者,但喜欢找有权威的医师或医院进行治疗。

3. 怀疑论者,占被调查人数的 23%,对身体关心极少,很少使用药物,对治疗效果抱怀疑态度。

4. 抑郁者,占被调查人数的 11%,对身体极度关注,认为自己易受病菌侵袭,稍有症状就立即找医师,亦是权威性治疗的追求者。

药品公司如果选择抑郁者,则将可能有效地推销其产品,但若选择了怀疑论者,则就很难推销其产品了。

---

4. 购买行为　按照购买者对药品的了解程度、态度、使用情况及反应等来细分药品消费者市场。在消费者收入水平不断提高的条件下,行为因素的影响程度越来越大,能更直接地反映消费者的需求差异,因而也成为市场细分的最佳起点。见表7-4。

表7-4　行为因素细分标准

细分变量	细分市场
购买时机	日常购买、特别购买、节日购买、规则购买、不规则购买等
追求利益	经济、服务、质量、时髦、安全、刺激、新奇、声望、健康等
使用者情况	从未使用者、曾经使用者、潜在使用者、初次使用者、经常使用者等
使用率	少量使用、中量使用、大量使用等
信任程度	没有、中等、高度、完全等
品牌忠诚度	反感、否定、无所谓、肯定、热情等

(1)追求利益:购买者购买药品时所追求的利益不同,如有的追求经济实惠(低价)、有的追求使用方便(剂型)、有的习惯从医院购药(可靠)、有的喜欢从药店购药(实惠)等。

(2)使用率:根据药品消费者对某种药品的使用率(用药量),可细分出大、中、小剂量使用者群体。如大量使用者人数不一定多,但消费量大,企业应注意研究其特点,从而采取适当的营销策略。

(3)品牌忠诚度:有些购买者和处方者经常变换品牌,也有一些购买者和处方者则在较长时期内专注于某一或少数几个品牌。如对有品牌偏好者推广新药是很困难的。

购买时机、使用者情况、信任程度等行为因素对药品市场细分也有不同程度的影响。比如某药品的从未使用者一般顾虑较多,针对其应进行宣传,而对于经常使用者则应继续培养其忠诚度。

5. **疾病谱**　药品市场需求有其特殊性,药品市场还可以按照疾病谱的相关因素进行细分。见表7-5。

知识链接

疾 病 谱

疾病谱是由固定的谱阶组成的疾病过程。人群疾病的谱阶为:①非患者。检查时只具遗传上固有的属性或差异。②非患者,但对危险因子处于敏感状态的人。检查时有生物化学指标的改变。③发病前兆者(precursor)。检查中可有物理和生化改变。④前期症状者(presymptomatic)或前临床患者(preclinical)。⑤临床患者。如得不到控制,可发展到下一个谱阶。⑥死亡。

表7-5　疾病谱细分标准

细分变量	细分市场
症状	各种不适症状、轻症和重症、急性病和慢性病、综合症状等
疗程	疗程阶段、疗程治疗模式
用药地位	对因治疗(治本)、对症治疗(治标)

(1)症状:对于某种疾病会呈现多种症状,医师在治疗疾病中,一方面可能考虑是否彻底治愈该疾病,另一方面可能要考虑消除不适症状。因此,可以选择症状变量进行药品市场细分,根据药品自身的治疗优势,重点瞄准一个或几个症状作为市场。比如感冒属于常见病,一般表现为较多的不适症状,如头痛、发热、流鼻涕、咳嗽、嗜睡等。因而,治疗感冒与消除症状对消费者而言同等重要。比如在宣传诉求上,"新康泰克"为解决鼻塞、流涕、打喷嚏,"白加黑"为解决头痛、白天嗜睡,"芬必得"为解决关节疼痛症状等。

(2)疗程:疾病的治疗过程因疾病的类型和症状不同而有所不同,治疗模式可以是彻底治疗,或者是先维持不发展、再考虑治愈,或者是控制并发症及生命特征等。因此,可以根据疾病的治疗过程进行市场细分,并运用病理学和药理学的理论和实验数据把该过程分为若干个阶段,根据药品本身的治疗优势和有关药理指标,找准该药品在整个疗程中的哪一个阶段有着较大的优势,或者选择最具吸引力的疗程阶段,或者改变既有的疗程治疗模式,选择合适的目标市场进行定位和诉求。这种细分变量特别适合处方药营销策划,对于OTC也有很大的适用空间。

案例分析

案例

阿斯利康(ASLK)公司于1989年开发出了抑酸能力很强的世界上第一个质子泵抑制剂奥美拉唑(洛赛克,LSK),试图挑战葛兰素史克的善胃得(Zantac)的王者之位。在20世纪90年代,治疗消化性溃疡的用药常规疗程是递增法，即先改变生活方式及应用抗酸剂→无效则改用 H_2 受体拮抗剂→仍无效时使用 LSK。当然，这种用药模式对 LSK 来说并不是最佳选择。ASLK 公司的产品经理则提出了一个新的治疗模式递减法，把上述箭头逆转：开始就使用高剂量的 LSK→症状好转后采用常规的推荐剂量→最后再考虑使用 H_2 受体拮抗剂。一下子把 LSK 从疗程的末端调整到前端，占据了关键制高点。为了支持该治疗模式，ASLK 公司进行了多项研究，证实该模式无论是在治愈率还是在整体治疗价格上都比递增法模式要优越，同时还设计出新的"质子泵试验"的治疗试验来作为药物的诊断方法。并结合其他一些有效的营销手段，洛赛克成功地打败了善胃得，一举成为全球处方药销售冠军。

分析

ASLK 公司变革思维，通过创新性的市场细分——疗程细分改变了原有的治疗模式，占据了关键制高点，一举成为全球处方药销售冠军。可见，有效的市场细分有利于企业成功地开拓和占领市场。

(3)用药地位：一般医师都是用多种药(两种以上)组合治疗某种疾病，那么其中就有主药和辅药之分。从药理学的角度来说，根据用药目的，可以把药物作用分为对因治疗和对症治疗。对因治疗的目的在于消除原发性致病因素，即治本；而对症治疗的目的在于消除或减轻疾病症状，即治标，在很多情况下也是必不可少的。为了便于理解，我们可以把对因治疗的药物称为主药，把对症治疗的药物称为辅药。在使用用药地位的细分变量时，就可以根据药品在治疗过程中所处的作用及功效特点进行细分选择。

▶ 课堂活动

1. 进行药品消费者市场细分，除了以上变量外，还能运用其他变量吗？

2. 随着医疗体制改革，购买者有的是现金支付方式，有的是医保支付方式。支付方式是否能作为药品市场的细分变量？

(二) 药品生产者市场细分的标准

生产者市场细分除了运用上述部分消费者市场的细分变量外，主要运用以下变量对市场进行细分。

1. **产品最终用户**　不同用户购买同一药品的目的不同，因而对药品的规格、剂型、品质、用途等方面会提出不同的要求。如药品企业可根据用户要求将要求大体相同的用户集合成群，并据此设计出不同的营销组合策略。

2. **用户规模**　不同规模的用户，其购买力、购买批量、购买频率、购买行为及付款方式都不相同。许多情况下，企业需要根据用户规模不同，采用不同的营销组合策略。比如对大用户可以在价格、信用等方面给予更多优惠等。

3. **用户地理位置**　用户地理位置涉及用户所在的地区以及相应的资源条件、自然环境、气候、生产力布局、交通运输条件和通信条件等，这些因素决定不同地区产生不同的生产资料需求。因此，企业对不同地区的用户要相应地运用不同的市场营销措施。比如企业面对用户较为集中的地区，可以采取集中供货的方式，节约成本和费用。

四、药品市场细分的原则

▶ 课堂活动

市场细分越来越被企业所重视。那么，药品市场细分是不是分得越细越好呢？

药品市场细分不能过粗，否则就找不到市场；也不能过细，否则就没有市场。并不是所有的市场细分都是有效的，企业如何寻找合适的细分标准对市场进行有效细分，在营销实践中并非易事。成功、有效的药品市场细分必须遵循以下基本原则：

（一）差异性

市场细分后，各细分市场应具有明显的差异性，而且对企业营销组合策略的变动也会有不同的反应。市场细分的实质是求大同、存小异，即异中求同的过程。

1. 细分市场间异质 即不同细分市场消费者的需求应具有差异性，对于细分出来的市场，企业应分别制订出独立的营销方案。比如除专用药外，在 OTC 药品中很少运用性别进行市场细分，其原因就是性别差异对药品疗效没有明显的差异，用性别进行该市场细分是无效的。

2. 细分市场内同质 即在同一细分市场中消费者的需求应是相同或相似的。如果同一细分市场中的消费者的需求存在较大的差异，或对同一市场营销组合方案有不同的反应，说明这一细分市场的细分程度不够，还应进一步细分。

（二）可衡量性

细分后的市场应是可以识别和衡量的，即细分出来的市场不仅范围确定，而且对其容量大小也能做出大致判断。首先，要确定据以细分市场的变量应是可以识别的；其次，细分后的市场规模、市场容量应是可以计算、衡量的。否则细分的市场将会因无法界定和度量而难以把握，市场细分也就失去了意义。

（三）可营利性（规模性）

细分出来的市场，其容量或规模要大到足以使企业获利并具有发展的潜力。这就要求企业在进行市场细分时，必须充分考虑细分市场上消费者的数量，还要考虑其购买能力和购买产品的频率。因此，市场细分应科学论证，保持足够的市场容量，使企业有利可图。

（四）可进入性

细分出来的市场应是企业通过努力能够而且有优势使其产品进入，并能对顾客施加影响的市场。

1. 企业在一定时期内可以将药品通过一定的分销渠道运送到该市场。即有关药品的信息能够通过一定的媒体顺利传递给市场，该市场的消费者也能有效地理解企业的产品概念。

2. 企业可以通过各种营销活动影响消费者购买行为。即企业在一定成本内有满足细分市场要求的相应的人力、物力、财力资源。

（五）稳定性

细分市场的特征应在一定时期内保持相对的稳定，因为市场的变化必然给企业带来营销策略的调整和营销成本的增长。如果市场变化过于频繁、变动幅度过大,可能会给企业带来经营风险,影响其经济效益。

五、药品市场细分的方法和步骤

(一)药品市场细分的方法

1. 单一变量细分法　就是根据影响药品消费者需求的某一个重要因素进行市场细分。比如根据年龄这一变量可以将感冒药市场分为成人、儿童两个市场。

ER-7-2

市场细分程序的贝克曼模型

2. 综合变量细分法　就是根据影响消费者需求的两种及两种以上的因素进行市场细分。比如针对高血压药物市场,可按年龄、病情程度将市场细分为青年患者的轻、中、重度,中年患者的轻、中、重度,老年患者的轻、中、重度共 9 个(3×3)高血压细分市场(图 7-1)。

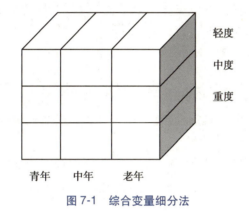

轻度
中度
重度

青年　中年　老年

图 7-1　综合变量细分法

综合变量细分法的核心是用并列多因素加以分析,所涉及的各种因素都无先后顺序和重要与否的区别,它比单一变量细分法能更细致地反映消费者的需求差异。但是,当使用的变量增加时,细分市场的数量会按几何级数增加,这会给细分市场的选择带来困难。因此,很多企业采用了系列变量细分法。

3. 系列变量细分法　就是根据企业经营的特点,按照影响消费者需求的诸因素,由粗到细地进行市场细分。这种方法可使目标市场更加明确而具体,有利于企业更好地制订相应的目标市场营销策略。比如某药品企业在开发美容保健品时采用系列变量方法进行市场细分(图 7-2)。

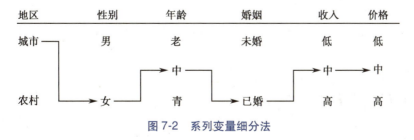

地区	性别	年龄	婚姻	收入	价格
城市	男	老	未婚	低	低
		中		中	中
农村	女	青	已婚	高	高

图 7-2　系列变量细分法

从图 7-2 中可以看出,企业把城市已婚、收入中等、接受中等价位的中年女性消费者群作为自己的目标市场。如果改变图 7-2 中箭头连接的某个因素,就可能构成另一个目标市场。由此可知,采用系列变量细分法进行市场细分的过程就是一个比较、选择目标市场的过程。

▶ 课堂活动

分组讨论:"白加黑"感冒药是根据什么因素进行市场细分的? 细分的方法是什么? 给我们什么启示? 各组代表发言与大家分享。

(二)药品市场细分的步骤

市场细分是一项复杂而细致的工作,需要科学的细分程序和步骤。市场营销专家罗杰·贝斯特(Roger Best)提出了需要导向的细分的 7 个步骤,可供药品市场细分时参考使用。见表7-6。

表7-6 市场细分过程中的 7 个步骤

步骤	描述
1. 以需要为基础的细分	群体顾客细分成以相似需要和利益为基础的小组,这些顾客都希望能解决特定的消费问题
2. 细分识别	每个以需要为基础的细分小组,根据人文、生活方式和使用行为找出他们之间的独特性和可识别性(可行性)
3. 细分吸引	使用预先确定的细分吸引力标准(如市场增长、竞争密度和渠道),确定每个细分市场的总吸引力
4. 细分概况	确定细分市场概况
5. 细分定位	以细分市场的独特需要和特征为基础,为每个细分小组制订"价值陈述"和产品价格定位战略
6. 细分"酸性测试"	创造"细分故事板",测试每个细分定位战略的吸引力
7. 营销组合战略	把细分定位战略扩展到营销组合的每个内容:产品、价格、促销和渠道

点滴积累 ∨

1. 药品市场细分是根据药品购买者的差异性,把药品市场划分成若干个子市场的过程。 它有利于企业发现市场机会、开拓市场,有效利用资源,合理制订、调整和实施营销方案。
2. 药品市场细分的标准因市场性质不同而有所不同。 消费者市场细分标准包括地理环境、人口状况、购买行为、消费者心理和消费者疾病谱;生产者市场细分标准包括产品最终用户、用户规模、用户地理位置。
3. 药品市场有效细分的原则:市场细分后应具备差异性、可衡量性、规模性、可进入性、稳定性。
4. 药品市场细分的方法包括单一变量细分法、综合变量细分法、系列变量细分法。

任务2 药品目标市场选择

一、药品目标市场概述

(一)药品目标市场的含义

企业的一切营销活动都是围绕着目标市场展开的,那么什么是药品目标市场呢。

药品目标市场是药品企业在对药品市场细分后,根据自身的经营条件,确定营销活动要进入的、以相应的药品产品和服务满足其需求的顾客群(一个或几个药品细分市场)。

一般来说,目标市场的选择都是与市场细分相联系的。市场细分是发现市场上未满足的需求并按不同的需求划分消费者群的过程,而确定目标市场则是企业根据自身条件和特点选择细分市场作为营销对象的过程。因此,市场细分是目标市场选择的前提和条件,选择目标市场是市场细分的目的和归宿。

(二)药品目标市场的意义

合理有效地选择目标市场,是药品企业营销必须做好的一项重要工作。药品企业在制订市场营销策略时,必须在复杂的市场中发现谁是它的购买者、何处最适合销售它的产品。有了明确的目标市场,也就明确了所服务的对象,企业才能有针对性地制订一系列药品营销策略并加以实施。因此,企业只有在有效进行市场细分的基础上,根据消费者需求的特点,结合自身的能力,面对现实的竞争环境,从整体市场中确定属于自己的市场范围,把有限的能力变成局部的优势,集中满足一部分消费者的某种或几种需求,才能实现企业自身的营销战略目标,获得预期的经济效益。

二、药品目标市场确定

(一)药品目标市场选择的条件

企业通过市场细分,往往可将其药品市场分出几个甚至几十个的细分市场。但由于资源条件的限制,一般企业都不可能很好地满足所有子市场的不同需求,而且也不是所有子市场都有吸引力。因此,目标市场选择要具备一定的条件。

1. 评估细分市场的吸引力 一是评估细分市场是否具有适当的规模;二是评估细分市场是否具有增长潜力。

(1)没有足够的需求量就无法构成现实的市场,难以保证合理的营利水平。但市场规模大小是相对的,企业应根据自身的实力选择适当的规模。比如小型药品企业可能选择较小的、不特别有吸引力的,但对本企业更有利可图的细分市场。

(2)所有企业都希望目标市场的销售和利润具有良好的增长趋势,以保证企业经营战略目标的实现。企业在收集分析数据的基础上,对目前子市场的销售、增长率和期望利润等进行分析,既要考虑现有的水平,更要考虑其发展潜力,以保证企业有长期稳定的发展前景。但增长潜力大的市场也常常是竞争者争夺的目标,会导致竞争的加剧,这又会削弱其获利机会。

2. 分析企业目标和资源优势的一致性 一是分析企业对细分市场的投资是否符合企业的长远目标;二是分析企业现有的人力、物力、财力资源能否满足细分市场的需求。

在很多时候,企业不得不放弃许多具有一定规模和发展潜力的细分市场,因为它们或者和企业的长远发展目标不一致,或者是分散了企业的注意力和资源,使企业偏离目标,也就是企业不具备在该市场营销的能力和资源。

知识链接

决定一个市场长期营利潜力的因素

著名管理学家迈克尔·波特认为，决定一个市场长期营利潜力的因素有 5 个：①行业内部竞争；②潜在竞争者的威胁；③替代品的威胁；④供应商的议价能力；⑤客户的议价能力。

（二）药品目标市场选择的模式

企业在对不同的细分市场评估后要选择目标市场,常见的目标市场选择的模式有 5 种(图 7-3)。

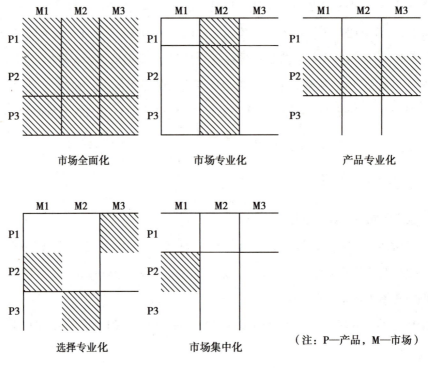

（注：P—产品，M—市场）

图 7-3　目标市场选择的模式

1. 市场全面化　即企业力图用各种产品满足各种顾客群体的需求,也就是以所有的细分市场作为目标市场。企业所面对的是一个整体市场,既可以采用差异化营销,也可以采用无差异营销来满足整体市场的需求。一般只有实力强大的公司才采用这种模式。例如同仁堂药业在中药市场开发众多产品,满足各种中药消费需求。

2. 市场专业化　企业专门服务于某一特定的顾客群,尽力满足其各种需求,即面对同一市场生产不同的产品,提供不同的服务。采用这种模式,企业可以降低交易成本,实现和消费者的有效沟通和交流,与之建立长期稳定的关系,树立良好的形象。例如某药品企业只生产老年人需要的各种常用药品,但当这一顾客群的需求特点发生突然变化时,企业要承担较大的风险。

3. 产品专业化　企业集中生产一种产品,并向各类顾客销售这种产品,通常使用相似的产品、不同的品牌。这种模式的市场规模较大,可以避免对单一市场的依赖,有利于形成和发展企业的专业化生产优势与技术优势,树立良好的产品形象。但当同类产品中出现全新的替代产品或消费者的偏好发生转移时,企业会面临巨大的威胁。

4. 选择专业化　企业选择进入几个细分市场,有针对性地提供不同的产品与服务。目标市场彼此之间很少有或根本没有任何联系,具有较强的差异性。采用这种模式可以分散企业的经营风险,即使某个细分市场失去了吸引力,企业还能在其他细分市场营利,不会影响企业的整体利益,但要求企业有较强的资源及营销能力。

5. 市场集中化　也称密集单一型市场,指企业只选择一个细分市场,产品和服务对象都集中于一个细分市场。这是最简单的目标市场模式,适合较小的药品企业。采用这种模式可以深刻了解细分市场的需求特点,进行专业化的市场营销,获得较有力的市场地位和良好的信誉。但这种模式的风险较大,一旦这一细分市场不景气或有强大的竞争者出现,都会使企业陷入困境。

案例分析

案例

在中国,大部分已婚女性面部都有黄褐斑。据统计资料显示,中国已婚女性占3亿,在家中大多数为财政部长,掌握家中的财政大权。随着人民群众生活水平的提高,已婚女性越来越重视自己的仪表容貌,而且心理上都害怕衰老。如何能够美容美颜、祛斑,以弥补失去的青春。深圳太太药业有限公司瞄准了这一市场需求,推出具有养颜祛斑功能的产品——太太口服液。在保健品整体市场中,"太太口服液"成功地占领了市场。

分析

太太药业有限公司具备了现实市场需求的3个要素:人口、购买力、购买欲望;同时,在有效进行市场细分的基础上,寻找到适合自己的目标顾客——太太,从而成功地占领了市场。可见,选择正确的目标市场,有利于企业开拓市场、成功营销。

三、药品目标市场营销策略

药品企业选择、确定了目标市场之后,还需要考虑其市场营销策略问题,即采取何种营销策略进入目标市场,直至占领目标市场。企业选择目标市场的模式不同、确定范围不同,所采用的营销策略也就不同。药品目标市场营销策略主要有以下3种:

ER-7-3

**典型案例:
不同的目标
市场策略**

(一)无差异营销策略

1. 无差异营销　是企业把一个产品的整体市场看作是目标市场,只向市场推出单一产品,采用一种市场营销组合(图7-4)。

$$\boxed{企业市场营销组合策略} \longrightarrow \boxed{整体市场}$$

图7-4　无差异市场营销

2. 无差异营销的优点 第一,以单一品种满足整体市场,可以降低生产成本、节约存货成本、节省促销费用、节省渠道成本,还可以减少市场调研、新产品研制、制订市场营销组合策略的人、财、物等方面的投入;第二,使消费者建立起超级品牌的印象。

> **知识链接**
>
> 连锁经营——无差异营销的代表
>
> 连锁经营是一种商业组织形式和经营制度,是指经营同类商品或服务的若干个企业以一定的形式组成一个联合体,在整体规划下进行专业化分工,并在分工的基础上实施集中化管理,把独立的经营活动组合成整体的规模经营,从而实现规模效益。
>
> 连锁经营的特点是把分散的经营主体组织起来,具有规模优势有:①统一店名、店貌,统一广告、信息,统一进货,统一核算,统一库存和统一管理;②建立统一的配送中心,与生产企业或生产基地直接挂钩,节省流通费用,降低成本,一般价格能低于同类商店的2%~5%;③统一管理,统一进货渠道,直接定向供应,消费者在商品质量上可以得到保证;④容易产生定向消费信任或依赖。

3. 无差异营销的缺点 第一,当今消费者需求的差异性日益明显,个性化需求时代已经到来,而无差异营销战略恰恰忽略了这种差异性;第二,如果同一市场中众多的企业采用这一营销战略,就会加剧整体市场的竞争,造成两败俱伤;第三,采用这一营销战略的企业反应能力和适应能力较差,当其他企业提供有特色、有针对性的产品时,企业容易在竞争中失利。

4. 无差异营销策略的运用 主要适用于具有广泛需求和大批量需求,公司也能够大量生产、大量销售的产品,比如药品中的原料药即可以采用这一策略。但是基于无差异策略的缺点很明显,所以很少有企业采用这一策略,即使偶尔运用也限于在短时间内,而且只有实力强大的公司才能采用。当市场条件发生变化,有新的竞争者出现时,很多公司又不得不放弃这一策略。早期的可口可乐公司是世界上奉行无差异目标市场策略的最成功的代表,但在遭遇百事可乐的强大竞争攻势时,就放弃了这一策略,开始实行差异化营销策略。

(二) 差异化营销策略

1. 差异化营销 是企业在市场细分的基础上,选择若干个细分市场作为自己的目标市场,并针对每个细分市场生产不同的产品,采取不同的市场营销策略(图7-5)。

图7-5 差异化市场营销

2. 差异化营销的优点 ①有针对性市场营销组合可以更好地满足消费者的需求,也有利于企业扩大销售总量,提高市场占有率;②可以降低企业的经营风险,因为细分市场之间的关联性不大,一个细分市场的失败不会威胁到整个企业的利益;③有特色的产品及其营销策略可以提高企业的竞争力;④一个企业在多个细分市场取得良好的效益后,可以提升公司的知名度,有利于企业对新产品的推广。

3. 差异化营销的缺点 主要是成本较高。由于生产的品种多、批量小,单位产品的生产成本提高;市场调研及新产品开发成本、存货成本也会相应提高;多样化的营销策略使渠道、广告成本都会增加。

4. 差异化营销策略的运用 随着企业之间的竞争日益激烈,消费者需求的日益多样化,差异化策略被越来越多的企业所接受和采用。但采用这一策略的企业通常要求有较雄厚的人力、物力、财力资源,要有较高的技术水平、设计能力及高水平的经营管理人员,还要具有多品种、多渠道、多种价格和多种广告形式的营销组合等特点,以满足不同细分市场的需求。宝洁公司是奉行这一策略的成功代表。

（三）集中性营销策略

1. 集中性营销 是企业选择一个或少数几个细分市场作为目标市场,为该市场提供高度专业化的产品和营销(图7-6)。

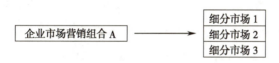

图7-6 集中性市场营销

2. 集中性营销的优点 ①可以集中企业优势,充分利用有限的资源,占领那些被其他企业所忽略的市场,以避开激烈的市场竞争;②专业化的生产和销售可以使这一特定市场的需求得到最大限度的满足,并在特定的领域建立企业和产品的高知名度;③高度专业化满足了特定的需求,使这一市场的客户愿意付出溢价,保证了企业的利润水平。

3. 集中性营销的缺点 企业将其所有的精力集中于一个市场,一旦这个市场中消费者的需求发生变化,或有强大的竞争者进入,或企业的预测及营销策略制订有缺陷等,都有可能使企业因无回旋的余地而陷入困境,风险较大。

4. 集中性营销策略的运用 大、小型企业都可以采用集中性营销策略,尤其适用于资源有限的小型企业。采用这一策略,可以避开与大型企业的正面竞争,选择那些大型企业未注意或不愿进入的市场,往往更易获得成功。然而,在选用这一策略时应注意的是进入市场前应进行充分的市场调研,以保证企业经营方向的正确;同时,所进入的市场应有足够的规模利润和增长潜力,能最大限度地降低经营风险。

5. 集中性营销与无差异营销的区别 无差异营销是以整体市场为目标市场,而集中性营销是集中企业的营销优势,把有限的资源集中在一个或少数几个细分市场上,实行专业化的生产和销售,以充分满足这些细分市场的需求。采用集中性营销的企业,其目的不是要追求在大市场上较小的市场占有率,而是要在一个小市场上取得较高的甚至是支配地位的市场占有率。

▶▶ **课堂活动**

请分别列举采用无差异策略、差异化策略、集中性策略成功营销的药品企业，并分析各种策略的优缺点和适用条件。

四、影响药品目标市场营销策略的因素

以上3种药品目标市场营销策略各有利弊，各自适用于不同的企业、不同的药品营销。药品企业在选择目标市场营销策略时，必须全面考虑各种因素，慎重决策。

1. **企业资源** 是指企业的设备、技术、资金管理和营销能力的综合反映。一般来说，实力雄厚、生产能力和技术能力较强、资源丰富的企业可以根据自身的情况和经营目标考虑选择无差异或集中性营销策略；反之，实力不强的小型企业无力兼顾更多的市场，最好选择集中性营销策略。

2. **产品同质性** 是指产品性能、特点等方面的差异程度如何。对同质产品如原料药和中药材等，产品之间不存在差别或即使存在差别，客户一般也不重视或不加以区分，它们的竞争就主要集中在价格和服务上，通常宜选择无差异营销策略。然而大部分产品属于异质产品，如制剂类产品等，在性能和品质等方面的差异较大，客户选择的余地较大，生产者的竞争面较广，竞争形式也较为复杂，企业宜采用差异化或集中性营销策略，以更有力地应对市场竞争。

3. **市场差异性** 是指不同细分市场中客户的需求及对企业营销刺激的反应是否具有明显的差异。如果市场的差异性较大，无差异营销是无法满足所有客户的需求的，企业宜选择差异化或集中性营销；反之，市场的差异性较小，差异化或集中性营销都会浪费资源，影响企业效率和效益，因此宜选择无差异营销策略。

4. **产品生命周期** 是指产品处在不同的生命周期阶段，其竞争、销售等特点不同，目标市场营销策略也应不同。产品在导入期及成长期前期竞争者较少，企业也通常没有进行多品种开发和生产的能力，宜选择无差异营销策略；进入成长期后期和成熟期，竞争日益激烈，为确立自己的竞争优势，就应采用差异化或集中性营销策略；当步入衰退期时，市场需求量逐渐减少，企业不宜再进行大规模生产，更不能将资源再分散于多个市场份额小的细分市场，宜采用集中性营销策略。

5. **市场供求趋势** 当产品在一定时期内供不应求时，消费者没有选择的余地，需求即使有差别也可以忽略不计，可以采用无差异营销策略，以降低成本。但任何产品供不应求的卖方市场状态通常都是暂时的和相对的，最终都会向买方市场转化，当产品供过于求时，企业宜采用差异化或集中性营销策略。

6. **竞争对手的营销策略** 药品企业采用何种目标市场营销策略，往往要视竞争对手的营销策略而定。一般而言，企业的营销策略要与竞争对手反其道而行之。当竞争对手采用无差异营销策略时，企业宜选择差异化或集中性营销策略；当竞争对手采用差异化营销策略时，企业宜选择更加具有特质的差异化营销策略。

点滴积累 ⋁ ┈┈

1. 药品目标市场就是药品企业在药品市场细分后，根据自身的经营条件所确定的营销活动所要满足的需求，即决定要进入的药品细分市场。

2. 药品企业选择目标市场，首先要评估细分市场的吸引力，并结合企业自身的目标和资源，然后参考目标市场模式进行。目标市场模式分为市场全面化、产品专业化、市场专业化、选择专业化、市场集中化 5 种。

3. 药品目标市场营销策略主要有 3 种：无差异营销策略、差异化营销策略和集中性营销策略。

4. 影响目标市场策略选择的因素包括企业资源、产品同质性、市场差异性、产品生命周期、市场供求趋势、竞争对手的营销策略。

任务 3　药品市场定位

典型案例：某公司的成功之道　　　产品定位与市场定位的区别

一、药品市场定位概述

企业一旦选定了自己的目标市场，并确定了目标市场营销策略，也就明确了自己所服务的对象及所要面对的竞争对手。如何在众多的竞争对手中突出自己的个性和特色，使自己在竞争中处在有利的位置，是每一个企业都要面临的问题，这就是市场定位的问题。

（一）药品市场定位的含义

药品市场定位是指根据竞争者现有的药品在市场上所处的位置，结合购买者和医师对药品的特征属性的重视程度，塑造本企业药品与众不同的个性，并把这种个性传递给购买者和医师，以确定本企业药品在市场上的独特位置。

（二）药品市场定位的核心

1. 塑造个性　药品市场定位就是要塑造本企业药品与竞争者相区别的个性，即要使本企业的药品"差别化"。这种"差别化"不仅是药品本身的产品差别化，也可以是人员、服务、价格、渠道、形象等方面的差别化。如某些药品经营企业提供免费煎药就是服务差异化；有些 OTC 采用网上销售就是渠道差异化。

2. 传递个性　有些企业会遇到这样的现象：即使企业已经对其产品进行了市场定位，但客户对其产品所形成的印象与企业的定位并不一致，这就失去了定位的意义。因此，企业还必须将所塑造出来的差异性的特色正确地传递给客户，并被其目标客户所认同。例如，提到北京同仁堂，人们自然会想到配方独特、选料上乘、工艺精湛、疗效显著四大制药特色。

> **知识链接**
>
> ### 定位的提出
>
> 定位是由里斯和屈劳特于1972年在《广告时代》上发表的一系列名为"定位时代"的文章中提出来的。他们认为，"定位始于一件产品，一次服务，一家公司，一个机构，或者甚至一个人……然而，定位并不是你对一件产品本身做些什么，而是在有可能成为顾客的人的心目中做些什么。即你得给产品在其心目中确定一个适当的位置。"它专注于使产品在顾客心中留下的某种印象，而和产品本身几乎没有什么关系。科特勒给了定位更简单的定义，他认为，"定位是为了适应消费者心目中的某一特定地位而设计公司产品和营销组合的行为。"

（三）药品市场定位的作用

1. 有助于医药企业找准自己的"生态位"，形成"错位经营""到位而不越位"。

2. 有助于医药企业张扬自己的特色和个性。例如武汉健民定位于儿童药物市场。

3. 有助于医药企业树立良好的形象。例如辅仁药业定位于做中国最大的非专利药的供应商。

4. 有助于医药企业优化资源配置。可以集中优势，将有限的经营资源集中于优势产品或目标市场。

二、药品市场定位方法

药品市场定位的宗旨是要寻求使患者和医师认同的特色，企业要想准确地定位，就要找到定位的方向，树立自身特色。企业经营的产品不同、面对的顾客不同、所处的竞争环境不同，市场定位的方法也不同。药品企业一般会从以下几个方面定位：

（一）药品属性定位

根据药品的特定属性，如药品所含的成分、质量、价格、用途或功能、适应证等，确定其在市场上的位置，突出强调产品区别于同类产品的某一鲜明特性。比如"新康泰克"的定位为缓解流泪、流鼻涕、打喷嚏三大感冒症状；洁银牙膏的定位为洁白牙齿的疗效牙膏。

（二）顾客利益定位

强调产品提供给顾客的特定利益，即"特别的爱给特别的你"。顾客购买产品都不是只购买产品本身，而是购买产品能为其带来的利益。购买药品所追求的核心利益是带来健康，但同时也有附加利益，如服用方便、副作用较小等。亚宝药业的"丁桂儿脐贴"就是采用了利益定位，除了宣传其功能外，突出强调可以不打针、不吃药、方便儿童使用、为使用者带来方便的利益。

（三）使用者定位

企业将其产品指向某一类特定的使用者，根据使用者的核心需求、心理与行为特征、特定消费模式等，塑造出恰当的形象来创造产品、提供利益。通过使用者定位，要使客户群体有这样的印象：这种药品是专门为他们定制的，因而最能满足他们的需求。如"妇炎洁"——妇女专用；"婴爽"——儿童皮肤药。"太太"药业也是这种定位的受益者。

（四）竞争定位

根据竞争者的特色与市场位置,结合企业自身发展的需要,将本企业的药品定位于与竞争直接有关的属性或利益,暗示自己与竞争者的不同。患者和医师所关注的属性往往不是单一的,因此很多企业将多种因素结合起来,使患者觉得本企业的药品具有多重特性和多种功能。比如冠心丹参滴丸针对复方丹参滴丸的定位,宣传"不含冰片";"新盖中盖"钙片的定位是含钙量高(质量)、一天1片(方便——附加利益)、效果不错(核心利益)、还实惠(价格)。

案例分析

案例

某医药进出口有限公司采用"三终端三规格"联动,同时吹起冲锋号,品牌销量双提升。 它执行差异化竞争定位,通过围绕医院临床处方推动(医院推广汉维钙—科学补钙、药店推广汉维钙—好吃的钙)为核心,全面拓展连锁药店、诊所市场销售。 2016 年,上市仅第 2 年汉维碳酸钙 D_3 咀嚼片的产品销售额就突破 1.5 亿,同比增长 400%,在 100 亿的补钙大品类市场份额中取得了 1.5% 的好成绩,在小品类复方碳酸钙 33 亿的市场份额中占比为 4.5%,其中连锁药店、诊所销售占 60%,成为钙类药物市场的后起之秀。

分析

该案例的成功,得益于其差异化的竞争定位战略。

事实上,很多企业进行市场定位的方法往往不止一种,而是多种方法同时使用,因为要更好地体现企业及其药品的形象和特色,市场定位必须是多维度、多侧面的。

三、药品市场定位策略

企业要在目标市场上树立起自己的形象并非易事,特别是市场中的现有产品通常已经在顾客心中形成一定形象、占有一定位置,如同仁堂被视为是中成药中质量信誉最好的,其他竞争者很难争得立足之地。因此,企业必须运用适当的定位策略,除了要树立自己的特色外,还要考虑竞争对手的影响,确定自己在竞争中的地位。药品企业一般采用以下定位策略:

（一）避强定位

企业力图避开强有力的竞争对手,而将自己的产品定位于另一个市场区域内,使自己的产品在某些特征或属性方面与最强或较强的竞争对手有明显的区别。如"七喜"汽水突出宣传自己不含咖啡因的特点,成为非可乐型饮料的领先者;"泰宁诺"止痛药的定位是不含阿司匹林的止痛药,显示药物成分与以往的止痛药有本质上的差异。

采用避强定位策略,能使企业及其产品较快地在市场上站稳脚跟,并在顾客心目中迅速树立一种形象,风险较小、成功率较大。但往往意味着企业必须放弃某个最佳的市场位置,甚至处于不利位置。

（二）对抗定位（迎头定位）

企业为占据较佳的市场位置，不惜与市场上最强或较强的竞争对手展开正面竞争，使自己的产品进入与其相同的市场位置。一些实力雄厚的大型企业为了扩大自己的市场范围，通常会采取这种策略。如百事可乐面对可口可乐的定位、多种品牌的藿香正气液的定位都是对抗定位策略的运用。

采用对抗定位策略，能使企业及其产品在竞争过程中惹人注目，易于树立市场形象，成功了，甚至可以独占鳌头；一旦失败，会陷入万劫不复之境或者是两败俱伤，具有较大的风险性。

（三）并列定位

企业将自己的产品定位在某一个竞争者的同一位置上，与现有竞争者争夺同一细分市场。对于竞争者来说，如果有足够的市场份额，既得利益也不会受太大损失，一般不在乎身边多一个竞争对手，因为激烈的对抗常常会两败俱伤。很多实力一般的企业常采用这种定位策略。采用这种定位策略必须注意不要试图压垮对方，只要能够平分秋色已是巨大的成功。

（四）比附定位

比附定位就是攀附名牌、比拟名牌来给自己的产品定位，以借名牌之光而使自己的品牌生辉。比附定位方法有以下3种：

1. 甘居"第二"　就是承认同类产品中另有最负盛名的品牌，自己只是行业第二，暗示将会更加努力为市场提供更好的服务。

2. 攀龙附凤　其切入点是首先承认同类产品中已有卓越成就的名牌，但在某地区或某方面还可以与这些最受欢迎和信赖的品牌并驾齐驱。

3. 共享定位　也称"高级俱乐部"战略，企业把自己划分到某"高级俱乐部"，其含义是俱乐部的成员都是最佳的，我也是最佳的。如宣称自己产品是"十大驰名商标之一"。

（五）创新定位

寻找新的、尚未被占领的、但有潜在市场需求的位置，抢占或填补市场空隙，生产经营并提供市场上没有的、具备某种特色的产品。企业采用这种定位策略，一般经营风险较小、成功率较高，但应明确产品在技术上、经济上是否可行，有无足够的市场容量，能否为企业带来合理而持续的盈利。

（六）重新定位

企业在选定了市场定位目标后，如果定位不准确或虽然开始定位得当，但目标市场需求、竞争者状况、企业内部条件发生较大变化时，就应考虑重新定位，使其目标顾客对产品形象有一个重新的认识。重新定位是以退为进的策略，目的是实施更有效的定位。比如小苏打曾一度被广泛地用作家庭的刷牙剂和烘焙配料，在不少新产品代替了小苏打的上述功能的竞争情况下，小苏打可以将其可除臭的特性进行冰箱除臭剂定位。

ER-7-6

典型案例：某药食饼干把饼干定位于养胃的原因

案例分析

案例

一直以来，某集团对藿香正气液的推广主要围绕防暑解暑这一定位，但事实上，对胃肠道疾病（肠炎、胃痉挛）、过敏性皮肤病、缓解蚊虫叮咬的不适等，藿香正气液都有着相当好的效果。

2015 年，该集团藿香正气液销售首次突破 1.8 亿盒，其中川渝地区的销售额超过 5 亿元。 2016 年 9 月 5 日，基于严谨的现代化研究，该集团对藿香正气液进行了重新定位——在防暑解暑产品的功效上，增加了"对胃肠型感冒效果突出"的适应证。

该集团重新定位售价不足 5 元的产品，在重塑渠道价格、管控市场推广等诸多方面进行了梳理。 该集团公开竞卖藿香正气液的全国省级经销权，在这样的渠道调整下，集团将精力集中在做好产品、终端促销、品牌宣传。

除了藿香正气液在国内市场的开拓，该集团对于本产品的国际化战略也已有了清晰的规划：2020 年藿香正气液的单品销售额要超过 20 亿元、销量过 4 亿盒，同时将泰国、新加坡、印度尼西亚、马来西亚、老挝 5 个市场打造为国际化示范市场。

分析

该集团不足 5 元的藿香正气液呈现出惊人的销售业绩，并且在国内、国际市场呈现出宏大的发展愿景，市场的重新定位功不可没。

市场定位是设计本企业产品形象，以明确在目标市场中自己相对于竞争对手的位置。药品企业在进行市场定位时，应慎之又慎，通过反复调查和研究，找出最合理的突破口。避免出现定位混乱、定位过度、定位过宽或定位过窄的情况。而一旦确立了理想的定位，企业必须通过一致的表现与沟通来维持此定位，并应经常加以监测以随时应对目标顾客和竞争对手策略的改变。

▶▶ **课堂活动**

以往我国的许多制药企业在宣传自己的产品时，总是以"包治百病"的面目出现，会让患者有"包治百病并不能真正治病"的感觉，这属于定位的误区。 讨论分析药品市场定位存在的误区有哪些？

四、药品市场定位原则和步骤

（一）药品市场定位的原则

为了保证药品市场定位的有效性，企业在进行定位时应遵循以下原则：

1. **重要性**　企业所突出的特色应是目标市场顾客所关注的。

2. **独特性**　定位应是与众不同的、竞争对手难以模仿的。

3. **可传达性**　定位应是易于传递给目标市场并被顾客正确理解的。

4. **可接近性**　企业应有效地集中力量接近目标市场并为之服务。

5. 可营利性 企业通过这种定位能获取预期的利润。

（二）药品市场定位的步骤

一个完整的药品市场定位过程包括以下3个步骤：

1. 找到"卖点" 分析目标市场的现状，了解目标顾客对产品属性的认识，明确本企业潜在的竞争优势。竞争优势既可以是现实的，也可以是潜在的。通过分析比较企业与竞争对手在经营管理、技术开发、采购、生产、市场营销、财务和产品等方面的优劣势，选出本企业的优势项目，确定本企业在目标市场的位置。

2. 了解竞争对手的定位点 选择正确的竞争优势，对目标市场确定初步定位。

（1）竞争对手的药品在市场中的位置如何？

（2）目标市场上顾客需要满足的程度如何？

（3）本企业应该做什么、能够做什么？

3. 确定、传播定位点 企业通过制订和实施一系列的市场营销组合，显示其独特的竞争优势，将其传递给目标市场的患者和医师，并在其心目中留下深刻的印象。如OTC通过广告、处方药通过学术推广的方式都是较为有效的做法。

（1）使目标顾客知道、熟悉、认同本企业的定位。

（2）通过各种努力强化本企业定位在目标顾客心中的形象。

（3）注意和及时纠正目标顾客对企业市场定位理解出现的偏差。

点滴积累 ∨

1. 药品市场定位是塑造本企业药品与众不同的个性，并把这种个性传达给购买者和医师，以确定本企业药品在市场上的位置。核心就是要塑造本企业药品与竞争者相区别的个性，使本企业的药品"差别化"。

2. 药品市场定位的方法主要包括根据药品属性（成分、质量、价格、用途或功能、适应证等）定位、顾客利益定位、使用者定位、竞争定位等。

3. 市场定位除了依照一定的方法外，重点是要采用一定的策略。药品市场定位的策略主要有避强定位、对抗定位、并列定位、比附定位、创新定位、重新定位。

4. 市场定位还要依照一定的原则，并按照一定的步骤进行。

目标检测

一、选择题

（一）单项选择题

1. 市场细分的概念最早由（ ）提出

    A. 菲利普·科特勒   B. 温德尔·史密斯   C. 马斯洛

    D. 亚当·斯密   E. 泰勒

2. 按年龄、性别、家庭规模、家庭生命周期、收入、职业等为基础细分市场是属于（ ）

A. 地理细分　　　　　　B. 心理细分　　　　　　C. 人口细分

D. 行为细分　　　　　　E. 经济细分

3. 按药品购买者的态度、购买动机进行药品市场细分属于(　　)

A. 地理细分　　　　　　B. 心理细分　　　　　　C. 人口细分

D. 行为细分　　　　　　E. 环境细分

4. 用收入(低、中、高)、年龄(幼、少、青、中、老)和性别(男、女)3个标准及其中的若干因素可将总体市场划分为(　　)个子市场

A. 10　　　　　　　　　B. 24　　　　　　　　　C. 30

D. 48　　　　　　　　　E. 60

5. 感冒药中,有的重在去痛退热、有的重在祛痰止咳、有的重在抗菌消炎,这种药品市场细分是按(　　)标准划分的

A. 地理环境　　　　　　B. 人口环境　　　　　　C. 疾病谱

D. 行为因素　　　　　　E. 文化因素

6. 某药品企业面对同一药品市场生产不同的产品,属于(　　)模式

A. 密集单一型市场　　　B. 产品专业化　　　　　C. 选择专业化

D. 市场专业化　　　　　E. 完全覆盖市场

7. 具有多品种、小批量、多规格、多渠道、多种价格和多种广告等营销组合特点的企业一般采用(　　)

A. 无差异策略　　　　　B. 产品专业化策略　　　C. 差异化策略

D. 集中性策略　　　　　E. 市场专业化策略

8. 集中性策略的优点是(　　)

A. 成本经济性　　　　　B. 降低企业经营风险　　C. 集中企业优势

D. 有利于新产品推广　　E. 销量大,效益好

9. 某药厂只生产抗微生物药,满足被微生物感染患者的需求。该目标市场模式为(　　)

A. 市场集中化　　　　　B. 产品专业化　　　　　C. 市场专业化

D. 选择专业化　　　　　E. 市场全面化

10. 企业市场定位是把企业产品在(　　)确定一个恰当的地位

A. 顾客心目中　　　　　B. 产品质量上　　　　　C. 市场的地理位置上

D. 产品价格上　　　　　E. 产品品牌上

(二) 多项选择题

11. 药品消费者市场细分的因素有(　　)

A. 地理因素　　　　　　B. 心理因素　　　　　　C. 人口统计因素

D. 行为因素　　　　　　E. 法律因素

12. 药品市场细分的方法有(　　)

A. 单一变量细分法　　　B. 系列变量细分法　　　C. 心理因素细分法

D. 多个变量综合细分法　　　E. 空间变量细分法

13. 药品目标市场营销策略包括(　　)

A. 无差异策略　　　　　　B. 产品专业化策略　　　　C. 差异化策略

D. 集中性策略　　　　　　E. 消费者分析策略

14. 药品市场定位的方法有(　　)

A. 使用者定位　　　　　　B. 利益定位　　　　　　　C. 质量和价格定位

D. 药品用途定位　　　　　E. 竞争定位

15. 目标市场选择的模式有(　　)

A. 密集单一型市场　　　　B. 产品专业化　　　　　　C. 选择专业化

D. 市场专业化　　　　　　E. 完全覆盖市场

16. 影响目标市场策略选择的因素有(　　)

A. 企业资源　　　　　　　B. 产品同质性　　　　　　C. 市场差异性

D. 产品生命周期　　　　　E. 竞争对手的营销策略

17. 在细分消费者市场的标准中,属于人口因素的有(　　)

A. 个性　　　　　　　　　B. 职业　　　　　　　　　C. 收入

D. 家庭规模　　　　　　　E. 爱好

18. 按购买行为细分消费者市场要考虑消费者(　　)等因素

A. 对商品利益的追求　　　B. 对商品的忠诚程度　　　C. 购买动机

D. 所处的购买阶段　　　　E. 对商品的态度

19. 消费者心理细分的依据是(　　)

A. 消费者的生活方式　　　B. 消费者的个性　　　　　C. 消费者的购买动机

D. 消费者的消费　　　　　E. 品牌忠诚度

20. 药品生产者市场细分的主要因素有(　　)

A. 用户地理位置　　　　　　　　　B. 用户规模

C. 产品的最终用途　　　　　　　　D. 药品在患者心目中的地位

E. 药品在医师心目中的地位

二、简答题

1. 简述药品市场细分的必要性、细分原则、细分标准。

2. 分析影响企业目标市场营销策略的因素,并简述目标市场营销策略及其优缺点。

3. 药品企业进行市场定位时常用的方法和策略有哪些?

三、案例分析

金嗓子喉片成功的秘诀

金嗓子喉片是一种由广西金嗓子制药厂利用中国中草药制成的保健咽喉糖。广西金嗓子制药厂原是生产糖果的柳州市糖果二厂,在 20 世纪 90 年代初几乎倒闭,而自从金嗓子问世以来,不仅扭亏为盈,而且年销售额近 3 亿元,并保持着良好的发展趋势。其成功的原因很多,但主要原因是实施了正确的市场细分、目标市场选择和市场定位策略。

(1)市场细分:咽喉含片均为药粉压制而成的,一含即溶,很难在咽喉部较长时间保持药效,而急性咽喉炎和咽喉不适者如不能长时间施药,则很难治愈;润喉糖虽然不会即溶但无治疗作用。这两类产品间存在一个空缺,即中间型治疗保健产品。因为环境污染加剧、空气质量恶化、气候变化无常、吸烟嗜酒者增加、卡拉 OK 的流行等原因,导致用嗓过度者、患咽炎者、咽喉不适者、口腔异味者日益增多,从而对咽喉治疗保健药的需求大增。

(2)目标市场选择:对此类产品可能有需求的消费者的一般特征是有一定工资收入的中年男性、烟酒嗜好者、教师、爱唱歌者、导游。从竞争产品看,原有的名牌均已占统治地位,西瓜霜、草珊瑚、健民咽喉片等已占有市场的大部分份额,且知名度高。

(3)市场定位:由于存在广阔的市场(潜在的和现实的),企业决定生产金嗓子产品,顾客定位为男性且有一定收入者,产品定位为咽喉治疗保健药。为此,企业采取了高质量、高价格的策略,使金嗓子成为身份的象征。另外,该企业还注意到竞争对手均为老名牌、实力雄厚,因此企业采取差异化营销策略:产品差异化、价格差异化、渠道差异化。

金嗓子实施了正确的 STP 市场营销战略,同时运用其他行之有效的营销策略,取得了成功。

讨论分析:

1. 广西金嗓子制药厂是如何进行市场细分的? 其目标市场选择在哪里? 其市场定位是什么?

2. 金嗓子的成功给其他医药企业带来什么启示?

项目七习题

制定药品市场营销策略

项目八

药品产品策略

项目八PPT

导学情景 ╲

情景描述：

　　阿司匹林作为解热镇痛药跻身医药市场，但上市多年后解热镇痛药市场竞争十分激烈，市场份额逐渐被"非阿司匹林类解热镇痛药"抢占，就在这一关键时刻，研究人员发现小剂量的"阿司匹林"可以抑制血小板凝集，能用来预防冠心病与心肌梗死，从而成功地进入了心脑血管类药品市场，延长了其市场生命周期。目前小剂量的"阿司匹林"又成功地进入了癌症预防药市场，使"阿司匹林"的生命不断延长。

学前导语：

　　不同的药品市场生命周期将采取不同的市场营销组合策略，药品营销组合策略包括产品策略、价格策略、渠道策略和促销策略。药品产品策略是药品营销组合策略中的首要策略。本项目将学习药品产品策略，使我们能分析现有药品所处的生命周期阶段，运用品牌和包装策略进行营销策略的设计，学会运用药品生命周期理论制订相应的营销策略，具备一定的品牌和包装策划能力。

ER-8-1

任务1　理解药品产品整体概念

扫一扫，知
重点

一、产品整体概念

　　市场营销学将产品分为狭义的产品和广义的产品。狭义的产品是指具有某种特定物质形状和用途的物品。广义的产品是指凡用于满足消费者某种需求和欲望的任何物品或服务的总和，既包括具有物质形态的有形产品，又包括非物质形态的无形产品；有形产品和无形产品统称为产品整体概念。

　　产品整体概念具有2个方面的特点：①并不是只具有物质实体的才是产品，凡是能够满足消费者需要的劳务也是产品，如运输、储存、安装、修配、设计、通讯、保险、金融服务等；②产品不仅是物质实体，还包括随同物品出售时所提供的服务。

▶ 课堂活动

　　讨论：医药产品包括哪些？

随着市场营销理论的发展，人们对药品产品概念的理解也在不断发展和深化。最初，人们主要强调产品的物质属性。随着市场竞争的激烈，后来人们发现关于对产品概念的认识太肤浅了，譬如说同样是感冒药，为什么选择了"感冒灵颗粒"，而不选择其他品种。现代营销学理论对产品概念的理解是广义的，它是指能够提供给市场以满足需求和欲望的一切商品和服务。它既可以是有形商品，也可以是无形服务，或者是两者的结合，如实物、服务、信息等。

二、药品产品整体概念

从市场营销学的观点来看，广义的药品概念是指一切能满足消费者某种利益和欲望的物质药品和非物质形态的服务。即药品＝有形药品+无形服务，这就是"药品产品整体概念"。

ER-8-2

产品整体概念内涵

> **案例分析**
>
> **案例**
>
> 2005 年广药集团白云山板蓝根颗粒全国首创"家庭过期药品回收（免费更换）机制"获吉尼斯世界纪录！ 率先在全国范围内全面更换过期的板蓝根颗粒产品，参与人员达到 10 万余人，共换回过期板蓝根颗粒药品上百万包，价值达 200 多万，随后在全国陆续建立 6600 家"永不过期药店"，截至 2017 年，已经持续了 10 多年，仍在延续。 一些市民拿着从家里药箱整理出来的各种过期药品，排队等待工作人员按规则进行更换。 这一活动已经成为广药集团的品牌服务产品，深受市民喜欢。
>
> **分析**
>
> 医药企业在为消费者提供有形药品的同时，提供的比如用药电话咨询、网络咨询服务、网络查询服务、健康宣传资料、家庭病床、社区健康讲座、上门服务等无形服务也是产品，也是企业对消费者服务能力的一种体现。

（一）药品产品整体概念的层次

大多数消费者是从药品整体所提供的满意度来看待药品的，这样的满意度要求药品整体具有特定特征的结合，如恰当的包装、详细的说明书、优质的服务等的结合。西方一些营销学家在强调产品整体概念时，继而提出产品的层次论，如产品的"三层次""五层次"理论。在此主要参考被称为"营销之父"的菲利普·科特勒的产品"三层次"理论，整体药品由 3 个层次即核心药品、形式药品、附加药品组成（图 8-1）。

1. 核心药品 核心药品也称药品的实质层。这是药品最主要、最基本的层次，是消费者需求的核心内容，即指消费者购买的基本利益。消费者购买药品的核心即使用价值是满足预防、治疗、诊断人的疾病，有目的地调节人的生理功能的需要。因此，医药营销人员应善于发现购买者购买药品时所追求的真正的实际利益或价值。

2. 形式药品 形式药品也称药品的实体层。这是药品的基础，即指满足消费者需求的各种形式，主要包括药品的品种、规格、剂型、品牌、包装等内容。认识药品的实体层，对我国医药企业的营

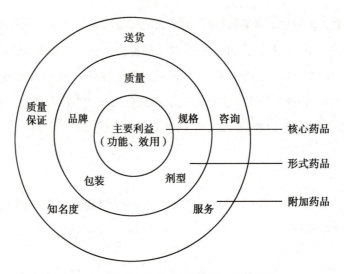

图8-1 药品产品整体概念的"三层次"图

销活动具有重要的指导意义。如一些医药企业讲究货真价实,很注重内在质量,便不太重视诸如品牌、包装、外观设计等外部质量,"酒香不怕巷子深"的时代已一去不复返。相反,有些医药企业在这方面做得较好,发掘了有利的市场机会,如钙制剂目前市场竞争激烈,剂型以咀嚼片剂和胶囊剂为主,而某些医药企业针对婴儿市场研制出颗粒剂如醋酸钙颗粒等,受到市场青睐。

3. **附加药品** 附加药品也称药品的延伸层。这是对药品意义的延伸,指消费者在购买药品时所获得的全部附加利益和服务,包括提供信贷、免费送货、质量保证、售后服务等。当前我国医药企业竞争日趋激烈,通用名相同的药品在实质、实体层没有明显差别的情形下,企业设计有效的产品延伸层则显得尤为重要。如河南宛西制药厂生产的六味地黄丸,一句质量保证的贴心话——"药材好,药才好"赢得了许多顾客,使其在竞争中成为佼佼者。

案例分析

案例

儿童果味维生素片可以为儿童补充多种维生素,增强日常营养。其产品规格为1000mg/片,包装为60片/瓶,药片颜色为土黄色,药片形状为小熊状,并刻有小熊图案,有效期为3年。该药品具备完备的服用指导、药品说明书,药品质量有保证。

分析

该药品的整体概念为核心药品→补充儿童所需的多种维生素;形式药品→形状、颜色、图案、规格、包装及药品基本信息;附加药品→服用指导、药品说明书等,从3个层次体现。药品整体概念的3个层次中的任何一个方面都可以作为卖点,进行营销策划。

(二) 药品产品整体概念的意义

对药品产品整体概念的描述,不仅是营销理论的发展,更对实际具有以下重要意义。

1. 建立完整的药品产品概念,有利于实施以消费者需求为中心的营销观念。药品产品整体概念以消费者的基本利益为核心,指导整个药品市场营销活动,是企业贯彻市场营销观念的基础。

2. 建立完整的药品产品概念,有利于提高医药企业的营销水平,使医药企业认识到消费者接受药品过程中的满意度。消费者的满意度既取决于3个层次中每一层次的状况,也取决于产品整体组合效果。

3. 建立完整的药品产品概念,有利于明确药品与医药企业营销策略间的关系。药品产品整体概念的各个层次对医药企业策略有不同程度的影响。医药企业在考虑药品组合整体效果的前提下,对不同层次侧重程度的确定要与医药企业营销策略相符合。

▶▶ 边学边练

药品产品整体概念层次的识别,请见实训八 设计药品产品——"武装自己,善战者,先胜而后战"中的"任务1 药品产品整体概念的运用"。

点滴积累 ∨

1. 药品产品整体概念由核心药品、形式药品和附加药品组成。

2. 药品的实体层包括药品的品种、规格、剂型、品牌、包装等。

3. 药品的延伸层包括提供信贷、免费送货、质量保证、售后服务等。

任务2 药品产品组合策略

一、药品产品组合概述

当今科学信息技术飞速发展,医药企业一方面随着生产专业化程度的提高,要通过分工细、智能化、大批量生产以提高生产效率,取得更好的经济效益;另一方面又要发展多种产品以适应消费者需求的多样化。要解决这个问题,就要学会认识、分析和选择药品产品组合。

(一)药品产品组合的概念

药品产品组合是指医药企业生产或经营的全部产品线和产品项目的有机构成方式,或者说是医药企业生产或经营的全部产品的结构。

可以说,产品项目构成了产品线,产品线又构成了产品组合。产品项目指的是引入医药企业销售目录中的每一具体的任何产品。产品线指的是那些在使用价值、原材料、营销渠道等方面近似的一组相关产品。

(二)药品产品组合的变化要素

药品产品组合还具有一定的宽度、深度、长度和关联度。药品产品组合的宽度(也称广度)是指医药企业生产或经营的产品线的数目。药品产品组合的深度指产品组合中各产品线中产品项目的数目,一般用平均数分析。药品产品组合的长度指企业各条产品线所包含的产品项目总数,即每条产品线深度之和。药品产品组合的关联度指各条产品线在最终用途、生产条件、分销渠道或其他方面相互关联的程度。例如,注射剂产品线与其他产品线关联松散,而片剂、针剂、粉剂 3 条产品线与原料药产品线关联紧密。

分析药品产品组合,既包括分析每个药品项目所处的市场地位及其在经营中的重要程度,也包括对各药品项目的相互关系和组合方式,其主要目的在于弄清在不断变化的市场环境中,医药企业现有产品组合与医药企业营销战略计划是否相符,并根据内外环境的要求对医药企业现有药品组合进行调整。

二、药品产品组合策略概述

(一) 分析药品产品组合需考虑的因素

分析药品产品组合一般应考虑以下因素:

1. 产品处境分析 医药企业可根据利润、销售量、促销计划将其生产或经营的药品逐一分析,以决定哪些药品需要发展、维持、收益或放弃。

2. 产品定位分析 分析企业产品定位的优劣,提出再定位设想。

3. 产品项目关系及对医药企业的贡献分析 考虑产品的组合方式,充分发挥企业的优势和潜力。

(二) 药品产品组合策略

分析完成了医药企业的产品组合后,必须研讨产品组合的改进,主要策略是通过调整扩展或缩减医药企业的产品组合。

1. 扩展药品产品组合策略

(1)向上扩展("高档药品产品策略")和向下扩展("低档药品产品策略"):前者是指在原有药品产品线内增加高档药品产品项目,提高原有药品产品线的声望,这样既可增加高档药品的比重,又能推动原中、低档药品的销售;后者是指在高档药品产品线中增加价廉、实惠的药品产品项目,目的是借助高档药品的名誉吸引顾客,促进购买。

(2)增加药品产品线:增加药品产品线有两种方法,一是增加与原有药品关联度大的药品产品线,这种方法能利用原有的技术、设备和厂房设施,见效快、投资省、风险小;二是增加与原有药品产品关联度小的药品产品线,这种方法利于企业开拓新的市场,但风险较大。

2. 缩减药品产品组合策略

(1)通过销售额和成本分析来识别并取消那些无利可图的死亡药品产品线。

(2)削减关联度小的药品产品线,使产品线现代化、特色化。

扩展医药企业的产品组合可充分利用企业的人力、物力、财力,减少经营风险,但同时提高了经营的复杂程度;缩减企业的产品组合可使产品组合更专业化、特色化,提高效率,降低成本,但风险较大。因此,企业应结合自身情况妥善处理以上矛盾,使企业的产品组合保持至最佳状态。

▶▶ 课堂活动

讨论: 大型医药企业的产品多种多样, 这些药品组合的宽度、深度、长度和关联度也是错综复杂的。 请以某大型医药企业为例指出其产品项目、产品线,并对该企业的药品产品组合的宽度、深度、长度和关联度进行分析, 提出建议。

点滴积累 ▽

1. 药品产品组合是指医药企业生产或经营的全部产品线和产品项目的有机构成方式，或者说是医药企业生产或经营的全部产品的结构。

2. 药品产品组合具有一定的宽度、深度、长度和关联度。

3. 药品产品组合策略是通过调整扩展或缩减医药企业的产品组合实现的。

任务3 药品产品生命周期策略

一、药品产品生命周期概述

（一）药品生命周期的概念

阿司匹林在临床已运用了100多年，至今还是那么充满活力，不断发展，没有表现出衰退的迹象。然而，国内有些药厂费了九牛二虎之力研发一个新产品，然后动用所有力量推向市场，希望快速得到回报，不想事与愿违，产品很快地走完生命旅程，寿终正寝。为什么有的企业药品生命周期长，而有的企业药品生命周期短呢？

药品生命周期是把一个药品的销售历史比作人的生命周期，要经历出生、成长、成熟、老化、死亡等阶段。就药品而言，也就是要经历一个开发、导入、成长、成熟、衰退的阶段。药品生命周期是指一种药品从进入市场到被市场淘汰的全过程所经历的时间。典型的药品生命周期一般可以分成4个阶段，即导入期、成长期、成熟期和衰退期。见图8-2。

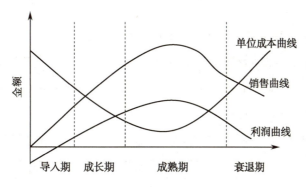

图8-2 典型的药品生命周期曲线

导入期又称引入期或介绍期，是指新药首次正式上市后的最初销售时期。其销售缓慢，同时由于引进药品的费用太高，初期通常利润偏低或为负数，但此时没有或只有极少的竞争者。

成长期是指药品转入批量生产和扩大市场销售额的时期。经过一段时间试销成功后，药品已有相当的知名度，购买者逐渐接受该产品，销售快速增长，利润也显著增加。但由于市场及利润增长较快，容易吸引更多的竞争者。

成熟期是指药品进入大批量生产，市场已达到饱和，处于竞争最激烈的时期。通常这一阶段比前两个阶段持续的时间更长,市场上的大多数药品均处在该阶段,因此管理层也大多数是在处理成熟药品的问题。此时市场增长趋势减缓或饱和,药品已被大多数潜在购买者所接受,利润在达到顶点后逐渐走下坡路。由于市场竞争激烈,医药企业为保持药品地位需投入大量的营销费用。

衰退期是指药品已经老化,进入逐渐被市场淘汰的时期。这期间药品销售量显著衰退,利润也大幅滑落。优胜劣汰,市场竞争者也越来越少,药品逐渐老化,转入药品更新换代的时期。

▶▶ 课堂活动

请同学们举出生命周期较长的药品及其在药品市场的应用情况。

(二)药品生命周期概念的理解

药品生命周期是一个假设概念和一条理论曲线,对药品生命周期概念的理解要注意以下几点:

1. 药品生命周期实际上是特指药品的市场寿命、经济寿命,而不是指药品的使用寿命、自然寿命,不可将药品的市场寿命与使用寿命相混淆。药品的使用寿命是指药品的自然使用时间,即药品的具体物质形态的变化。药品的使用寿命的变化伴随着药品的物质形态磨损消耗,而针对药品的实体的磨损消耗和耐用程度,使用寿命的长短主要受自然因素的影响,与药品本身的性质、性能、使用条件、使用频率、使用时间等因素有关。

2. 营销学主要研究药品品种的寿命,而不是某种药品的效期。因为药品类别、药品品种和药品品牌的寿命周期是各不相同的。药品类别的寿命周期最长,有些药品类别受人口、经济等因素的影响,还无法预测其周期变化规律,几乎可以无限期地延续下去;药品品牌的周期变化很不规律,企业可以长期使用下去,也可以经常变化;而药品品种的寿命周期是典型的,它的发展变化过程有一定的规律可循。

3. 药品的市场生命周期是就整个医药行业或整个市场而言的。一个企业的销售资料,一般不能确切地说明某种药品的生命周期问题,并且医药行业的药品市场生命周期也是一个相对的概念。医药行业在不同的国家,其药品的生命周期也是不一致的。有的药品在发达国家已经进入成熟期或衰退期,而在发展中国家则可能刚进入导入期。

总之,药品生命周期由于受各种因素的影响会产生各种变化,但总的形态基本上还是呈正态分布的,并且随着市场的竞争和科技的发展,多数药品的生命周期都在不断缩短。

二、药品产品生命周期各阶段特点

(一)导入期的特点

处于导入期的药品品种,消费者对其不了解,除少数追求新奇的顾客外,几乎无人实际购买该药品;生产技术受到限制,性能还不够完善;药品销售量极为有限,制造成本高;价格决策难以确立,销售价格通常偏高,可能限制了购买,也可能难以收回成本;尚未建立最理想的营销渠道以及高效率的分配模式;生产者为了扩大销路,不得

ER-8-3

产品所处生命周期阶段的判定

不投入大量的促销费用对药品进行宣传推广,故广告费用和其他营销费用开支较大;利润较小,甚至为负利润,医药企业此时承担的市场风险最大。

（二）成长期的特点

药品的成长期是需求增长阶段,有越来越多的消费者对药品已较为熟悉,开始接受并使用,分销渠道顺畅,药品的需求量和销售量迅速增长,企业的销售额迅速上升;药品已经定型,生产工艺基本成熟,大批量生产能力形成,因此生产成本大幅降低,利润迅速增加;与此同时,竞争者看到有利可图,将纷纷进入市场参与竞争,使同类药品的供给量增加,价格随之下降,威胁医药企业的市场地位,市场竞争开始加剧。

（三）成熟期的特点

处于成熟期的药品走入大批量生产并稳定地进入市场销售阶段,随着购买药品的人数增多,销售量达到顶峰,虽可能仍有增长,但增长速度缓慢,随着市场需求逐渐趋于饱和及减少,销售增长率甚至呈现下降趋势;同时,药品普及率高并日趋标准化,生产量大,生产成本低,利润总额高但增长率降低;行业内的生产能力出现过剩,市场竞争尤为激烈,药品售价降低,导致生产或经营同类药品的医药企业之间不得不加大在药品质量、规格、包装、服务和广告费用等方面的投入。

（四）衰退期的特点

随着科技的发展以及新药的批准上市等原因,药品的销售量和利润持续下降;药品在市场上已经老化,不能适应市场需求,陷于被市场淘汰的境地;医药企业的生产能力过剩日益突出;市场上以价格竞争作为主要手段,医药企业只能努力降低售价,回收资金;一些医药企业纷纷转入研制开发新药,甚至已经有其他性能更好、价格更低的新药和替代品上市,足以满足消费者的需求;此时成本较高的医药企业就会由于无利可图而陆续停止生产或退出市场,该类药品的生命周期也就陆续结束,以致于最后完全退出市场。

▶▶ **课堂活动**

请同学们列举生活中你所熟悉的药品在市场上所处的产品生命周期的情况。

三、药品产品生命周期各阶段营销策略

（一）导入期的营销策略

在药品导入期,由于消费者对药品十分陌生,医药企业必须通过各种促销手段把药品引入市场,力争提高药品的市场知名度。药品的引入需要高水平的促销努力,以达到:①告知医师和患者新产品;②引导他们使用该产品;③快速建立销售通路进入医院及药店。营销界通常采用先推出或创造一个概念,然后利用专家的影响、学术的支持、媒体的广告、业务代表的推广让消费者接受这一概念,从而接受与其相配套的产品。如"多潘立酮"推出了"胃动力"的概念,建立与药品的必然联系,在医师和患者接受了这一概念的同时也接受了这一药品。在导入期,医药企业营销的重点主要集中在促销和价格方面,可供选择的策略见图8-3。

图 8-3 导入期的营销策略

▶▶ 课堂活动

全球大型医药跨国企业的研发能力很强，研发经费投入比较大，2014—2015 年这些医药企业的研发方向主要集中在基因、癌症、白血病等方面，对于各类新药的研发在稳步推进中。

讨论：这些大型医药跨国企业研发出的新药在进入市场导入期时，主要采取的价格促销策略是怎样的呢？

1. 快速掠取策略（高价高促销策略） 在这一阶段多采用快速掠取策略，医药企业以高价格和高促销费用推出新药。这种策略的形式是采取高价格的同时，配合大量的宣传推销活动，广泛宣传新药的优点，把新药推入市场。其目的在于先声夺人，抢先占领市场，并希望在竞争还没有大量出现之前就能收回成本，尽可能获得利润。

2. 缓慢掠取策略（高价低促销策略） 医药企业以高价格和低促销费用相结合推出新药。该策略的特点为在采用高价格的同时，只用很少的促销努力，从而获取尽可能多的赢利。高价格的目的在于能够及时收回投资，获取利润；低促销的方法可以减少销售成本。

3. 快速渗透策略（低价高促销策略） 以高促销费用和低价格的组合向市场推出新药。策略的方法为在采用低价格的同时做出巨大的促销努力。其特点是可以使药品迅速进入市场，有效地限制竞争对手的出现，为医药企业带来巨大的市场占有率。该策略的适应性很广泛。

4. 缓慢渗透策略（低价低促销策略） 以低价格和低促销费用推出新药。即在新药进入市场时采取低价格，低价格本身就具有促销作用，有助于市场快速接受药品；低促销又能使医药企业减少费用开支，降低成本，以弥补低价格造成的低利润或者亏损。

该阶段市场营销策略的重点是要突出一个"快"字和"准"字。"快"即尽量缩短导入期的时间，以最快的速度使药品进入成长期；"准"就是看准市场机会，正确选择新药投入市场的时机，确定适宜的药品价格。

案例分析

案例

国内某百年中药企业是一家集研发、生产、销售于一体的制药企业，其生产人丹、清凉油、风油精、清凉鼻舒等清凉系列产品。其药品特点是小包装、低剂量、低价格，深受广大消费者喜欢，每年近

2 亿人次使用该公司的产品，在国内的清凉领域有一定的地位。

分析

该中药制药企业着眼于居家常备小药品的生产，基于产品的小包装、低剂量，公司在产品进入市场之初就采取了缓慢渗透策略，低价格本身就具有促销作用，有助于市场快速接受药品；低促销又能使医药企业减少费用开支，降低成本，又加之产品过硬的质量、广泛的用途和卓越的老字号品牌效应，使得其产品经久不衰。

（二）成长期的营销策略

成长期是药品生命周期中的关键时期，医师和患者都已接受公司推出的概念与产品，同时仿制品也登场进入竞争的角色。医药企业的任务是使药品迅速得到普及，扩大市场占有率，尽可能地维持市场成长，并保持销售增长的好势头。医药企业的营销重点应该放在保持并且扩大自己的市场份额，加强自己的竞争地位，加速销售额的上升方面。这一阶段可以适用的具体策略有以下几种：

1. 药品产品策略 改进药品剂型，完善药品性能；不断增加药品的新特色，在商标、剂型、规格等方面做出改进，改良包装和服务，增加药品新的用途，争创优质名牌药品。如产品包装与剂型的改进，"双黄连口服液"由 100ml 大瓶装改为 10ml 每支的小包装。

2. 价格策略 在成长期可以充分利用价格手段，成长期市场需求量较大，在适当时医药企业可以保持原价或适当调整价格，以保持药品的声誉和吸引更多的消费者。对于高价药品，可降低价格，以增加竞争力。当然，降价可能暂时减少企业的利润，但是随着市场份额的扩大，长期利润还可望增加；此阶段不可轻易抬价，否则容易引起消费者的波动。

3. 渠道策略 进一步开展市场细分，创造新的用户。如"尼莫地平输液"由原来的原发性蛛网膜下腔出血的细分市场到外伤性蛛网膜下腔出血这一细分市场。积极开拓新的市场领域，努力疏通并增设新的销售机构和销售网点，加强向市场渗透的能力，以利于扩大药品的销售面。

4. 促销策略 改变医药企业的促销重点，如在广告宣传上，从介绍药品的疗效转向树立企业和产品的形象，突出药品特色，争创名牌，以利于进一步提高药品在社会上的声誉；由导入期的以建立和提高药品知名度为中心转变为以说服消费者接受和购买该药品为中心，同时加强售后服务，强化消费者的购买信心。如公司的广告目标从产品的知名度、概念的推广建立转移到说服医师开处方及患者主动购买药品。

该阶段是医药企业销售的黄金时期，市场策略的重点应该突出一个"好"字。即在继续扩大生产能力的同时，进一步改进和提高药品适应证，防止因药品粗制滥造而失信于顾客，设法使药品的销售和利润进一步增长，扩大市场占有率，掌握市场竞争的主动权，获取最大的经济效益。切勿因药品畅销而急功近利，要加强品牌宣传，力争创名牌，树立药品声誉和医药企业信誉。

（三）成熟期的营销策略

产品的销售增长率达到某一点后将放慢步伐，进入相对的成熟阶段。它分为成长中的成熟、稳定中的成熟、衰退中的成熟 3 个阶段。由于销售增长的减缓，使整个行业中的生产能力过剩，从而使竞争加剧。

成熟期是医药企业获取利润的黄金阶段,随着销售量的增多,投入相对会减少。由于市场竞争十分激烈,医药企业应系统地考虑市场、药品及营销组合以调整策略,采取措施确保市场占有率和努力延长药品的成熟期。

1. 市场调整策略(又称市场多元化策略)　即通过努力开发新市场,寻求新用户,来保持和扩大自己的药品市场份额。可以通过下述几种方式实现产品的使用人数的增加:

(1)通过努力寻找市场中未被开发的部分,开发药品的新用途,寻求新的细分市场。例如使非使用者转变为使用者,不断地说服医师和患者使用该产品。

(2)通过宣传推广,刺激现有顾客,成为忠诚顾客。

(3)通过市场细分,努力打入新的市场区域,进入新的细分市场。例如地理、人口、用途的细分,采取差异性策略和防御性策略相结合,从广度和深度上开拓新市场。

(4)重新为药品定位,寻求新的买主,赢得竞争者的顾客。

2. 药品调整策略(又称为"药品再推出")　是以药品自身的调整来满足消费者的不同需要,吸引有不同需求的消费者,从而提高销售量。药品整体概念的任何一个层次的调整都可视为"药品再推出"。

产品生命周期曲线的关键在于产品调整策略。可以通过改进该产品的特征,使其能吸引新用户或增加现有用户的使用量,从而改善销售。这相当于将一个产品稍做改动后再次推出。产品的再次推出可采用如下几种战略形式:

(1)剂型调整:即增加药品的功能性效果,目的注重于增加产品本身的功能特性,比如安全性、有效性、剂型及口感等,常用"更强""更大""更好"等术语进行广告宣传。例如国外"青霉素"从需要做皮试到不需要做皮试,安全性更高。

(2)特点调整:目的注重于增加产品的新特点,扩大产品的新适应证或新用途、新理论等,从而使这一成熟的老产品又以新的面孔推向市场,注入了新的活力。

(3)剂量及包装调整:即增加药品美感上的需求,如规格大小、重量、材料质量、添加剂以及附属品等。目的注重于使每个厂家可以获得一个独特的市场个性,以获得忠诚度,改进后增加疗效或使用方便等。

案例分析

案例

"达克宁""康泰克"在中国大陆分销渠道的建立发展及通路的疏通、细化,使你发现在城市市场饱和后,偏远的乡村市场也随处可见到这2个的产品。这就是生产这2种产品的两家公司成功使用营销组合改进分销渠道策略的胜利。

分析

面对不断饱和的城市药品市场，众多医药企业都期待在这个竞争激烈的市场分得一杯羹，但是往往事与愿违。其实面对竞争激烈的 OTC 市场，企业不妨学习一下，将处于成熟期的产品转向农村以及城镇市场，积极开拓第三终端，获得更好的发展和更多的销售量。

（四）衰退期的营销策略

当药品进入衰退期时，大多数产品形式和品牌最终会衰退，市场份额、销售额、利润均降低，就像复方降压片、四环素、土霉素、链霉素、大脑组织液等。销售衰退的原因很多，主要有技术的进步、新产品的代替、消费者用药习惯的改变、竞争的加剧、治疗效果不佳、药品的副作用被认知等。故一些弱势药品不但不能给医药企业带来利润，反而会成为企业的负担，耗费企业资源，甚至影响企业在市场上的信誉，所以应该放弃，以节省费用开发新药。

但是同时也要注意到，原来的药品可能还有其发展潜力，医药企业不能简单地加以放弃。有的药品是属于市场营销策略不当，而有的药品就是由于开发了新用途或者新功效而重新进入新的生命周期。故医药企业必须认真研究药品在市场中的真实地位，然后决定是继续经营下去还是放弃经营。通常有以下几种策略可供选择：

1. **维持策略** 指医药企业保持药品的传统特色，在目标市场、价格、销售渠道、促销等方面维持现状。由于这一阶段很多医药企业会自行退出市场，因此，对一些有条件的医药企业来说，并不一定会减少销售量和利润。使用这一策略的医药企业可配以延长药品寿命的策略。医药企业延长药品生命周期的途径是多个方面的，最主要的有以下几种：通过价值分析，降低药品成本，以利于进一步降低药品价格；通过科学研究，增加药品功能，开辟新用途；加强市场调查研究，开拓新的市场，创造新的内容；改进药品设计，以提高药品性能、质量、包装、外观等，从而使药品生命周期不断实现再循环。

2. **缩减策略** 指在保证获得边际利润的条件下，有限地生产一定数量的药品，以满足部分老顾客的需求，医药企业仍然在原来的目标上继续经营，只是根据市场变动的情况和行业退出障碍水平在规模上做出适当的收缩。如果把所有的营销力量集中到一个或者少数几个细分市场上，以加强这几个细分市场的营销力量，也可以大幅降低市场营销费用，以增加当前的利润。

3. **撤退策略** 指医药企业决定放弃经营某种药品以撤出目标市场。

药品在此阶段已经出现企业较大的生产能力与萎缩的市场之间的矛盾。因此，对大多数医药企业而言，应当机立断及时实现药品的更新换代。营销策略的重点应抓好一个"转"字，即转向研制开发新药或有计划、有步骤地转入新市场。

四、药品的新产品开发

（一）新产品开发的内涵

市场营销学的新产品包括某市场第一次出现的产品、某企业第一次生产的产品、现有产品中对部分产品的改进、竞争产品的仿制品等。可将新产品分为 4 种类型：完全创新产品、换代新产品、改进新产品和仿制新产品。

> **知识链接**
>
> 新药的定义
>
> 　　根据《药品注册管理办法》,新药申请是指未曾在中国境内上市销售的药品的注册申请。已上市药品改变剂型、改变给药途径、增加新适应证的,按照新药申请管理。

　　1. 新产品开发的意义　新产品的开发能够使医药企业适应市场变化,保证其生产和发展,增强其市场竞争力,同时便于开发国内和国际市场。生产、研发和营销是制药企业经营中的三大重头工作,作为制药企业只有将新药研发做好,带动生产和研发,做到研发一代、生产一代、营销一代、储备一代,才能更好地发展,走向成功。

　　2. 新药开发的程序　新药的开发越来越难,从构思到上市生产要经历复杂的过程,具体的流程为构思来源→筛选构思→新药设计→初拟营销推广→商业分析→新药的临床前研究→新药的临床研究→新药的申报与审批→新药生产。

（二）新药的上市及风险评估

　　1. 风险评估　新药的风险评估即患者的获益与风险之比,其比值最大化的管理思路应贯穿于新药开发的整个周期。任何一个新药的风险评估都涉及数量和质量两个方面,数量是指安全性数据库的规模;质量是指临床试验设计、实施、结果分析全过程的质量,在安全性方面具体是指对于药物不良反应报告、归类、判断、分析总结的质量。

　　2. 上市策略　新药上市是医药企业发展的主要推动力,医药产业已成为我国四大重点技术创新产业之一。开发成功、风险评估测试满意的新药在经过具有代表性的小范围目标市场进行试销后,如果该新药的市场效率高、市场前景好,医药企业基本上就能做出决策决定是否批量推出新药。在推出新药时,医药企业必须对推出新药的时机、地域、目标市场和营销组合策略做出决策。

　　(1)投放时机:指医药企业要决定在什么时间将新药投放市场最适宜。例如如果某种新药是用来替代老药的,就应等到老药的存货被处理掉时再将这种新药投放市场,以免冲击老药的销售;如果某种新药的市场需求有高度的季节性,就应在销售季节来临时才将这种新药投放市场;如果这种新药还存在着可改进之处,就不必仓促上市,应等到完善之后再投放市场。

　　(2)投放地区:指医药企业要决定在什么地方(某一地区、某些地区、全国市场或国际市场)推出新药最适宜。能够把新药在全国市场上投放的医药企业是不多见的,一般是先在主要地区的市场推出,以便于占领市场,取得立足点,然后再扩大到其他地区。因此,医药企业特别是中、小型企业须制订一个市场投放计划,找出最有吸引力的市场先投放。此外,竞争情况也十分重要,它同样可以影响新药商业化的成功。

　　(3)目标市场:指医药企业要把销售渠道和促销目标面向最优秀的消费者。这样做的目的是要利用最优秀的消费者群带动一般消费者,以最快的速度、最少的费用扩大新药的市场占领率。医药企业可以根据市场测试的结果发现最优秀的消费者。

（4）营销组合策略:指医药企业要决定如何推出新药。首先要对各项市场营销活动分配预算;然后规定各种活动的先后顺序,运用产品、价格、渠道和促销策略有计划地开展市场营销管理。

▶▶ 边学边练

药品产品生命周期的判断和识别, 请见实训八 设计药品产品——"武装自己，善战者，先胜而后战"中的任务2 药品产品生命周期分析。

点滴积累 ⅴ

1. 典型的药品市场生命周期包括导入期、成长期、成熟期和衰退期。

2. 药品生命周期特指药品的市场寿命、经济寿命,而非指药品的使用寿命、自然寿命。

3. 不同的药品生命周期其特点不同, 针对性的营销组合策略也不同。

任务4 药品产品品牌策略

一、药品产品品牌概述

（一）品牌的含义

ER-8-4

**典型案例:
某集团的教
练品牌模式**

品牌的英文单词是 brand,源于古挪威文 brandr,意思是"烧灼"。人们用这种方式来标记家畜等需要与其他人相区别的私有财产。到了中世纪的欧洲,手工艺匠人用这种打烙印的方法在自己的手工艺品上烙下标记,以便于顾客识别产品的产地和生产者。渐渐地,部分较有盛誉的生产者将用烙印区分自己作品的标记放在自己的商品上,或者在产品包装上采用独特的标记来表明其生产者,这就是品牌的雏形和来源。

通常来说,品牌是一种名称、术语、标记、符号或设计,或是它们的组合应用,其目的是借以辨认某个销售者或某个销售群体的产品或服务,并使之同竞争对手的产品或服务区别开来。品牌是自己独有的资产,是一个名称、一个符号、一种标记、一种历史、一种声誉,存在于消费者心中的一种观念、一种设计或者这些的某种组合;品牌可以用来区分竞争者而便于消费者的认知;品牌是承诺、保证和契约,可与消费者建立长远的关系。品牌不是目的,而是一种手段。品牌应该是目标消费者及公众对于某一特定事物的心理的、生理的、综合性的肯定性感受和评价的结晶物。

▶▶ 课堂活动

请同学们列举生活中你所熟悉的药品品牌。

（二）品牌的构成

品牌是一个复合概念,主要由品牌名称、品牌标志和商标三部分组成。

品牌名称是指品牌中可以用语言称呼的部分,可以是词语、字母、数字或词组等的组合,如"胡庆余堂""三精""同仁堂""白云山陈李济"等都是品牌名称。品牌标志是指品牌中可以被识别的但又不能用语言称呼的部分,如符号、字体、图案、色彩等。

商标是一个法律术语,是指已获得专有权并受法律保护的一个品牌或品牌中的一部分。企业在政府有关主管部门注册登记以后,就享有使用某个品牌名称和品牌标志的专有权。这个品牌名称和品牌标志受到法律保护,其他任何企业都不得仿效使用。我国习惯上对一切品牌不论其注册与否,统称商标,而另有"注册商标"与"非注册商标"之分。用"R"或"注"明示则为注册商标,受到法律保护;非注册商标则不受法律保护。

(三)品牌的作用

在现代医药市场营销中,品牌的作用不断扩大,主要体现在以下几个方面:

1. 品牌有利于促进药品销售　现代化的广告及其他宣传方式突出品牌的形象和地位,会给消费者留下深刻的印象,起着引导消费者购买行为的作用,从而稳定和扩大销量,增加企业的效益。

2. 品牌有助于监督和提高药品质量　药品生产企业、药品经营企业、药品的品牌依法注册为注册商标后,就有利于监督药品和服务的质量,维护消费者的合法权益。

3. 品牌可表明药品的出处　品牌属于企业的一种工业产权,通过品牌标示药品的来源,指明药品的出处。通用名相同的药品,通过品牌便可使消费者把药品与医药企业联系起来,品牌也成了医药企业有力的竞争工具。

4. 品牌是医药企业及其产品和服务质量的标识　由于药品的特殊性,其内在质量难以辨认。品牌可以代表医药企业及其产品和服务质量、特色,这既便于医药企业订货,也便于消费者选购。随着药品OTC市场的发展,消费者往往是先参考药品说明书,再"认牌购药"。在一般消费者心中,许多医药企业、药品已被牢固定位,只要提及品牌名称,便能知其特色。如一谈及"同仁堂",消费者马上会与"百年老字号""质量、信誉可靠"联系起来。

5. 品牌有利于法律保护　品牌还具有维护医药企业及其产品或服务权利的作用。品牌也即商标,一经注册为注册商标,即受法律保护,享有商标专用权,可以防止他人模仿、抄袭或假冒。

6. 品牌有利于控制和扩大市场　品牌是控制市场的武器。相当一部分的医药生产企业为了扩大销售,往往在某种程度上依赖中间商分层分销,从而削弱了医药企业对市场的控制力。企业若有自己的品牌,就可以直接与市场沟通,从而有效地控制市场。

7. 品牌有利于新产品的开发　在竞争日趋激烈的医药市场环境中,医药企业不推出新产品,往往很难实现增长目标,甚至无法生存。推出医药新产品是一项艰巨复杂的工作,医药企业若在原有品牌的生产线中增加新产品,则比较容易被市场接受。

知识链接

品牌资产的评估

英国的英特品牌集团公司是世界上最早研究品牌资产评估的机构,其所建立的资产评估模型在国际上具有较大的权威性。此外,美国加利福尼亚大学的大卫·艾格教授提出了"品牌资产评估十要素"的指标系统,既兼顾了品牌认知度、忠诚度等品牌资产的重要组成部分,也兼顾了品牌在市场的运作状况。

二、药品产品品牌策略概述

药品产品品牌策略是指医药企业如何合理地使用品牌,以促进产品销售,主要包括品牌化策略、品牌归属策略、品牌名称策略、品牌延伸决策、多品牌策略以及品牌重新定位策略。这几个药品产品品牌策略共同构建了药品的品牌使用策略,在医药企业打造品牌的过程中都将起到非常重要的作用。

(一)品牌化策略

品牌化策略是决定该产品是否使用品牌。在激烈的市场竞争中,品牌对消费者、企业以及对整个社会都有着重要作用。一般来说,可以不使用品牌的产品主要有以下几类:①产品本身不具备因制造商不同而形成质量特点的产品,如电力、钢材、水泥等产品;②习惯上不必认定品牌购买的产品;③生产工艺简单,没有一定的技术标准,选择性不大的产品,例如小农具、小商品;④临时性或一次性生产的商品。不使用品牌的营销者的目的主要是为了节约广告和包装费用,以降低成本和售价,增加竞争力,吸引低收入的购买者。

而对于药品来说,就必须使用品牌。要使一个品牌成功地打入市场,往往企业要花费巨额的费用,导致成本的大量增加。但是,这也可以使企业得到以下好处:规定品牌名称可以使卖主易于管理订货;注册商标可使企业的产品特色得到法律保护,防止别人模仿、抄袭;品牌化使卖主有可能吸引更多的品牌忠诚者;品牌化有助于企业细分市场;良好的品牌有助于树立良好的企业形象。大多数消费者也需要药品的品牌化,因为这是购买者获得商品信息的一个重要来源。因此,品牌化既可以使购买者了解各种产品的质量好坏,也有助于提高购买者的购物效率。

(二)品牌归属策略

对于制药企业,一旦决定对产品使用品牌,就要决定产品选择谁的品牌来使用。一般来说有 3 种选择:一是制造商品牌,二是经销商品牌,三是上述两种品牌同时存在。

(1)制造商品牌:也称生产者品牌,是药品生产企业使用自己的品牌。目前,绝大多数制药企业的产品还是使用制造商品牌,自己的产品使用自己企业的品牌,更有利于树立产品的品牌、树立企业的品牌,体现企业的经营特色与经营优势。比如北京双鹤、英国阿斯利康等。

(2)经销商品牌:也称中间商品牌,即中间商向药品生产企业大量购进产品或加工订货,用中间商的品牌把产品销售到市场上。这样的例子以前主要都是集中在百货公司、超市等零售行业中。但随着医药商业的不断发展、实力增强,这种经销商品牌也逐步开始呈现。尤其零售连锁药店出现的大量自有品牌的商品,这些商品的品牌属于零售连锁药店的品牌。

(3)制造商和经销商共存品牌:即药品生产企业将自己的产品一部分使用自己企业所赋予产品的品牌,另一部分则使用产品销往的中间商所属的品牌。这种产品品牌的使用方法多见于一些中、小型药品生产企业。

(三)品牌名称策略

制药企业决定了产品使用品牌,并且使用谁的品牌,接下来就需要考虑产品品牌名称的使用。一般来说,品牌名称使用的策略主要有个别品牌策略、统一品牌策略、企业名称与个别品牌并用的策略。

1. 个别品牌策略 企业对不同的产品分别使用不同的品牌名称。这种策略的好处是不会因为个别产品的失败或信誉下降,而影响企业的声誉和其他产品的推广与销售,从而提高了企业抗风险的能力。此外,这种策略也可以使企业对各个产品品牌进行定位,从而获得不同的细分市场。但是,给不同的产品分别使用不同的品牌名称,企业需要较高的品牌运营费用,使企业的资源投入分散,不利于企业整体品牌的打造,同时要求企业具有较强的品牌管理能力。

2. 统一品牌策略 即企业的所有产品都使用同一种品牌。采用统一品牌策略的好处是当企业推出新产品时,可以节省品牌的设计费、广告费;当已有品牌在市场上有良好的形象和口碑时,有利于新产品迅速进入。在统一品牌下,各种产品能相互影响,扩大销售。比如江中集团下的草珊瑚含片、健胃消食片等产品都统一用"江中"这一品牌,这些产品在市场上的销售都非常不错。使用统一品牌策略必须具备两个条件:①已有的品牌具有一定的市场基础和品牌知名度;②所有产品具有相同或者相近的质量水平,如果同一种类产品的质量水平不同,使用统一品牌就会影响品牌的信誉,从而损害具有较高质量水平的产品的声誉。此外,当各类产品之间的差异性较大时,容易使消费者感到无所适从。

3. 企业名称与个别品牌并用的策略 即企业决定其不同类别的产品分别采取不同的品牌名称,并且在品牌名称之前都加上企业的名称。企业多把此种策略用于新产品的开发。在新产品的品牌名称上加上企业名称,可以使新产品享受企业的声誉,而采用不同的品牌名称,又可使各种新产品显示出不同的特色,保持相对的独立性。

(四) 品牌延伸策略

品牌延伸策略是指企业将某一知名品牌或某一具有市场影响力的成功品牌扩展到与成名产品或原产品不尽相同的新产品上,以凭借现有成功品牌推出新产品的过程。

品牌延伸策略在品牌经营上具有以下优点:①可以加快新产品的定位,保证企业新产品投资决策迅速、准确;②有助于减少新产品的市场风险;③有益于降低新产品的市场导入费用;④有助于强化品牌效应,增加品牌这一无形资产的经济价值;⑤能够增强核心品牌的形象,能够提高整体品牌组合的投资效益,即整体的营销投资达到理想经济规模时,核心品牌的主力品牌都因此而获益。

品牌延伸策略的诸多优点,使得其受到众多企业的欢迎与广泛使用。当然,品牌延伸策略也存在一定的风险,如果使用不当,会损害原有品牌的形象,与消费者现有的消费心理相悖;不恰当的品牌延伸会引起株连效应,牵连无辜品牌;过多的品牌延伸会淡化品牌的特性,模糊差异与定位,破坏产品间的销售关系。

案例分析

案例

"同仁堂"品牌在中国有着悠久的历史,北京同仁堂数百年的制药精华与特色是处方独特、选料上乘、工艺精湛、疗效显著,因此在国内外医药市场上享有盛名。北京同仁堂在其属下开发的制药、商业零售和医药服务领域都采用"同仁堂"的统一品牌。

(五)多品牌策略

一种产品赋予一个品牌,不同的产品品牌有不同的品牌扩张策略。随着消费需求的多元化,一个消费群体分离成不同偏好的几个群体,单一品牌策略往往不能迎合偏好的多元化,且容易造成品牌个性不明显及品牌形象混乱,在这样的形势下多品牌策略孕育而生。一个品牌只适合于一种产品、一个市场定位,最大限度地显示出品牌的差异化与个性,能够占领更多的货架空间。多品牌策略强调品牌的特色,并使这些特色伴随品牌深深地植入消费者的记忆中。世界著名的日用化学品生产企业——宝洁(P&G)公司率先成功地使用了这一策略。但采取此品牌策略应慎重考虑,其促销费用较多。

案例分析

案例

诺华生产的降高血压药品采用多品牌策略,分别为"代文"和"洛汀新",通过不同的品牌名称以区别不同类型的降压药。 洛汀新属于血管紧张素转化酶抑制剂,代之为血管紧张素Ⅱ受体拮抗剂。

分析

多品牌策略可使医药企业的药品在市场中占有较大的空间,形成强有力的竞争态势;还可以满足消费者的不同需求,扩大企业销售;也有利于企业内部品牌之间的竞争,提高经营效率。 当然,多品牌策略对企业实力、管理能力的要求较高,对市场规模的要求也较高。

(六)品牌重新定位策略

药品品牌名称常常预示出产品的定位,比如"太太口服液"中的"太太"这一名称就直接表明了这种口服液的消费者是那些"太太"们。品牌名称本身就具备明确而有力的定位营销力量,但是有时企业迫于一些情况,却不得不对品牌进行重新定位。比如与竞争者产品接近,竞争者品牌定位靠近本企业的品牌并夺去部分市场,使本企业的市场份额减少;消费者的偏好发生变化,形成某种新偏好的消费群,而本企业的品牌不能满足消费者的偏好;或者是当初企业推出产品时对品牌定位不准或营销环境已发生改变。

企业在进行品牌重新定位时,一定要慎重决策。要综合考虑两个方面的因素:一是品牌重新定位的成本,即把企业自己的品牌从一个市场定位点转移到另一个市场定位点所支付的成本费用;二是品牌重新定位后的收益,即把企业品牌定位在新位置上所增加的收益。企业营销管理者应对各种品牌重新定位方案可能的成本与收益进行综合分析,从而选择最佳方案。

▶ 边学边练

　　药品品牌策略的制定和分析,请见实训八设计药品产品——"武装自己,善战者,先胜而后战"中的任务3　药品品牌策略分析。

点滴积累　∨

1. 品牌由品牌名称、品牌标志和商标组成。
2. 药品品牌策略包括品牌化策略、品牌归属策略、品牌名称策略、品牌战略决策以及品牌重新定位策略。

任务5　药品产品包装策略

一、药品产品包装概述

(一) 包装的内涵

1. 包装的定义　包装是指为在流通过程中保护产品、方便贮运、促进销售,按一定技术方法而采用的容器、材料及辅助物等的总称。

2. 包装的基本要素　包装的基本要素包括包装对象、材料、造型、结构、防护技术、视觉传达等,而产品包装的要素包括商标或品牌、形状、颜色、图案和材料等。

(1)商标或品牌:这是包装中最主要的构成要素,应在包装整体上占据突出的位置。

(2)包装形状:它是产品不可缺少的组合要素,它有利于储运、陈列及产品销售。

(3)包装颜色:颜色是包装中最具刺激销售作用的构成元素。突出商品特性的色调组合不仅能够加强品牌特征,而且对消费者有强烈的感召力。比如绿色给消费者以清热、消炎、解毒的感觉。

(4)包装图案:内包装盒上的图案在包装中如同广告中的画面,其重要性、不可或缺性不言而喻。

(5)包装材料的选择:包装材料既影响包装成本,也影响该产品的市场竞争力。

(6)产品标签:标签是产品的性质属性,主要有包装内容、产品的主要成分、品牌标志、产品质量等级、生产厂家、生产日期、有效期和使用方法等产品信息,药品标签首先要符合相关法律规定。

3. 包装的作用　当今,产品的包装已成为营销的重要手段,它能为消费者带来方便价值,为生产者创造促销价值。由于越来越多的产品采用开放式销售方式,或称为自助的形式出售,因此产品的包装正在默默无闻地承担着推销的职责,其功能主要有以下几点:①实现商品价值和使用价值,也提高了产品的自身价值;②对产品起到保护作用,如避免日晒、雨淋、灰尘污染等自然因素的侵袭,防止挥发、渗漏、溶化、污染、碰撞、挤压、散失以及盗窃等损失;③为市场流通环节的贮、运、调、销提供便利,如装卸、盘点、码垛、发货、收货、转运、销售计数等;④美化产品、吸引顾客,促进销售。

4. 包装的分类　包装的分类有许多种,如按包装制品材料、包装使用次数、产品种类、功能、包装技术方法等分。若按包装的形式分,可分为内包装、中包装、外包装。

(1)内包装(俗称小包装或销售包装):直接或间接接触产品的内层包装,在流通过程中主要起保护产品、方便使用、促进销售的作用。其特点是在终端市场陈列展销,不需要重新包装、分配、度量。据此,消费者可以直接选购自己所需要和喜爱的商品。这类产品包装都起着包裹盛装产品的作用,从产品生产出来直至消费完毕始终起着保护、宣传、识别、携带、使用和体现产品个性、特性等作用,并赋予了产品与消费者之间联络、沟通及交流思想感情等功能。

(2)中包装:是为了计划生产和供应,有利于推销、计数和保护内包装而设计的。如每6罐易拉罐饮料为1个包装等。它用来保护内包装、陈列商品以及促进产品的销售,一般设计比较简要,根据是否与消费者直接见面来确定设计方案。

(3)外包装(又称运输包装):企业为便于计数、仓储、堆存、装卸和运输等,把相同体积的产品集中起来,装成大箱,即为外包装,亦称运输包装。它要求坚固耐用,不使商品受损,并要求提高使用率,在一定的体积内合理地装更多的产品。由于它一般不和消费者见面,故较少考虑它的外观设计。为便于计数及标明内装何物,只以文字标记货号、品名、数量、规格、体积等,以及用图形标记防潮、防火、防倒、防撞等信息。

(二) 药品产品包装的内涵

药品产品包装也可以按包装的形式分为内包装、中包装、外包装。药品是一种特殊商品,因此,其与普通商品包装不同的是对内包装(直接接触药品的包装)所使用的材料或容器要求严格,中包装和外包装相对次之。所以,对药品包装的界定是针对内包装而言的。

1. 药品包装的定义　药品包装是指采用符合药用的材料或容器,利用包装技术对药物制剂的半成品或成品进行分(灌)、封、装、贴签等操作,为药品提供品质保证、鉴定商标与说明的一种加工过程的总称。

2. 药品包装的作用　药品包装在整体产品概念中也占有重要地位,它是产品生产的继续,产品只有经过包装才能进入流通领域,实现其价值和使用价值。具体说来包装主要有以下作用:

(1)保护药品和环境:这是包装最基本、最重要的作用。即保护药品的"安全"和"清洁",使之在存储、运输、销售等流通过程中免受损伤和污染。做好防潮、防热、防冷、防挥发、防污染、防虫蛀、防易碎、防变形以及防泄漏等工作。

(2)方便商品流通、消费:这是合理包装必备的特征。适当的包装既能够分割又能重新组合,以适应多种装运条件和分货的需要。

(3)美化商品,促进销售:好的包装就是"无声的推销员",不但使产品看上去美观、具有吸引力,而且还能使消费者产生情感触发,激发顾客购买的欲望。同时包装也是一种广告媒体,能够传递产品的信息,可以向消费者介绍产品的性能、使用方法和注意事项,对消费者的购买起引导作用,从而促进销售。

(4)增加药品的附加值:尽管产品的内在质量是增强市场竞争力的基础,但优良的包装不仅可以使其与好的产品相得益彰,而且可以使产品增值。随着人们生活水平的提高,消费者愿意多花一些钱购买那些包装精美的商品。特别是人参、鹿茸等名贵中药或一些高档保健品、节日送礼佳品等,更是需要通过外包装来提高产品的档次,给人以美的享受,满足交往礼仪的需要。

案例分析

案例

许多外用软膏制剂的瓶盖顶部内都有尖头突起,较为锐利,这样的尖头主要是方便消费者在第1次使用该软膏制剂时,用该尖头戳破覆盖在软膏管口的铝箔或者塑料片。

分析

这样的包装非常方便消费者使用,虽然瓶盖顶部内的尖头突起在包装生产过程中不算是非常复杂的工艺和创举,但是从这一包装细节的设计足以体现企业在药品包装中的细致与周到。

二、我国药品产品包装规定

(一)与药品包装有关的法律法规

1. 直接接触药品的包装材料和容器管理办法 为加强直接接触药品的包装材料和容器的监督管理,保证药包材质量,根据《药品管理法》及《药品管理法实施条例》,2004 年 6 月 18 日经国家食品药品监督管理局局务会议审议通过了《直接接触药品的包装材料和容器管理办法》,于 2004 年 7 月 20 日公布,该办法自公布之日起施行。

2. 药品说明书和标签管理规定 为规范药品说明书和标签的管理,根据《药品管理法》及《药品管理法实施条例》,2006 年 3 月 15 日经国家食品药品监督管理局局务会议审议通过了《药品说明书和标签管理规定》,自 2006 年 6 月 1 日起施行。在中华人民共和国境内上市销售的药品,其说明书和标签应当符合本规定的要求。药品说明书和标签由国家食品药品监督管理总局予以核准。

(二)《药品管理法》中有关药品包装的规定

我国《药品管理法》规定,直接接触药品的包装材料和容器必须符合药用要求,符合保障人体健康、安全的标准,并由药品监督管理部门在审批药品时一并审批。药品生产企业不得使用未经批准的直接接触药品的包装材料和容器。对不合格的直接接触药品的包装材料和容器,由药品监督管理部门责令停止使用。

药品包装必须适合药品质量的要求,方便储存、运输和医疗使用。发运中药材必须有包装。在每件包装上必须注明品名、产地、日期、调出单位,并附有质量合格的标志。

药品包装的标签或说明书上必须注明药品的通用名称、成分、规格、生产企业、批准文号、产品批号、生产日期、有效期、适应证或者功能主治、用法用量、禁忌、不良反应和注意事项,还必须印有规定的标志,如非处方药须印有非处方药的标志、麻醉药品须印有麻醉药品的标志。

知识链接

药品包装的发展趋势

医药工业"十三五"发展目标中,药用辅料和包材为两个重点方向。药包材领域要加快包装系统产品升级,发展包装系统给药装置,开发应用安全性高、质量性能好的新型材料,逐步淘汰质量安全风险大的品种。重点加快注射剂包装由低硼硅玻璃瓶向中性硼硅玻璃瓶转换,发展注射器、输液袋、血袋等产品使用的环烯烃聚合物、苯乙烯类热塑性弹性体等新型材料,易潮可氧化药用的高阻隔材料,提高医药级聚丙烯、聚乙烯和卤化丁基橡胶的质量水平。开发新型包装系统及给药装置,提供特定功能,满足制剂技术要求,提高患者依从性,保障用药安全。重点发展气雾剂给药装置和粉雾剂专用给药装置,自我给药注射器、预灌封注射器、自动混药装置等新型注射器,多室袋和具备去除不溶性微粒功能的输液包装,带有记忆功能、质量监控功能的智能化包装系统,家庭常用药的儿童安全包装和老年友好包装等。

三、药品产品包装策略概述

对于医药企业来说,除了在药品的包装设计上下功夫之外,更需要使用一定的包装策略,以使包装能够促进产品销售、促进产品品牌的传播。

(一)配套包装策略

配套包装策略是指针对消费者的消费习惯,把几种相关联的产品放在同一包装内销售的做法,为消费者的购买和使用带来方便,如家庭药箱、旅行常备药袋等。这种包装策略便于消费者购买、携带与使用产品,有利于扩大产品销售。配套包装策略还非常有利于企业以新产品带动老产品、以短线带动长线,使消费者不知不觉地习惯使用新产品,而企业既赚了钱又赢得了消费者的心。

案例分析

案例

每逢节假日,越来越多的消费者选择出游,在准备出游的过程中免不了装备好药品,一些药店推出了旅游药品的配套包装,将感冒药、风油精、跌打损伤药、晕车药、创可贴、消化用药等配套包装,方便消费者购买使用。

分析

配套包装策略是在几种相关联的产品放在同一包装内销售的做法,为消费者的购买和使用带来方便,同时也提高产品的销售量。

（二）类似包装策略

类似包装策略是指企业所有的产品在包装外形、图案、颜色等方面采用同一形式。这样能使包装成本大大降低，扩大企业的声誉，加深消费者对这类商品的印象，起到广告宣传的作用。对于刚上市的新产品，较多采用类似包装策略，以便于更好、更快地取得消费者的信任，迅速打开市场。不过类似包装策略的使用需要注意产品质量的相同或相似，切不可相差悬殊。

案例分析

案例

某医药企业推出了一系列儿童剂量的剂型，如退烧贴、咳喘贴、腹泻贴，包装图案类似，包装颜色分别采用绿色、蓝色和红色加以区分。

分析

该企业采用的是类似包装策略，在包装外形、图案、颜色等方面采用同一形式，这样能使包装成本大大降低，扩大企业的声誉，加深消费者对这类商品的印象，起到广告宣传的作用。

（三）再使用包装策略

再使用包装策略即原包装的产品用完以后，包装物可移作他用，从而提高包装的利用率，节约材料、降低成本，有利于环保，使消费者和社会都受益。再者，也有利于激发消费者的购买兴趣，促进产品销售。使用再使用包装策略时要注意包装物与产品的价值比，避免因成本加大引起商品价格过高而影响产品的销售。

（四）改变包装策略

改变包装策略是指由于包装技术、包装材料的不断更新，消费者的偏好不断变化，企业放弃落后陈旧或没有什么吸引力的包装，改用新的包装设计或新的包装材料，从而弥补包装的不足，改变原有产品的形象。这一包装策略的实施使产品形象焕然一新，提高了产品的魅力，其促销作用是显而易见的。因此，企业在改变包装的同时必须配合好宣传工作，以消除消费者以为产品质量下降或其他的误解。此外，更换包装策略有利于防伪，打击假冒伪劣产品。

（五）习惯使用量包装策略

习惯使用量包装策略是指根据消费者的使用习惯来设计不同分量的包装。如许多企业的复合维生素片，有 10 粒小瓶旅行装、30 粒中瓶月份装和 100 粒大瓶家庭装等。这样的包装既能给消费者带来方便，又可以起到促销的作用。

ER-8-5

小故事：改变包装带来的利润

（六）附赠品包装策略

附赠品包装策略即在商品包装物里附上赠品或奖券，以吸引消费者购买和重复购买。如颗粒剂产品赠送杯子、儿童钙片产品赠送卡通拼图等。这种包装策略对少年儿童和低收入消费者非常具有吸引力。

（七）绿色包装策略

绿色包装策略是指企业使用不对人体和生态环境造成污染和危害的包装。如制造过程中节约能源,使用后容易腐化分解、不对人体和环境产生有害物质的包装,以及使用可再生、再循环、可重复使用的包装等。这对于为人类提供健康保健的医药产业来说尤为重要。

(八)性别包装策略

性别包装策略就是根据产品使用者的不同性别而设计不同的包装。女性用品包装体现温馨、秀丽、典雅、新颖等风格,男性用品包装追求刚正、质朴、潇洒等风格。这一包装策略的目的在于满足不同性别消费者的需求。在药品上,特别是具有性别针对性的药品的包装上采用该策略不失为一个好方法。

(九)透明包装策略

透明包装策略是采用透明的塑料、玻璃材料,使内装物品一目了然,既能体现商品的自然美感,又能便于顾客识别、选购。这类包装策略在国际市场上盛行不衰。透明包装有全透明的,亦有非全透明的,如一些开窗式纸盒包装、纸板式泡罩包装袋等。这种包装策略特别适用于名贵中药材、保健品等的包装,使消费者能够看到内容物,觉得货真价实,购买时心里踏实,并且可提高产品外包装的美观度。

▶▶ **边学边练**

药品包装使用策略的分析,请见实训八设计药品产品——"武装自己,善战者,先胜而后战"中的任务4 药品包装策略分析。

药品包装并不仅仅是为了保护药品,其在营销中的作用已越来越得到业界的认同和重视。充分运用视觉、心理学、美学等原理,把药品包装提升到产品品牌形象建设的高度,让药品包装巧妙地发挥广告的作用,帮助企业进行品牌传播,已成为不少制药企业的市场策略之一。

点滴积累 ∨

1. 药品包装分3个层次,即内包装、中包装和外包装。
2. 药品包装的使用策略包括配套包装策略、类似包装策略、再使用包装策略、改变包装策略、习惯使用量包装策略、附赠品包装策略、绿色包装策略、性别包装策略、透明包装策略。

目标检测

一、选择题

(一)单项选择题

1. 在进行品牌归属决策时,企业决定使用自己的品牌,这种品牌叫作(　　)

    A. 全国性品牌　　　　　　B. 私人品牌　　　　　　C. 制造商品牌

    D. 中间商品牌　　　　　　E. 经营者品牌

2. 胶囊剂型的药品,其胶囊壳属于(　　)

    A. 首要包装　　　　　　　B. 次要包装　　　　　　C. 装运包装

    D. 间接包装　　　　　　　　E. 中包装

3. 瓶装妇科洗液中除了有妇科洗液外还有阴道冲洗器,可以方便顾客购买和使用,有利于产品
    销售,这里使用的是(　　　)

    A. 相似包装策略　　　　　　B. 组合包装策略　　　　　C. 再使用包装策略

    D. 附赠品包装策略　　　　　E. 透明包装策略

4. 销量增长减慢,利润增长接近于 0 时,说明产品已进入(　　　)

    A. 研发期　　　　　　　　　B. 导入期　　　　　　　　C. 成长期

    D. 成熟期　　　　　　　　　E. 衰退期

5. 快速掠夺策略的特点是(　　　)

    A. 采取高价格、高促销费用　　　　　　B. 采取高价格、低促销费用

    C. 采取低价格、高促销费用　　　　　　D. 采取低价格、低促销费用

    E. 采取中等价格、中等促销费用

6. 单位利润达到最高状态是在产品生命周期的(　　　)

    A. 研发期　　　　　　　　　B. 导入期　　　　　　　　C. 成长期

    D. 成熟期　　　　　　　　　E. 衰退期

7. 美国市场营销学家莱维特教授断言:未来竞争的关键,不在于工厂生产什么产品,而在于其
    产品所提供的(　　　)

    A. 核心利益　　　　　　　　B. 特色　　　　　　　　　C. 质量

    D. 附加价值　　　　　　　　E. 品牌

8. 某大型医药生产的药品名为天士力,保健品品名为帝泊洱,其品牌策略为(　　　)

    A. 多品牌策略　　　　　　　B. 统一品牌策略　　　　　C. 个别品牌策略

    D. 分类品牌策略　　　　　　E. 合作品牌策略

9. 产品生命周期指的是(　　　)

    A. 产品的延伸寿命　　　　　B. 产品的使用寿命　　　　C. 产品的物理寿命

    D. 产品的合理寿命　　　　　E. 产品的市场寿命

10. 产品组合的宽度是指产品组合中所拥有的(　　　)的数目

    A. 产品项目　　　　　　　　B. 产品线　　　　　　　　C. 产品种类

    D. 产品品牌　　　　　　　　E. 产品包装

11. 企业现有的产品线使用同一品牌,当该产品线增加新产品时,仍沿用原有的品牌的是(　　　)

    A. 产品扩展策略　　　　　　B. 多品牌化策略　　　　　C. 品牌延伸策略

    D. 新品牌策略　　　　　　　E. 合作品牌策略

(二) 多项选择题

12. 企业在产品导入期采取快速掠夺策略的条件是(　　　)

    A. 产品有特色、鲜为人知　　　　　　　B. 市场规模和容量都较小

    C. 消费者对产品有极大的兴趣　　　　　D. 竞争者容易进入该市场

E. 企业欲树立产品优质高价的形象

13. 产品线扩展决策主要包括(　　)

A. 产品线长度决策　　B. 产品线宽度决策　　C. 产品线削减决策

D. 产品线带动决策　　E. 产品线换代决策

14. 对于产品生命周期衰退阶段的产品,可供选择的营销策略是(　　)

A. 集中策略　　B. 扩张策略　　C. 继续维持策略

D. 放弃策略　　E. 收缩策略

15. 增加产品组合的广度,有利于(　　)

A. 扩大经营范围　　B. 集中运用企业资源　　C. 更好地满足需求

D. 防止领导精力分散　　E. 增加企业销售额

16. 产品整体概念包含以下哪几个层次(　　)

A. 核心产品　　B. 形式产品　　C. 无形产品

D. 延伸产品　　E. 实物产品

17. 包装的营销作用主要表现在(　　)

A. 美化产品　　B. 保护产品　　C. 提供方便

D. 促进销售　　E. 增加赢利

18. 决定产品生命周期长短的主要因素有(　　)

A. 产品的价格　　B. 产品的营销渠道

C. 产品的牢固程度　　D. 科技发展水平

E. 消费者对产品的需求偏好

19. 品牌名称策略包括(　　)

A. 统一品牌名称策略　　B. 中间商品牌名称策略

C. 个别品牌名称策略　　D. 分类品牌名称策略

E. 企业名称加个别品牌名称策略

20. 导入期产品的特点是(　　)

A. 产品销量大　　B. 促销费用高

C. 利润低甚至为负值　　D. 制造成本高

E. 仍存在被市场淘汰的风险

二、简答题

1. 药品的整体概念中包括哪些层次?

2. 药品生命周期中的成长期和成熟期各有什么特点?

3. 简述药品的品牌策略。

4. 药品包装使用的策略有哪些?

三、案例分析

天士力打造国际品牌之路

（一）开放式研发带来技术创新

天士力集团利用先进的工艺、现代的科技手段来实现中药量化标准，研制出符合现代国际药剂学要求的复方丹参滴丸等一批现代中药，并申请了中国发明专利和外国专利。

拥有自主知识产权的核心技术使得天士力底气十足。目前，该集团在知识产权方面已建树颇多，累计申请专利 420 件、PCT 国际专利 13 件，其 PCT 进入国家阶段的国家和地区有近 30 个，并在部分国家已被授权。2004 年，天士力已申请中国专利 136 件，其中发明专利 121 件，在国内医药企业中名列前茅。其主打产品复方丹参滴丸、养血清脑颗粒、荆花胃康胶丸、丹参总酚酸等均为已获得专利权的专利产品，在企业产销总值中的比重与利润贡献率相当高。其中，复方丹参滴丸的年销售就超过 10 亿元。

这些成果的取得，得益于天士力在研发上的巨大投入和完善的研发体系。按照国际标准，高科技企业的科技投入应占销售比重的 10%，而目前我国大、中型工业企业的新产品开发支出和 R&D 经费支出占产品销售收入的比重大多都不到 1%，所占的比重相差 10 倍。若从科技投入金额看，差距远不止 10 倍，从使用效率上看就更不容乐观，一般只是部分甚至很少用于原始性创新。

天士力则在开发新产品和新技术上投入巨资，将接近销售收入 10% 的经费投入研究开发和技术改造中，坚持走原始性创新之路。围绕大健康产业的发展方向，天士力开展药品、保健品、化妆品等领域的基础科研、新产品开发、国际市场研究、药源基地科研等方面的工作，以"建立没有围墙的研究机构"的发展思路，吸引和聘请跨地区、跨国界、跨行业的高层次科研人员，同时建立国内一流的博士后工作站，让知识参与分配，并以"不求所在，但求所用，成果所有，利益共享"的合作原则，通过对科研资源的优化、整合和合理布局，形成以现有的现代中药研究所、化学药品研究所、生物技术和生物制品研究开发中心、中药国际注册研究中心、食品研究所为核心，凝聚全球优秀科研机构和人才的开放式的、没有围墙的研究院科研体系。由于不断发展新技术和新产品以获得更多的自主知识产权产品，开拓了天士力的发展空间。

（二）知识产权提升企业竞争力

在抓科研开发的同时，天士力不断摸索中药新药专利保护的技巧。他们发现，只要设计得当，几乎所有的中药新药都可能获得有效的保护，保证所开发产品市场销售的独占权。

天士力结合发展的整体战略来设计专利战略，构建产品的专利保护体系，形成强有力的专利防护网，对公司产品进行全方位保护。天士力所研发的产品，包括中药产品、化学药和生物药产品100% 都申请专利。并且，在进行中药新药开发的同时就已经考虑新药专利的设计，包括中药配方、组分的剂量配比、中药炮制技术、中药有效部位、中药制剂、中药的制备方法和新的医疗用途等。目前，与复方丹参滴丸有关的专利就有 100 多件，其他每个产品一般也涉及多件专利。

在构建专利保护体系的同时，天士力积极部署商标的保护体系。从企业的标识和商号到产品的商品名，从有形的产品到无形的服务，不仅注册集团经营领域范围内的商标，还注意商标的全类注册和反面商标的注册，同时还进行储备性商标申请。目前，天士力已注册国内商标 250 多件，国际商标近 30 件。

随着天士力品牌影响力的扩大,侵权事件也日益增多。为了维护自己的知识产权,天士力非常注重竞争情报的收集和侵权的监测,花费大量人力、物力投入打假维权及知识产权侵权案件中,确保无形资产不受损害。

抓知识产权工作光靠几个企业负责人的力量是远远不够的,必须重视和培养一批懂知识产权、会运用知识产权制度的人才。为此,天士力聘请了中药知识产权领域的专家担任要职,专门负责企业的知识产权工作,全面启动企业知识产权系统工程。不仅如此,天士力还将专利对企业发展及具体工作的指导作用作为一门必修课,要求新入厂的员工上岗前认真学习。其中,决策人员与科技人员还要继续深入研习,使其能够在今后的日常工作中自觉地加以运用。这些制度都充分显示了天士力抓好知识产权工作的决心。

讨论分析:

1. 天士力的专利技术对其品牌打造的作用是什么?

2. 打造中药国际品牌需要具备的条件有哪些?

项目九

药品产品价格策略

导学情景 V

情景描述:

　　小李在一大型连锁药店工作很多年了,在经营过程中发现,好多药品价格不断下降,个别中成药、中药饮片价格有时不断上调。但是,观察到顾客并没有因为药品的涨价或降价而发生需求的明显变化。所以,他得出结论:单纯调整药品的价格,并不是影响消费者需求的一个明显因素,在价格的运用上,还应全面考虑价格策略。

学前导语:

　　药品价格是药品市场营销组合中一个十分敏感而又复杂的因素,也是唯一一个能为企业带来收益的因素,它关系到医药产品的销路和企业的利润,涉及生产者、经营者、消费者和政府部门等各个方面的利益。因此,价格策略的正确应用对企业来说非常关键和重要。本项目将学习药品价格策略,引领大家学习药品价格构成、定价方法、定价策略等内容,学会如何制订合适的药品价格带动市场需求的同时为企业带来预期的利润。

任务 1　理解药品价格内涵

ER-9-1

扫一扫,知
重点

一、药品价格形式和构成

(一)药品价格形式

　　药品从生产企业出厂后通常要经过批发、零售等环节才能到达消费者手中,药品每经过一个环节就是一次买卖,就形成了一个价格,这样就组成了药品出厂价、药品批发价、药品零售价等价格形式。其中药品零售价是最重要的价格形式,国家主要通过限定药品最高零售价来调控药品市场。

　　1. 药品出厂价　药品出厂价是药品生产企业向药品批发或零售企业销售时的药品价格,是在生产成本的基础上形成的价格。药品出厂价是制订药品批发价、药品零售价的基础,同时也决定了药品批发价、药品零售价的价格水平,因此药品出厂价制订合理与否既关系到药品生产企业的经济效益,又关系到药品经营企业、医疗机构和广大消费者的切身利益。

　　2. 药品批发价　药品批发价指药品批发企业向药品零售企业,包括医院、诊所批量销售时的药品价格。为了规范药品流通领域的购销活动,药品批发价的概念将逐渐淡化,取而代之的是药品实际购销价格,它是在药品出厂价的基础上顺加一定差价构成的。

3. 药品零售价　药品零售价是零售药店和医院、诊所等医疗机构向消费者销售时的药品价格,它是在药品批发价的基础上顺加一定差价构成的。药品零售价直接面对广大消费者,合理的药品零售价关系到广大消费者的利益。

药品产品价格体系见图 9-1。

图 9-1　药品产品价格体系

知识链接

药品中标价格

　　为了纠正医药购销的不正之风,整顿药品市场价格秩序,降低药品"虚高"价格,减轻社会医药费负担,我国医疗机构推行了药品招标采购制度。由采购中心公开发布招标方案和招标品种目录等招标信息;在规定日期内,采购中心统一受理参加投标的生产、经营企业报送的资格证明材料;然后,组织招标采购评标专家按照招标方案进行评标、议标和定标。中标企业的价格即为药品中标价格,作为医疗机构实际的采购价格。

---

4. 药品差价　药品差价又称药品流通差价,是指药品在流通过程中形成的价格差额,一般而言就是指药品出厂价和零售价之间的差额。具体又可分为药品进销差价和药品批零差价两部分。药品进销差价又称药品购销差价,是指药品批发商经营同一种药品时的购进价格和销售价格之间的差额,它是批发企业利润的来源。药品批零差价指同一种药品的批发价格和零售价格之间的差额,它通常也是零售药店和医院、诊所等医疗机构经营药品收入的主要来源。

ER-9-2

购销差价与
批零差价

知识链接

药品"零差率"

　　近年来,我国的一些城市已经陆续开始药品"零差率"的探索。所谓药品"零差率",是指在社区卫生机构中,将基本能满足居民健康需求的药品实行政府集中采购,统一配送,并以购进价格销售给就诊患者。实施药品"零差率"销售后,对常见病、多发病使用的基本药物不再加价产生利润,让利给社区居民,利润部分由政府给予补贴。实行基本药品"零差率"后,留在社区治疗的慢性病患者将减轻相当一部分的用药负担。

（二）药品价格构成

药品的零售价格由生产企业的含税出厂价和流通差价构成，含税出厂价由生产成本、流通费用、国家税金和企业利润4个要素构成。

1. 生产成本　生产成本是指药品生产过程中所发生的各项开支，是决定药品价格的最重要、最基本的要素。具体包括：①原料及各种辅料；②包装材料；③燃料动力的消耗费用支出；④制造费用：企业厂房和机械设备等固定资产的折旧；⑤生产工人工资；⑥其他直接支出。对于制药企业而言，其排污减排的环保成本不可忽视。

2. 流通费用　流通费用是指药品在流通过程中发生的各种费用，它包括销售费用、财务费用和管理费用。其中销售费用对药品价格、药品市场的影响最大，它主要包括广告、市场宣传推广费用，市场调研费用，产品注册、临床试验费用，销售人员差旅奖金，运输仓储等费用。严格控制销售费用对稳定药品价格，促进药品市场健康发展具有积极意义。因此，政府定价药品规定了各类药品的最高销售费用率（销售费用率是指销售费用占药品价格的比重）。

3. 国家税金　税金是国家通过税法形式，按规定的税率进行征收而取得财政收入的主要方式。企业应交纳的税金主要有所得税和增值税等。所得税直接由企业利润负担，属于价外税，不能转嫁到商品价格中；增值税可以加入药品价格中，属于价内税，随药品出售而转嫁出去。因此国家税金是药品价格的重要组成部分，税率的高低直接影响药品价格的高低。

4. 企业利润　企业利润是药品价格减去制造成本、期间费用和税金后的余额。它是药品价格的重要构成因素，也是药品生产、经营企业追求的终极目标。对于政府定价药品可在其规定的最高销售利润率（销售利润率是指销售利润占药品价格的比重）内确定；对于实行市场调节价的药品，可根据市场供求情况，依据企业定价目标来制订。

（三）我国药品定价模式

根据《价格法》《药品管理法》和《药品管理法实施条例》，我国政府对药品价格管理总的原则是宏观调控与市场调节相结合。自2015年6月开始，药品价格制订实行价格改革，除麻醉药品和第一类精神药品外，取消药品政府定价，完善药品采购机制，发挥医保控费作用，药品实际交易价格主要由市场竞争形成。①医保基金支付的药品，由医保部门会同有关部门拟定医保药品支付标准制定的程序、依据、方法等规则，探索建立引导药品价格合理形成的机制；②专利药品、独家生产药品，建立公开透明、多方参与的谈判机制形成价格；③医保目录外的血液制品、国家统一采购的预防免疫药品、国家免费艾滋病抗病毒治疗药品和避孕药具，通过招标采购或谈判形成价格；④麻醉药品和第一类精神药品，仍暂时实行最高出厂价和最高零售价格管理；⑤其他药品，由生产经营者依据生产经营成本和市场供求情况，自主制订价格。

ER-9-3

强化医药费用和价格行为的综合监管

案例分析

案例

消费者赵女士向当地物价局价格举报中心投诉称，她在市区甲药店购买"伤风止咳颗粒"一盒共花了 27 元，后来她在乙药店发现同样的药品售价只要 22 元。赵女士认为药店存在乱收费行为。

分析

接到投诉后，市物价局价格执法人员来到赵女士投诉的药店现场调查。根据调查情况以及赵女士提供的药品价格信息，价格执法人员确认"伤风止咳颗粒"药品均未列入《政府定价药品目录》，属于市场调节价，药品经营者可自主制订上述药品的价格，甲药店不存在乱收费的行为。

二、影响药品价格的因素

药品价格是影响交易的一个很重要的因素。合理的价格既可以使购买者满意，又能使企业实现促进销售、获取利润的营销策略。而定价的程序受到药品成本、企业目标、市场供求、竞争状况、国家政策等诸多内外因素的影响。

（一）内部因素

1. 药品成本　无论是政府定价药品还是企业自主定价药品定价时均应首要考虑成本因素。成本是企业定价的最关键的因素。产品在生产、销售和储运过程中均会产生相应的成本，分别称为生产成本（制造成本）、销售成本和储运成本。这三部分成本均由固定成本（又称不变成本）和变动成本（又称可变成本）两部分构成。

（1）固定成本：指成本中不随药品产量和销量变化而变化的成本。如企业厂房和机械设备等固定资产的折旧、药品广告、柜台租金等。

（2）变动成本：指成本中随药品产量或销量变化而变化的成本。如原料和生产过程消耗的能源、员工工资等。

固定成本和变动成本构成总成本，在销售时分摊到每件产品上成为价格中的一部分。单位产品分摊得越高，定价的起点就越高；分摊得越少，定价的起点就越低。如果目标利润固定后，起点的高低直接影响价格的高低。价格的高低不同，在销售时往往会带来竞争力的差异。如果销售价格固定，起点的高低直接影响企业的利润。因此，在保证产品质量的前提下，成本控制对企业来说非常重要，是理想定价的前提。

要想充分了解成本对价格的影响我们还需了解以下几个概念：

（1）平均总成本（单位总成本）：指单位产品所分摊的成本。数值随产量或销量的增加而减少。计算公式如下：平均单位成本＝总成本÷产量（或销量）＝平均固定成本＋平均变动成本。

（2）平均固定成本（单位固定成本）：指单位产品所分摊的固定成本。数值随产量或销量的增加而减少。计算公式如下：平均固定成本＝固定成本÷产量（或销量）。

（3）平均变动成本（单位变动成本）：单位产品所分摊的变动成本，用总变动成本除以产量或销量,当原材料价格、生产技术等因素不变时,平均变动成本的大小保持不变。

(4)边际成本:指每新增或减少一单位生产或者销售的产品产生的总成本的变动量(包括固定和变动成本)。边际成本一般用来计算边际利润。当增加一个单位产量所增加的收入(单位产量售价)高于边际成本时,则有利可图;反之,则亏损。只要增加一个产量的收入高于边际成本,即使低于总的平均单位成本也会增加利润或减少亏损。因此,计算边际成本对制订产品决策具有重要作用。

2. 企业的营销目标 除了考虑成本外,药品价格的制订还必须考虑企业的营销目标,定价应该与企业的发展战略相一致。通过合理定价,可以完成下述目标中的任何一种或几种。

(1)维持企业生存:这种定价目标一般是短期目标,持续的时间都不会很长。当医药企业的生产能力相对现有的需求过剩,市场竞争激烈,或患者的选择和需求突然变化造成药品滞销积压时维持生存就成为企业的首要目标。此时药品的价格只要能够超过平均变动成本,就可以弥补一部分固定成本,减少损失,企业才有机会渡过难关。

(2)获取利润:获取利润是企业从事生产经营活动的最终目标,通过产品定价来实现。包括3种情况:①以获取投资收益为定价目标。投资收益定价目标是指企业把在一定时期内能够收回投资并获取预期的投资报酬作为一种定价目标。采用这种定价目标的企业,一般是根据投资额规定的收益率计算出单位产品的利润额,加上产品成本作为销售价格。一般来说,投资收益率应该高于同期的银行存款利息率,但不可超过消费者可以接受的范围。②以获取合理利润为定价目标。合理利润定价目标是指企业在补偿正常情况下平均成本的基础上,加上适度利润作为产品价格。企业采用这种定价目标,得到的价格一般比较公道,既可以让消费者满意,又可以避免引起行业间不必要的价格竞争。但因其利润回报周期长,如果产品市场缺乏可持续性,不宜采用这种定价目标。③以获取最大利润为定价目标。最大利润定价目标是指企业将追求在一定时期内获得最高利润额作为一种定价目标。利润额由价格和销售规模决定,因而企业可以通过定高价或合理价格推动的大规模销售来实现。最大利润的实现周期有长期和短期之分,有远大抱负的企业经营者往往都倾向于追求长期利润的最大化。垄断性的药品,企业可通过对其产品制订高价以在短期内获取最大利润。还有一些多品种经营的企业经常使用组合定价策略,即有些产品的价格定得比较低,有时甚至低于成本以招徕顾客,借以带动其他产品的销售,从而使企业利润最大化。

(3)追求市场份额最大化:指医药企业定价时,首先考虑所定的价格是否有利于促进销售,提高市场占有率。销售量大幅提升,可以降低单位药品的生产和分销成本,具备竞争优势,从而可以赢得理想的销售规模,最终获得较高的利润,同时把一部分竞争者挤出市场。患者和顾客对该药品价格敏感度高时,适用此种战略。

(二) 外部因素

1. 药品市场供求状况 正常情况下医药产品的价格受市场供求影响很大,供过于求时,价格会出现下跌;供不应求时,价格会随即上涨。而供求又受到价格的影响,价格较高时,一方面需求减少,另一方面资本追逐利益的特性使供给增加,导致价格下跌;价格较低时,需求会增加,而利润下降引起供给减少,从而导致价格上涨。因此,供求与价格之间有着密切的联系。

2. 药品市场需求价格弹性　需求价格弹性是指在一定时期内,因产品价格变动而引起的需求数量变动程度。需求变动程度大于价格变动程度,该市场弹性充足;相反,需求变动程度小于价格变动程度,甚至没有变化,该市场弹性不足或无弹性。弹性充足的市场,消费者对价格极其敏感。这一类市场新药导入期时不适合定高价,否则可能出现市场增长缓慢的情况;促销时可采用降价方式,带动销售规模的迅速扩大。价格弹性不足的市场消费者对价格变动不敏感。这一类市场新药导入期适合定高价,可在短期内获得较高利润;销售过程中不适合采用降价方式促销,因为降价并不能促进消费者多买,市场占有率不能提高,单纯降价只会影响企业的利润。

3. 市场竞争状况　市场竞争状况也是影响价格的重要因素。医药企业在制订价格时,应对市场的竞争状况进行充分的调查分析,在此基础上,结合企业的优势,制订出合理的价格策略。

4. 法律法规和政策因素　药品价格关系到国家、企业和个人三者之间的利益。政府为了保证医药市场有序、健康、公平发展,减轻患者负担,在遵循价值规律的基础之上,出台了一系列法规、政策,对价格进行管理规范。例如为扶持中药企业,推出"中药独家品种",在 2013 年 3 月中旬出台的2012 年版《国家基本药物目录》中,仅中药独家品种就新增了 40 个,如广药集团下的独家中药品种白云山和黄口炎清颗粒、天士力旗下的养血清脑颗粒、康缘药业的桂枝茯苓胶囊、以岭药业的连花清瘟胶囊等产品均榜上有名,这些药品的市场竞争格局立即改变。而为了压缩药价实际成本外的"水分",发改委每 2~3 年对企业进行 1 次成本调查,内容覆盖企业历史、主要产品及市场情况、生产能力及生产经营概况等基本内容,最主要的是对整个流程背后的财务制度、财务报表、账簿资料,以及与调查有关的各种凭证、票据、合同等内容进行核查分析。但带来高毛利的期间费用(含大量营销费用)和生产成本一向被视为企业最大的机密,政府药价主管部门的工作同样会面临信息不对称这个问题。作为药品生产企业,应不断学习和领会国家的药品价格政策,顺势而为。

药品的价格除了受上述因素影响外,还会受到消费心理、渠道选择、产品特性等因素的影响。

点滴积累　∨

1. 药品的价格体系主要是由出厂价、批发价、零售价组成。
2. 药品价格的构成要素主要是生产成本、流通费用、国家税金、企业利润。
3. 影响药品价格的影响因素包括内外两大因素,内部因素主要包括药品成本、企业的营销目标等,外部因素主要包括市场供求状况、市场需求价格弹性、市场竞争状况、法律法规和政策因素等。

任务 2　选择药品定价方法

药品生产经营企业应围绕企业的定价目标选择正确的药品定价方法,使药品价格合理化,有利于实现企业的经营目标。医药企业可以选择的定价方法很多,下面重点介绍 3 种定价方法。

一、成本导向定价法

成本导向定价法是以成本为基础的定价方法,可以分为以下 4 种类型。

（一）成本加成定价法

成本加成定价法是指在药品单位成本的基础上，加上一定的利润加成率来制订药品价格的方法。其计算公式是：

$$单位价格 = 单位产品成本 × (1+加成率)$$

案例分析

案例

某药品核算的固定成本为 60 万元，生产某药品的单位变动成本为 4 元/盒，企业期望达到的利润率为 20%，预计该药品的销售量为 20 万盒，计算其药品单价。

分析

药品价格 = （60÷20+4）×（1+20%）=8.4 元/盒

成本加成定价法是最传统，也是实际工作中应用最普遍的价格计算方法。其优点是简单易行；缺点是只从生产者利益出发，盲目性较大，忽略了市场需求和竞争对价格的影响因素。采用这种定价方法制订的价格灵活性欠佳，在市场上的竞争能力弱。

（二）目标利润定价法

目标利润定价法是指在产品总成本的基础上，加上一定的企业目标利润，再根据市场预测目标销售量计算出单位药品价格的定价方法。其计算公式是：

$$药品价格 = （总成本+目标利润）÷销售量$$

案例分析

案例

某药品生产企业生产某药品的固定总成本为 100 万元，单位变动成本是 10 元/支，预计其目标销售量可达 20 万支，企业计划该产品每年能稳定实现利润 100 万元，计算其药品价格。

分析

药品价格 = （100+10×20+100）÷20 =20 元/支

目标利润定价法比较适合于企业有发展前途的新产品。因为新产品刚上市时往往销量很小，如果按照此时的生产成本定价，往往价格会高出市场能够接受的水平，产品打不开销路；而按照打开市场后的预测销售量为基础制订药品价格，价格水平会低得多，也容易被市场接受，并为企业提供目标利润。

（三）盈亏平衡定价法

盈亏平衡定价法（保本定价法）是在预测市场销售量的基础上，保证企业既不赢利也不亏损的产品价格水平。其计算公式是：

$$药品价格 = 单位变动成本+固定成本÷销售量$$

案例分析

案例

某药品的固定成本为 120 万元，变动成本为每瓶 6 元，根据市场调查，预测该药品的年销售量为 20 万瓶，如何核定其保本价格。

分析

保本价 =6+120÷20 =12 元/瓶

（四）变动成本定价法

变动成本定价法又称为边际贡献定价法，定价是以单位变动成本为最低底线，根据市场竞争情况，只要售价高于变动成本，其价格就能弥补部分固定成本，尽可能减少亏损。

边际贡献＝产品价格－变动成本

当边际贡献>固定成本时，赢利；当边际贡献＝固定成本时，盈亏平衡；当 0<边际贡献<固定成本时，亏本；当边际贡献＝0 时，停止经营。

案例分析

案例

某制药企业的销售形势不容乐观，所以影响生产，生产车间做一天休息一天，该企业的 A 药品因出厂价格太高，市场上 1 年来销售情况极差，其固定成本为 100 万元，变动成本为每瓶 6 元，根据市场调查，该药品的市场接受价格为每瓶 10 元，年销售量大概有 20 万瓶，问企业能否安排生产？

分析

如果生产，则亏损 100+6×20－10×20 =20 万元；如果不生产，则亏损 100 万元。企业可在市场竞争激烈、生产量不足时生产，以减少亏损。

二、竞争导向定价法

以对抗和防止竞争为定价目标的企业定价方法称为竞争导向定价法，可分为以下 3 种类型。

（一）随行就市定价法

即"流行水准定价法"，是指企业按照同行业的平均价格水平来制订药品价格的方法。采用这种随行就市定价方法，容易被市场接受、风险小，同时也避免了价格竞争带来的市场波动，能够为企业创造合理的利润，是一种较为普遍使用的定价方法。

（二）竞争定价法

即"差异定价法"，企业根据市场竞争策略有意将药品价格定得不同于竞争者价格。一般分为以下 2 种不同的情况：

1. 高于竞争者的价格 当企业的产品在临床疗效、工艺质量控制等方面有明显的优势,同时在购买者中有一定的品牌效应,买主愿意支付更多的费用来购买该产品时,企业可制订高于竞争者的价格,以取得相对高的利润。

2. 低于竞争者的价格 企业为了使产品在市场竞争中增加竞争力,促进销售,扩大市场占有率,可采用低于竞争者价格的定价方法。当然这种定价方法要慎重,否则容易引起价格战,影响整个医药企业的合理利润,不利于行业向高层次发展。

案例分析

案例

一家连锁药店营业已多年了,近来,离这家药店不远处又开了另一家连锁药店超市,生意因此清淡了,为适应市场竞争,总部派人到该药店进行了暗地调查后,决定针对这家分店制订不同的价格,以重新提升营业额。该药店采用了哪种定价方法?

分析

该药店采用了竞争导向定价法中的随行就市法,从而既保证了价格的优势,也不会导致利润太低。

（三）投标定价法

这是近几年来,药品生产经营企业对参加集中招标采购的药品采用的定价方法。企业根据采购中心公开发布的招标方案,对同层次竞争者的可能报价进行预测,并在规定时间内密封企业产品报价提交给招标部门,然后招标部门进行集中统一开标,主要以价格优势确定中标者并签订销售合同。因此,中标品种的报价一般低于竞争者,但应高于生产成本,保证其有一定的利润空间,提高企业稳定供货的积极性。

三、需求导向定价法

又称顾客导向定价法,是企业根据消费者对产品价值的主观判断来制订产品价格的一种定价方法。它主要有以下2种类型:

（一）反向定价法

又称价值定价法、向后定价法,是指企业在定价之前通过市场调查,分析市场需求状况以及购买者对药品价格的接受程度,并以此为基础确定药品价格。实际工作中,为适应市场需要,有时也采用反向定价法。

出厂价＝市场可销零售价÷(1+批零差率)÷(1+进销差率)

或:出厂价＝市场可销零售价−批零差价−进销差价

案例分析

案例

某企业在整理企业产品目录时，发现某普药品种有生产批文但已多年没有生产，在对市场前景没有把握的情况下，企业派出了专门的调研人员到多家药品批发企业以及大物流基地进行市场调查，确认该药品的市场批发价为10.5元，进销差率为5%，并且有稳定的市场需求量。企业根据这一信息马上组织财务人员进行该品种的成本测算，其固定成本为4元，变动成本为5元，有一定的利润空间，因此企业经营决策人员立即决定将该产品列入生产计划并根据市场情况确定其出厂价为10元。

分析

该企业正是利用了反向定价法的优点。

（二）需求差异定价法

是指企业根据不同市场、不同消费者对药品购买能力和购买意愿的不同而对同一药品制订不同价格的定价方法。这种定价方法并不反映成本的差异，但可以为企业获取尽可能多的利润。例如药品企业根据大医院终端与私人诊所、药店终端两个分销渠道的价格需求不同，可以对同种药品设计两种不同的包装，对专供大医院终端的包装制订较高的零售价格，而对供私人诊所、药店终端的包装制订相对低一些的价格。

点滴积累 ∨

1. 药品定价方法主要包括3种方法：成本导向定价法、竞争导向定价法、需求导向定价法。

2. 成本导向定价法包括成本加成定价法、目标利润定价法、盈亏平衡定价法、变动成本定价法；竞争导向定价法包括随行就市定价法、竞争定价法、投标定价法；需求导向定价法包括反向定价法、需求差异定价法。

3. 边际贡献是以单位变动成本为最低底线，根据市场竞争情况，只要售价高于变动成本，其价格就能弥补部分固定成本，尽可能减少亏损。

任务3 药品定价策略

药品定价策略是指药品经营决策者在研究企业的内外部环境后，依据企业的定价目标以及相应的定价方法，所采取的定价方针和价格方式，来指导企业正确制订药品价格，实现企业的经营目标。药品定价策略的关键在于如何让药品价格定得既能让购买决策者接受，又能让企业获得稳定的收益，创造双赢的局面。

一、心理定价策略

心理定价策略主要应用于药品零售环节，是根据消费心理学原理，针对不同类型的消费者在购买过程中的心理状态来制订药品价格的一种策略。下面介绍 3 种常用的药品心理定价策略。

（一）尾数定价

又称零头定价,即针对消费者求实、求廉的心理,定价时在整数价格的基础上稍微降低一点变成零头价格。如某一药品的零售价格定为 9.98 元,消费者感觉价格不满 10 元,处于 10 元以下的档次,给人以便宜的感觉,使消费者产生购买欲望。这种定价法一般适用于价格需求弹性较强的普通药品零售价格的制订。

（二）整数定价

整数定价策略与尾数定价策略正好相反,指医药企业有意识地将药品价格制订成整数的一种策略。对价格较高的药品一般采用这种策略,同时整数定价能给人一种方便、简洁的印象。采用整数定价策略应注意要确保医药产品的品质,注意同类药品价格的差价幅度不可过高,还要加强售后服务,巩固消费者的信任感和安全感。

（三）声望定价

即针对消费者"价高质必优""一分价一分货"的心理,对在消费者心目中已形成一定品牌效应的药品制订较高价格的一种定价策略。

这种定价法是利用顾客仰慕名牌或名店的声望所产生的某种心理作用,由于声望和信用高,用户也愿意支付较高的价格购买。一般适用于著名制药企业的特优药品价格的制订。

▶▶ **课堂活动**

下面案例运用了哪种心理定价策略?

某药厂准备上市的新药,按照成本零售价不超过 10 元,但经市场调查后发现,消费者能接受的心理价位在 100 元,于是决定定价 97 元,销售良好。

（四）最小单位定价

同样的价格采用不同的标价单位,对消费者的心理会产生不同的影响,一般来说,用较小的单位标价会给人以便宜的感觉。

案例分析

案例

用于门急诊呼吸道感染的某注射用水针剂,包装规格为 6 支/盒,原来采用每盒 48 元的定价,普遍反映价格偏贵,不方便使用;后来企业改变包装规格,采用 1 支/盒,定价 12 元后,反而更容易被消费者接受。

分析

该案例销售成功是利用了消费者对该类药品的价格心理策略。

（五）习惯定价

习惯定价指的是消费者在长期中形成了对某种商品价格的一种稳定性的价值评估,它所依据的是消费者"习惯成自然"的心理。对于常年销售的医药产品,其价格已形成消费习惯,一旦发生变动,必然引起消费者的不满,导致购买的转移。如确实需要调整价格,可采用价格调整策略。

(六) 招徕定价

招徕定价策略是指医药企业为了招徕顾客,特意将某几种医药产品以非常低的价格出售,或是节假日和换季期间对部分产品实行折价让利销售,以此吸引顾客,促进全部商品的销售。

案例分析

案例

日本创意药房在将一瓶 200 元的补药以 80 元的超低价出售时,每天都有大批人潮涌进店中抢购,按常理如此下去肯定赔本,但让人惊讶的是药房财务账目显示出盈余逐月骤增。

分析

赢利的原因就在于没有人来店里只买一种药。人们看到补药便宜,就会联想到其他药也一定便宜,促进了其他药品的购买行为。

二、折扣、折让定价策略

药品是特殊商品,国家规定药品不允许直接面对消费者进行折价和有奖销售。药品的折扣和让价主要针对药品商业批发企业和零售企业,是促进他们更多地销售本企业药品常采用的激励方法。常见的折扣、折让形式主要有以下几种:

(一) 数量折扣定价

数量折扣是对经销药品达到一定数量的商业单位给予一定的折扣优惠。在实际操作过程中可分为累计数量折扣和非累计数量折扣两种。生产企业对长期业务往来的客户常采用累计数量折扣,一般在年初会与相应的药品经销单位签订年销售总量协议,对完成年销售量的企业,年底给予一次性返回。对零散商业客户常采用非累计数量折扣,以鼓励客户大量购买,促进销售。

(二) 现金折扣定价

现金折扣是药品生产企业为减少经营风险、加快资金周转,对以现金或在规定期限前付款的药品商业企业给予的一种折扣。它一般体现在销售合同中,如一般药品的正常回款期限为 3 个月,现款可给予 3% 的现金折扣;1 个月回款给予 2% 的现金折扣;2 个月回款给予 1% 的现金折扣等。

(三) 交易折扣定价

交易折扣是过去一段时间内,药品生产企业常用的给予在营销过程中各类中间商的不同折扣,它通常指在实际工作中沿用的理论药品批发价(即零售价格除以 1.15)概念的基础上的折扣,通过交易折扣可计算出中间商享受的实际购进价格。其计算公式是:

$$实际购进价格 = 批发价(零售价格 \div 1.15) \times 交易折扣$$

案例分析

案例

某药品的零售价格为 24 元，药品生产企业给批发商的交易折扣为 75 折扣，则批发商的实际购进价格为多少？

分析

24÷1.15×75% =15.65 元

当然，国家规定销售方应在发票上填写折扣后的实际价格。医疗和零售单位将折扣收入作为药品进销差价收入，应与药品批零差价收入合并计算。随着国家对药品流通领域价格的管理形式由批发价转到实际购销价格，以前批发价和交易折扣的概念也就逐步淡化了。

（四）推广折让定价

推广折让又称促销让价，是指在新药导入期为了鼓励药品中间商帮助企业开拓产品市场而给予的价格优惠。

三、产品组合定价策略

产品组合定价策略是指处理本企业各种产品之间的价格关系的策略，是对不同组合产品之间的关系和市场表现进行灵活定价的策略。产品组合定价策略主要有以下几种：

（一）产品线定价

企业在对产品线定价时，可以根据各个相互关联的产品之间的成本差异、顾客对这些产品的外观评价以及竞争者的产品价格来决定各个相关产品之间的"价格阶梯"。如果产品大类中的两个前后连接的产品之间的"价格差额"小，购买者就会购买更先进的产品；如果"价格差额"大，顾客会偏向购买较差的产品。

（二）连带产品定价

连带产品又叫互补产品。对这类产品定价时，一方面要有意识地降低互补产品中购买次数少、消费者对降价反映又比较敏感的产品价格，另一方面又要有意识地提高互补产品中消耗最大、需要多次重复购买、消费者对其价格提高反映又不太敏感的产品价格，从而提高企业的利润。

（三）系列产品定价

对于既能单个购买又能配套购买的系列产品，可实行成套购买价格优惠的做法。如把碘酒和棉棒相结合。成套销售不仅方便了顾客，还可以节省流通费用，加快产品流通速度和资金周转速度，有利于提高企业的经济效益。

（四）分级产品定价

将同一种产品根据质量上和外观上的差别分成不同的等级，选其中一种产品作为标准品，排列为低、中、高 3 档，再分别作价。对于低档产品，可使其价格接近产品成本；对于高档产品，可使其价格较大幅地超过产品成本。

四、差异定价策略

差异定价策略是指对同一药品或服务,根据流通环节、销售对象、时间或地点等方面的不同,制订不同价格的一种策略。

(一)根据流通环节定价

这种定价策略的具体表现形式主要有两种,即购销差价策略和批零差价策略。购销差价反映了生产企业与经营企业之间的关系,它的高低影响生产企业与经营企业各自的利益。合理的购销差价既能促进生产企业生产的发展,又能改善经营企业的经营管理,正确指导消费。同样,合理的批零差价有利于调动批发企业和零售企业两个方面的积极性,也有利于稳定药品的零售价格。

知识链接

购销差价和批零差价

当药品从购进到销售时,经营企业要支付一定的流通费用,同时应该得到合理的利润,并向国家缴纳税金,这些流通费用、税金和利润之和就构成了购销差价。 在零售企业从批发企业购进药品出售给消费者的过程中,也需要支付一定的流通费用,缴纳一定的税金并得到一定的利润,那么这些流通费用、税金和利润之和就是批零差价。

(二)根据时间定价

根据时间定价就是在不同的季节、不同的日期或不同的时刻销售时采取不同的定价。例如某些药品节日时的价格一般比平时优惠,对某些药品订货越早,价格越低。

(三)根据购买者定价

根据购买者定价就是对于不同的客户采取不同的价格。例如部分企业对自己的长期客户可给予较低的价格。

(四)根据药品形式定价

根据药品形式定价即对于不同规格、不同品牌、不同包装的药品实行不同的价格。但是,这种价格差异与药品成本变化并不成比例。例如包装精美别致的滋补药材比简装的滋补药材的价格要高得多。

案例分析

案例

众所周知,人参是名贵的稀有药材,价格昂贵。 但是在改革开放以前,我国的有关单位在出口人参时,像捆萝卜干似的将人参捆扎起来,用麻袋或木箱(10千克)包装。 可想而知,这种"稻草包珍珠"的包装方式不能不让人对其商品的真实性表示怀疑,同时也极大地降低了人参的身价。 在这种情况下,尽管价格很低,但是销路仍然不佳。 后来有关单位终于明智地改变了包装策略——采用小包装

（1～2支），配上了绸缎锦盒，或使用木盒外套玻璃纸罩，这样的"装束"雅致大方，使人参的稀有名贵充分表现出来了。 结果是不仅打开了销路，而且每吨的售价比过去增加了2.3万元，使商品利润倍增。

分析

该案例销售成功是利用了根据药品形式定价的策略。

五、地理区域定价策略

一个企业的药品不仅会卖给当地客户，还会卖给外地客户，而卖给当地客户与卖给外地客户的费用（如运费）是不同的。那么企业是对不同的客户实行不同的价格，以收回较高的运输成本，还是不论地区远近都制订同样的价格呢，这就涉及地理区域定价策略问题。地理区域定价策略的具体形式有如下几种：

（一）产地价格

产地价格也叫离岸价格，是指企业在制订药品价格时，只考虑药品装上运输工具之前即交货前的费用，其他一切费用（如交货后的运费及保险费等）一律由买方负担的一种定价策略。这种定价策略定出的价格较低，对于距离产地较近的买主或有运输优势的买主来说比较容易接受，而对于距离产地较远的买主是不利的。

（二）统一运送价格

统一运送价格是指企业对不同地区的买主，无论路程远近，都由企业将药品运送到买主所在地，并收取同样的运费（按平均运费计算）。采用这种定价策略，意味着卖方负担了全部运输、保险等费用，所制订的价格虽然较高，但买主比较容易接受。因为买主能够预先知道进货成本的确切数字，还能避免运输过程中可能会发生的风险。这种定价策略适用于重量轻、运费低且占变动成本比重小的药品。

（三）分区运送价格

分区运送价格是指企业将整个市场划分为若干个区域，根据这些区域的距离远近及运费不同，对不同的区域实行不同的价格，距离越远的区域价格越高，但在同一区域内实行同一价格。

（四）基点价格

基点价格是指企业选择几个城市作为定价的基准点，然后按照离买主最近的城市到买主所在地的运费加上产地价格形成药品的价格，它不管药品实际是从哪个城市起运的。

（五）运费补贴价格

运费补贴价格就是指企业对距离较远的买主收取低于实际运费的运价，以使这种药品的到货价不高于买主附近企业的到货价，实际就是企业给予买主一定的运费补贴。这种策略有利于抢占距离较远的市场区域，提高市场占有率。

六、新药品定价策略

新药品刚推出时，销量一般比较小，因此新产品的定价非常关键，它是产品能否快速进入市场并取得成功的关键因素。一般来说,新药的价格必须能让市场接受,并能给企业带来一定的利润,以弥补新产品投入、研发的费用,利于企业健康发展。新药品定价策略主要有以下3种:

(一) 撇脂定价

撇脂的原意是指煮牛奶时,先把浮在表面的奶脂撇取出来。撇脂定价策略又称高价掠取策略,是一种新药常用的定价策略。即在新药上市之初,价格尽量定得高一些,以便于在短期内获得高额利润的一种定价方法。目的是尽快收回投资,以后分段降低价格。

采用这种定价策略的新药必须具备一定的独特性、短期内市场无有效的替代品、购买者对价格不太敏感、需求价格弹性较小等条件。高价厚利可以使企业有实力进行全面的产品推广,让购买者尽快了解新药,形成品牌效应。但是高价会将部分购买者排斥在外,不利于新药开拓市场、扩大销量,同时厚利也会吸引更多的竞争者加入,争夺同一块蛋糕。

(二) 渗透定价

又称薄利多销策略,是指新药上市之初,把价格定在相对较低的水平上(保本或者微利),以"价廉物美"的形象吸引更多的购买者,迅速提高市场占有率的一种定价方法。这种定价方法的目的是取得在市场上的主动权,以期将来获取更大的利益。

这种定价策略的应用必须满足3个条件:①市场必须对价格高度敏感,以使低价格能促进市场的增长;②生产和销售成本必须随销售量的增加而减少;③低价能帮助排除竞争,使潜在竞争者望而却步。

但是定价过低,即使有市场也没有足够的利润,企业的投资回收期限过长,导致企业缺乏可持续发展的动力和后劲。

▶▶ 课堂活动

> 某制药公司决定投产与曲美成分一样的新药,而此时,曲美已经成为减肥市场的领头品牌,形成了一定的品牌影响力。如果价格定在与曲美相差不多,肯定会卖不动,只有与曲美拉开更大的价格距离,才能对消费者产生吸引力。最终他们将产品的零售价格定在每盒50元,比曲美的价格便宜235元。由于价格策略正确,其新药上市后取得了极大的成功,2002年第一季度该产品就销出了30万盒。
>
> 请分析这家公司的定价符合哪种策略?

(三) 中间价格

又称为满意价格策略、温和价格策略,是指企业将产品价格定在高价和低价之间,兼顾生产者和消费者的利益,使两者都能满意的价格策略。这一策略的目的是在长期稳定的增长中获取平均利润,因此这一策略为广大企业所重视。

一般来说,药品类别不同,其定价策略也会有差异性。对于医院用处方药,由于购买的决策者主要为医师,倾向于采用撇脂定价策略,便于有一定的费用空间来进行产品推广,提升销量。相对于处方药而言,OTC产品是直接面向消费者的,定价不宜过高,过高的价格不顺应当前的消费收入水平,使需求减少,加上竞争对手的替代效应,很可能导致市场份额的丧失。但也不能过低,过低的价格企业没有利润,缺乏可持续发展的动力和后劲。

▶▶ 课堂活动

　　某企业有一新药就要上市, 这种新药主要是用于抗病毒的感冒新药, 假如你是企业的决策人员, 将采用哪种新药品定价策略? 请说出依据。

点滴积累 ∨

1. 药品定价策略主要包括心理定价, 折扣、折让定价, 产品组合定价, 地理区域定价, 差异定价等。

2. 折扣、折让定价策略主要包括数量折扣、现金折扣、交易折扣、推广折让等。

3. 药品心理定价策略主要包括尾数定价、声望定价、最小单位定价等。

4. 产品组合定价策略主要包括药品产品线定价、连带产品定价、系列产品定价、分级产品定价等。

5. 差异定价策略主要是根据流通环节、销售对象、时间或地点等方面的不同制订不同的价格。

6. 地理区域定价策略主要包括产地价格、统一运送价格、分区运送价格、基点价格等。

7. 新药品定价策略主要包括撇脂定价策略、渗透定价策略、中间价格策略。

任务 4　药品价格调整策略

　　由于药品市场所面临的内外部环境都处在不断的变化之中,因此,药品企业往往需要在掌握上述定价方法和定价策略的基础上,根据市场变化情况适时进行价格调整。通常有以下 3 种价格调整策略:

一、药品降价策略

(一) 降价的原因

导致企业药品降价的原因很多,具体表现在以下几个方面:

1. 生产能力过剩　企业需要解决生产能力过剩的问题,但通过加强药品促销或改进产品等手段仍不能提升销售业绩。但是首先降价的企业可能会面临一场价格战。

2. 市场竞争份额趋于下降　在当前激烈的医药市场竞争中,国产药品受到进口、合资企业药品的大规模冲击,为了保持市场占有率,企业可采取降价策略。

3. 扩大市场份额　企业期望通过发动降价扩大市场份额,降低成本。

4. 处于经济衰退期　此时愿意购买高价产品的顾客减少,企业不得不考虑降价。

(二) 降价的方式

企业药品降价的方式主要有以下 2 种:

1. 直接降价　即直接降低药品价格。如国家发改委在一定时期公布降价药品目录时,企业就要直接把价格调整到位。

2. 间接降价 即企业药品目录价格保持不变,通过增加各种服务如送货上门、无条件退货、赠送礼品或者增大各种折扣、回扣,降低实际销售价格。

二、药品提价策略

(一)提价的原因

企业提价主要源于以下几个方面的原因:

1. 成本增加 成本增加挤压了利润空间,也导致了企业提价。企业提价的幅度通常要比成本增加的幅度大。

2. 供不应求 当市场供不应求时,企业可通过提价来调节市场供需。企业为了避免直接提价带来的不必要的麻烦,通常也可以采用其他一些方法来弥补高额成本或满足大量需求。如改变药品包装但价格不变,原来每盒 20 片,现改为 12 片;使用低廉的包装材料或促销更大包装的产品以降低包装成本等。

3. 产品更新换代 企业可以利用顾客“价高质优”的消费心理,通过涨价营造名牌形象,尤其对于某些新药、贵重药品或生产规模受到限制而难以扩大的药品。

(二)提价的方式

提价的方式主要有以下 2 种:

1. 直接提价 企业在适当时根据提价的原因,直接提高药品的价格。

2. 间接提价 即企业采取一定的方法使药品价格表面保持不变但实际隐形上升。比如减少原包装的容量;用便宜的原料替代;减少价格折让或减少原有的服务项目等。

三、应对竞争者调价的策略

在市场竞争中,企业应对竞争者的调价,必须全面了解竞争者价格调整的目的和可能持续的时间并及时采取相应的措施。通常有以下 3 种策略可应对竞争:

(一)“人涨我涨,人降我降”

这是一种追随策略,即保持与价格调整者同方向的运作。这种情况特别适合于同质市场。当然,企业在进行价格营销决策时,应该尽可能地避免发动价格战。单纯的相互比拼低价以赢得市场可能会影响产品质量,降低企业提高产品研发、创新的动力,从而使企业与消费者的利益都受到损害,所以应注意价格调整幅度问题。

(二)“人涨我降,人降我涨”

这是一种逆反性思维在价格策略中的运用,即保持与价格调整者反方向运作。如果别的医药企业在涨价时,本企业通过改进生产技术条件、加强规模经济的方式来降低成本,并调低价格,以吸引大量的消费者,这样尽管单位医药产品获利较少,但总利润可能会增加。当别的医药企业降低时,本企业可能提高医药产品质量,加强宣传,树立企业医药产品的高档次形象,以增强市场竞争力。

（三）"人涨我不涨，人降我不降"

就是对其他企业的价格调整不做任何变动。这种策略适用于以下情况：这种价格调整不是长期的而是短期的，本企业的市场份额不会失去太多，而且以后可以恢复；调整价格对企业的利润增加无实质意义；维持价格可以稳定市场，并提高企业的信誉与形象。当然，企业也可采取一些非价格竞争手段，以提高消费者对本企业医药产品的理解价值，如完善和优化服务、加强营销沟通等。

ER-9-4

典型案例：
竞争不要死磕

点滴积累 ╲╱

1. 适时调整价格策略是指在适当时采取药品降价或者药品提价，在应对竞争者时又如何去调价。

2. 企业药品降价的主要原因是生产能力过剩、市场竞争份额趋于下降，为扩大市场份额、降低成本。降价的方式主要有直接降价、间接降价。

3. 企业药品提价的主要原因是成本增加、供不应求。提价的方式主要有直接降价、间接降价。

4. 企业应对竞争者调价的策略有"人涨我涨，人降我降""人涨我降，人降我涨""人涨我不涨，人降我不降"的策略。

目标检测

一、选择题

（一）单项选择题

1. 药品生产企业向药品批发或零售企业销售时的药品价格称为（   ）

    A. 出厂价   B. 批发价   C. 零售价

    D. 中标价   E. 折价

2. 某国产药品的无税出厂价为 10 元/盒，该产品的含税出厂价应为（   ）元/盒

    A. 8.3   B. 13.2   C. 12.2

    D. 11.7   E. 10.8

3. 药品需求价格弹性较大的药品应采用的销售价格水平为（   ）

    A. 高价   B. 低价   C. 中间价格

    D. 平均价格   E. 渗透价

4. 又称薄利多销策略的是（   ）

    A. 撇脂定价策略   B. 低价渗透策略   C. 声望定价策略

    D. 中间价格策略   E. 招徕定价策略

5. 随行就市定价法是（   ）市场的惯用定价方法

    A. 完全垄断   B. 异质产品   C. 同质产品

　　D. 垄断竞争　　　　　　　　E. 不完全垄断

6. 在产品组合定价中,企业出售一组产品的价格应(　　)单独购买其中所有产品的费用总和

　　A. 高于　　　　　　　　B. 等于　　　　　　　　C. 低于

　　D. 不低于　　　　　　　E. 渗透价

7. 企业的产品供不应求,不能满足所有顾客的需要,在这种情况下,企业应该(　　)

　　A. 降价　　　　　　　　B. 提价　　　　　　　　C. 维持价格不变

　　D. 降低产品质量　　　　E. 渗透价

8. 为满足消费者便宜没好货的心理,宜采用(　　)

　　A. 尾数定价策略　　　　B. 习惯定价策略　　　　C. 声望定价策略

　　D. 中间价格策略　　　　E. 招徕定价策略

(二) 多项选择题

9. 药品的折扣通常分为(　　)

　　A. 数量折扣　　　　　　B. 组合折扣　　　　　　C. 现金折扣

　　D. 交易折扣　　　　　　E. 推广折让

10. 药品制造成本具体包括(　　)

　　A. 运输仓储费　　　　　B. 原料费用　　　　　　C. 包装材料费用

　　D. 广告费　　　　　　　E. 推广费

11. 列入政府定价范围的药品是(　　)

　　A. 专利药品　　　　　　B. 一、二类新药　　　　C. 麻醉药品

　　D. 一类精神药品　　　　E. 国家计划免疫药品

12. 以下属于成本导向定价法的是(　　)

　　A. 反向定价法　　　　　B. 成本加成定价法　　　C. 目标利润定价法

　　D. 盈亏平衡定价法　　　E. 变动成本定价法

13. 以下属于新药品定价策略的是(　　)

　　A. 撇脂定价策略　　　　B. 低价渗透策略　　　　C. 声望定价策略

　　D. 中间价格策略　　　　E. 尾数定价策略

14. 企业可选择的定价目标有(　　)

　　A. 维持生存　　　　　　B. 获取最高利润　　　　C. 追求销售成长

　　D. 适应竞争需要　　　　E. 获取预期利润

二、简答题

1. 简述药品价格的构成要素。

2. 简述实行市场调节价的药品企业定价程序。

3. 简述撇脂定价策略。

4. 企业常用的药品定价方法有哪些?

三、案例分析

××药企带头一盒药降价 5000 元外资药在华洗牌加速

××药企旗下药品降价引起市场关注。对此,××药企在回应《证券日报》记者采访时表示,其积极响应国家政策,将根据不同省份和不同产品的具体情况,与有关部门和业务合作伙伴沟通协商,将有关税率的降低让利于患者,让患者获得真正的实惠。力推抗癌药降价,是近年来政府的重点。今年以来,政府已经连续对进口抗癌药进行降税以实现目标。

未来,进口抗癌药等品种是否会迎来大范围降价?对此,第三方医药服务体系麦斯康莱创始人史立臣在接受《证券日报》记者采访时表示,这要看企业的药品是否有替代品以及竞品的价格。如果想大幅降低药品的价格,那就是大规模引入仿制药。

此前,中国医药保健品进出口商会西药部副主任荣嫡在接受《证券日报》记者采访时表示:"单一的通过进口环节降税来降药价,降得可能不会太多,而政府后续还将打出的组合拳——药价谈判、纳入医保、规范药品流通等多个举措发力,将更有效地降低进口抗癌药价"。

不过,一位医药企业高管在接受《证券日报》记者采访时表示,外资药企也应注意到政策的变化,顺应时代的趋势。毕竟外资药企在国内享受了长时间的优待,未来可能会"水土不服"。近日,北京、陕西、甘肃、湖北多地发布外资药品降价的消息。

2018 年 7 月 4 日,陕西省公共资源交易中心发布《关于调整注射用地西他滨采购价的通知》,根据企业申请,现将××制药有限公司代理的注射用地西他滨采购价由 10339 元/瓶调整为 4996 元/瓶,调整后的采购价即日执行。而 7 月 2 日,甘肃省药品和医用耗材集中采购网发布的《关于调整部分药品中标价格的通知》消息显示,中标企业为××制药有限公司、生产企业为荷兰 Pharmachemie B. V. 的注射用地西他滨从 10327.22 元/盒降至 4996 元/盒,降价约 5331 元/盒,降幅为 51.6%。这款药无论是降价额度还是降价幅度都居于降价药品名单的首位。

不过,从降价品种来看,除了注射用地西他滨降价较多外,其他品种无论是降价额度还是降价幅度都并不大。根据甘肃省药品和医用耗材集中采购网发布的《关于调整部分药品中标价格的通知》,盐酸齐拉西酮胶囊的价格从 135.41 元/瓶降至 130.51 元/瓶。盐酸伊立替康注射液(规格:5ml:0.1g)从 2151.23 元/盒降至 1931.96 元/盒。盐酸伊立替康注射液(规格:2ml:40mg)从 1175.15 元/盒降至 1055.37 元/盒。利奈唑胺注射液从 382.77 元/袋降至 362.59 元/袋。利奈唑胺片从 3686.92 元/盒降至 3474.64 元/盒。

在业内人士看来,外资药品降价是多重因素考量的结果。"这和产品的市场情况、竞品的价格以及政策引导有关。""如果原研药没有可替代的新品出现,仿制药品种没有或者很少,企业降价的积极性就会降低。"

2018 年以来,国家两度对进口抗癌药进行降税。4 月 23 日,国务院关税税则委员会宣布,自 2018 年 5 月 1 日起,以暂定税率方式将包括抗癌药在内的所有普通药品、具有抗癌作用的生物碱类药品及有实际进口的中成药进口关税降为零。4 月 27 日,财政部发布关于抗癌药品增值税政策的通知,自 5 月份起,对进口抗癌药品,减按 3% 征收进口环节增值税。财政部首批给出的抗癌药品清单包括 103 个制剂类药品和 51 个原料药。

"在美国,商业保险机构倾向于让患者使用仿制药,这样可以大幅降低药品费用支出。"史立臣向记者介绍。但现实是,质量保证是仿制药品在美国大量使用的基础。由于我国企业仿制水平、速度跟不上,仿制药并不能大范围惠及老百姓。这尤其是表现为原研药的专利悬崖现象未在我国大规模出现。数据显示,2011 年 11 月份,失去专利保护后,立普妥的仿制药进入市场,2014 年超过 97% 的销售额来自仿制药。然而到今天,立普妥在中国的销售仍增长强劲。波立维在 2012 年专利到期后,美国销量快速下滑,出现专利悬崖;但中国波立维销量则呈持续上升趋势。波立维全球下滑的同时,中国贡献了全球销量的 70%。

尽管如此,但在行业人士看来,以前由于政策倾斜、产品优势、资本推动等原因,外资药企长期享受优待。但近年来,由于专利到期、医保控费、招标降价、药价谈判等因素,这都将对外资药企业在华策略产生影响。

讨论:

1. 根据上述介绍,你认为药品价格的影响因素都有哪些?主要因素是什么?

2. 结合价格的影响因素谈谈企业在药品定价时应该考虑哪些因素才能立于不败之地?

项目十

药品产品分销渠道策略

导学情景 V ....

情景描述：

　　曾创造了健胃消食片单品销售神话的江中药业，出现过多家合作十几年的商业客户突然解约的情况。究其原因，由于渠道混乱、窜货乱价，产品利润被消弭殆尽。江中对问题的本质进行分析后开始了渠道变革。首先，江中药业梳理渠道缩减经销商数量；其次，对客户进行分类管理，公司产品实行代码制度，并加强经销商产品的出入库管理；最后，建立了专门的督察队伍管理终端，检查窜货、低价等违规事项，保证公司措施的顺利执行。同时，江中还建立了市场人员举报的激励制度。渠道变革以后，窜货、倒票、低价等问题迎刃而解，江中的销量稳步提升，客户业绩也成倍增长，客户满意度大幅提高。

学前导语：

　　进行有效的渠道设计，选择适合自己的营销渠道，并对渠道成员进行管理，是企业产品推广的基础。本项目将学习药品产品分销渠道策略，使学生能领会、分析并进行药品分销渠道的设计与管理。

任务 1　理解药品分销渠道内涵

扫一扫，知重点

一、药品分销渠道概述

（一）药品分销渠道的含义

　　分销渠道是指产品从生产者向消费者转移时，直接或间接转移所有权所经过的途径。分销渠道主要包括中间商（批发商、零售商和代理商）以及处于渠道起点和终点的生产者与消费者，但不包括供应商、辅助商等。简而言之，分销渠道是指产品在其所有权转移过程中从生产领域进入消费领域的过程。

　　药品分销渠道是指药品从生产者向消费者转移过程中所经过的途径，主要包括中间商，如药品批发企业、药品零售企业、医疗机构等，以及处于渠道起点的药品生产企业和处于终点的药品消费者（即患者）。

（二）药品分销渠道的功能

　　1. 销售与促销　医药中间商是从事药品批发零售业务的专业性组织，药品生产企业借助这些专业机构，使药品能够快速到达最终消费者手中。

　　2. 整买零卖　医药药品中间商有助于解决药品生产与消费之间的在数量、品种、规格、时间与地点上存在着的矛盾。单个药品生产企业的产品具有品种少、数量大的特点,而药品消费者的需求表现出数量小、品种多的特点。这种生产与消费上的矛盾,需要依靠医药中间商"蓄水池"的聚合作用使双方满意。

3. 仓储与运输 药品生产企业的药品进入医药中间商渠道的仓库储存时,即成为药品生产企业仓储与配送功能的延伸。由医药中间商储存药品,可以降低生产者的产品储存成本和风险;另外,中间商更接近最终消费者,可以提供更快捷的运送服务。

4. 融资功能 一方面是中间商向生产者预购或者及时付款,就相当于为生产者提供了融资服务;另一方面生产者在一定的信用额度内赊销药品,可在一定程度上解决中间商的资金不足,对中间商而言也是一种融资。

5. 风险承担 药品生产企业与中间商建立销售业务后,中间商要承担药品分销过程中的破损或者超过有效期的风险,另外还可在一定程度上避免医疗机构拖欠货款的风险。

6. 信息沟通 医药中间商是生产者与消费者之间信息沟通的桥梁,它既能将生产信息通过各种方式传递给市场及其最终消费者从而促进市场需求,又能将市场需求信息反馈给生产者,以便于生产者及时调整生产计划和营销策略,更好地满足医药消费者的需求。

二、药品分销渠道构成

(一)药品分销渠道的流程

医药企业的分销渠道在运行时,涉及渠道成员的各种活动,这些活动构成不同形式的医药分销渠道流程。

分销渠道由实体流程、所有权流程、付款流程、信息流程及促销流程等流程构成。①实体流程:即产品或制成品从制造商转移到最终消费者的过程;②所有权流程:即货物的所有权在渠道中的企业之间转移的过程;③信息流程:即在营销渠道中,将有关药品的信息在各企业间传递的过程;④促销流程:企业运用促销策略中的各种手段向其他企业或个人传递信息,并施加影响的过程;⑤资金流程:即货款在渠道中各企业之间的流动过程。

以上这些流程可以在所有渠道成员间进行,其中实体流程、所有权流程、促销流程是正向的,信息流程是双向的,资金流程是反向的。营销渠道流程如图 10-1 所示。

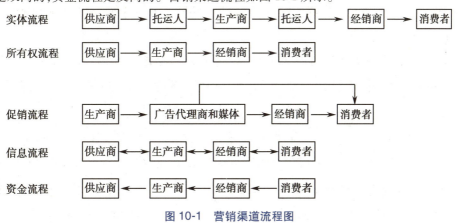

图 10-1 营销渠道流程图

（二）药品分销渠道的分类

1. 按渠道中是否有中间商可分为直接渠道和间接渠道

（1）直接渠道：是指生产企业直接将药品销售给消费者或用户，没有经过任何中间商的渠道。这是原料药销售的主要渠道。其特点是可及时了解市场信息，缩短药品流通时间，提高医药企业的经济效益。但会增加营销费用，分散生产者的精力，还要承担市场风险。

（2）间接渠道：是指药品从生产企业到消费者手中经过若干中间商的渠道，是药品市场上占主导地位的渠道类型。其特点是增加了交易次数，提高了市场占有率，有利于增加生产投入，减少生产者的经营风险。但延长了流通时间，影响了服务的质量及对消费者情况的及时反映。

2. 按渠道中中间环节的多少可分为长渠道和短渠道

（1）长渠道：是指药厂使用两个及两个以上不同类型的中间商来推销其产品。其特点是市场覆盖面大，利于扩大产品的销售。但削弱了产品的价格竞争力，影响了生产者的决策，增加了药品的损耗，不利于药厂与社会各界建立密切的合作关系。适用于普通药品。

（2）短渠道：是指药厂在营销过程中只使用一个环节或没有经过中间环节来销售其产品。其特点是增强了产品的价格竞争力和生产者的决策力，也利于药厂与中间商的合作。但市场覆盖面小，生产者所承担的市场风险也大。适用于单位价值高的新特药、进口药。

3. 按渠道中每一环节使用同类中间商的多少可分为宽渠道和窄渠道

（1）宽渠道：是指药厂在每一个流通环节上选用两个以上的同类中间商推销其产品。其特点是可增加营销量，提高整体营销效率，利于生产者对渠道成败的评价、取舍。但中间商的忠诚度难以保证，生产者对营销渠道也难以控制。适用于 OTC 药品和普通药品。

（2）窄渠道：是指药厂在每一个流通环节上只选用一个中间商推销其产品。其特点是药厂与中间商的关系密切，对中间商的支持很大，也利于对中间商的控制和管理。但对中间商的依赖性太强，所承担的风险也大。适用于单位价值高的处方药、进口药和新特药。

4. 根据渠道成员相互联系的紧密程度不同可分为传统渠道和渠道系统

（1）传统渠道：是指由独立的生产者、批发商、零售商和消费者组成的分销渠道。渠道的每一成员都是独立的，他们各自为政、各行其是，都为追求其自身利益最大化而与其他成员展开短期合作或激烈竞争，即使为此牺牲整个渠道系统的全面长远利益也在所不惜。没有一个渠道成员能完全或基本控制其他成员。因此，随着科技进步和社会经济的发展，传统渠道面临严峻挑战，正在被淘汰。

（2）渠道系统：是指在传统渠道中，渠道成员采取不同程度的联合经营或一体化经营而形成的分销渠道。在这种渠道中，各层次的成员之间形成一种更密切的联系。共有 3 种形式：垂直、水平和多渠道营销系统。

1）垂直营销渠道系统：是指生产商、批发商、零售商联合组成的统一体。该系统成员或属于同一家公司，或以某一品牌或专利特许权为纽带相互连接，或以足够强大而相互认可的管理方式相互合作，是实行专业化管理与集中性控制的一个网络。它能控制渠道成员的行为，消除由于独立成员追求各自目标而引起的冲突，各成员通过规模经济提高讨价还价的能力和减少重复服务而获得效益。

2)水平营销渠道系统:是指同一环节企业间联合起来的分销渠道系统。分为暂时的松散型联合和长期的固定型联合,也可共建一家新公司合作新业务。松散型联合体往往是为共同开发一个市场机会,各有关企业联合起来共同策划和实施分销渠道;固定型联合体要建立同时为各有关企业开展分销活动的销售公司。

3)多渠道营销渠道系统:是指对同一或不同的细分市场采取多渠道进入的营销系统。常见有两种形式,一种是生产商通过两条以上的竞争性分销渠道销售同一品牌的产品,另一种是制造商通过多条分销渠道销售不同品牌的差异性产品。

(三)药品分销渠道模式

产品按其最终使用者的不同可分为个人消费品与组织生产消费品两大类,因而医药产品也分为药品与医药工业品两大类。由于这两类医药产品的销售管理方式不同,因而其分销模式也各异。药品分销渠道模式见图10-2。

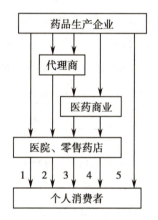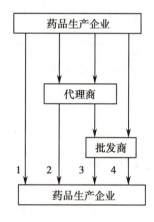

图 10-2 药品分销渠道模式

1. 药品分销渠道模式

(1)直销模式:制药企业→终端→患者,即"一票制"模式。制药企业直接把药品销售给流通终端,流通终端主要指医院、药店、诊所、超市、大卖场等,再由终端销售给患者。该模式要求制药企业具有一定的经济实力、管理规范,并且具有健全的营销网络,能够承担繁重的发货、推广、回款等工作。

(2)代理分销模式:制药企业→代理商→终端→患者,即"两票制"模式。通过药品代理商(即药品批发企业)直接将药品销售到流通终端,再由终端将药品出售给消费者。制药企业的销售工作由代理商全权负责,自己相当于一个生产基地。这种模式适合于需直接进入医院销售的一些新特药、进口药、处方药、医疗器械类和市场营销能力不足的医药生产企业采用。

(3)制药企业→代理商→医药配送企业→终端→患者,即"多票制"模式。该模式是药品销售中普遍采用的渠道类型之一,适合于处方药、进口药和新特药的销售工作。制药企业首先寻找合适的代理商,借助代理商的销售网络将药品销售到目标医院,而制药企业配合医药物流企业做医院的推广工作。

（4）制药企业→医药配送企业→终端→患者，即"两票制"模式。该模式是处方药、进口药、新特药的营销工作中最为普遍的营销模式。通常是由制药企业与医药物流企业签订购销合同，由医药公司销往医院，并负责与医院间的货款结算工作。制药企业与医药物流企业直接进行货、款往来关系，制药企业的药品销售人员协助医药物流企业做市场推广工作。该模式既能保证药品质量，减少营销工作量，又能直接掌握了解药品的市场营销情况。

2. 医药工业品营销渠道模式

（1）生产企业→药品生产企业：这是一种直销模式，由生产企业直接向产品下游生产企业供货，适用于数量大、品种单一的产品类型，是原料药生产企业常用的渠道模式。随着互联网技术的发展，企业往往通过网络平台交易。

（2）生产企业→代理商→药品生产企业：生产企业通过一定的代理商向生产者销售产品。优点是有助于企业扩大市场份额，最大限度地占有分销资源；缺点是企业对市场信息的了解及控制能力不够。

（3）生产企业→代理商→药品商业批发公司→药品生产企业：该模式环节多、途径长，通常适用于产品数量少、品种多的生产企业，可以充分借助中间商的各种功能促进产品销售。

（4）生产企业→药品商业批发公司→药品生产企业：借助药品批发商力量销售产品的一种形式。

点滴积累 ∨

1. 分销渠道的功能包括销售与促销、整买零卖、仓储与运输、融资功能、风险承担及信息沟通等。
2. 药品分销渠道的结构包括实体流程、所有权流程、资金流程、信息流程及促销流程等。
3. 根据药品分销渠道中中间商的数量、地位不同，分类结果不同。

任务 2　药品分销渠道选择

一、药品分销渠道的设计

（一）药品分销渠道设计的原则

设计药品分销渠道时，无论出于何种考虑、选择何种渠道，一般都要遵循以下原则：

1. 畅通高效原则　这是渠道设计的首要原则。任何正确的渠道决策都应符合货畅其流、经济高效的要求。药品的流通时间、流通速度、流通费用是衡量营销效率的重要标志。

2. 覆盖适度原则　随着市场环境的变化及整体市场的不断细分，传统的分销模式已不再能满足厂商对市场份额及覆盖范围的要求，而且顾客的购物偏好也在发生变化，他们要求购买更便捷、更物有所值或选择余地更大。因此，厂商应深入考察目标市场的变化，及时把握原有渠道的覆盖能力，并审时度势，对渠道结构做相应调整，勇于尝试新渠道。

3. 稳定可控原则　医药企业的分销渠道模式一经确定,便需花费相当大的人力、物力、财力去建立和巩固,整个过程往往是复杂而缓慢的。所以,企业一般不会轻易更换渠道成员,更不会随意转换渠道模式。只有保持渠道的相对稳定,才能进一步提高渠道的效益。畅通有序、覆盖适度是分销渠道稳固的基础。

4. 协调平衡原则　医药企业在选择、管理分销渠道时,不能只追求自身的效益最大化而忽略其他渠道成员,应合理分配成员间的利益。渠道的领导者应对渠道成员之间的合作、冲突、竞争的关系有一定的协调控制能力,能有效地引导渠道成员充分合作,鼓励渠道成员之间有益的竞争,减少冲突,解决矛盾,确保总体目标的实现。

5. 发挥优势原则　医药企业在选择分销渠道模式时为了争取在竞争中处于优势地位,要注意发挥自己各个方面的优势,将分销渠道模式的设计与企业的产品策略、价格策略、促销策略结合起来,增强营销组合的整体优势。

（二）药品分销渠道设计的程序

虽然每个医药企业分销渠道设计的操作不尽相同,但一般来说渠道设计可分解成 5 个基本步骤,见图 10-3。

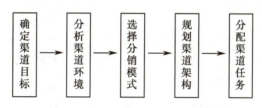

图 10-3　药品分销渠道设计的流程

1. 确定渠道目标　分销渠道目标是渠道设计者对企业渠道功能的预期,体现渠道设计者的战略意图。分销渠道是所有的参加者有机结合的一个经济共同体,目的是获取各自所需的盈利和投资收益,所以渠道目标可以从销售、市场份额、营利性、投资收益等方面进行衡量。

2. 分析渠道环境　任何一个分销渠道的运作都是在一定的外部环境的影响与制约下进行的,环境的不断变化又会引起渠道内部的分化、重组与变革。因此,设计分销渠道时,要对分销渠道环境进行客观的分析。了解渠道环境既有助于各渠道参加者扬长避短、趋利避害,实现企业自身的目标;也有助于增进渠道成员间的相互了解与联系,提高通路的开放度与效率,缓和冲突与压力,保持整个渠道的灵活性与生命力。

3. 选择分销模式　企业在建立自己的渠道时可以有多种模式供其选择,这些不同的模式是按照渠道成员之间的关系来划分的。常见的渠道结构主要有如下几种,如图 10-4 所示。

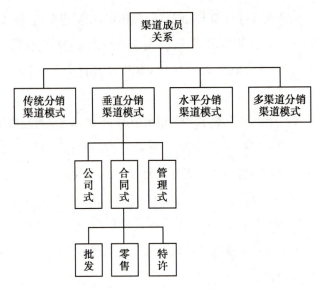

图 10-4　分销渠道结构类型

知识链接

分销渠道的类型

分销渠道在其本身特征、与企业之间的关系以及渠道成员之间的结合方式上有不同的种类，主要包括以下 4 种类型：

1. 传统的分销渠道　即个别式分销渠道结构，是由生产企业、批发企业和零售企业构成的关系松弛的销售网络。各个成员（企业）之间彼此独立，相互间的联系通过买卖条件维持，讨价还价，各为其利，条件合适便存在购销关系，不合适便各自独自行动。

2. 垂直式分销渠道结构　是由生产商、批发商和零售商形成的统一整体。其可由生产商，也可由批发商或零售商控制。它们依靠经营规模、讨价还价的能力及消除重复服务来达到经济节约的目的。具体有以下 3 种：

（1）公司式（所有权式）垂直分销渠道结构：是由同一投资系统把相关的生产和销售单位联合起来，成为一个有效的分销渠道结构。其特点在于所有权单一，统一掌握和控制渠道。

（2）管理式垂直分销渠道结构：是由于某企业规模大、实力强、声誉高而吸引了大批零售商合作而形成的渠道结构。这种结构不是以所有权为基础，而主要依赖于营销企业自身的资力及影响构成。

（3）合同式垂直分销渠道结构：是由不同但相关的生产企业和商业企业用契约联合起来，以期能取得比单独行动更有效、更经济的营销效果。主要有自愿批发商联合组织、零售商合作组织、特许专营组织。

3. 水平式分销渠道结构　也称横向分销渠道结构，是两个或两个以上的同级企业为充分利用资源和避免风险而形成的短期或长期的联合营销渠道结构。

4. 复式渠道结构　也称多渠道或双重渠道结构。是生产企业通过多条渠道将相同的产品送到不同的市场或相同的市场。

4. 规划渠道架构　规划分销渠道架构指确定分销渠道的长度、宽度以及广度。

ER-10-2

垂直营销渠道系统使用条件

（1）设计渠道长度：药品在分销中经过的环节越多，分销渠道就越长；反之越短。不管是直接渠道还是间接渠道或是长渠道与短渠道，理性分析与谨慎抉择十分重要。

（2）设计渠道宽度：分销渠道的宽度是根据经销某种药品的批发商数量、零售商数量、代理商数量来确定的。如果一种药品通过尽可能多的销售点供应给尽可能宽阔的市场，就是宽渠道；否则便是窄渠道。一般来说，渠道的宽度主要有 3 种类型：密集性分销、专营性分销和选择性分销。

（3）设计渠道广度：分销渠道的广度是宽度的一种扩展和延伸，是指厂商选择几条渠道进行某药品的分销活动，而非几个批发商或几个零售商的问题。主要有两种类型：单一渠道模式，指的是厂商仅利用一条渠道进行某种药品分销；多渠道模式，指的是厂商利用多条不同的渠道模式进行某种药品的分销。在实际的分销渠道建立过程中，厂商大多建立多渠道系统。

5. 分配渠道任务　企业在规划分销渠道架构之后，应制订其分销渠道成员的选择条件，明确其权利、义务和责任。主要包括价格政策、销售条件、区域权利，以及各方应该提供的具体服务。对于双方的权利及责任，必须谨慎地加以界定，尤其是在专营性分销以及特许经营的渠道中。

二、药品分销渠道选择的因素和步骤

（一）影响药品分销渠道选择的因素

渠道设计者在确定渠道长度、渠道宽度及渠道成员的过程中，需要考虑各个方面的影响因素。影响渠道选择的因素很多，渠道设计者要综合考虑这些因素的影响程度和影响结果。影响药品分销渠道选择的因素见图 10-5。

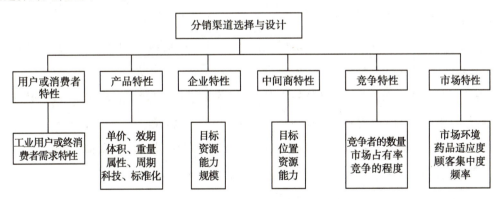

图 10-5　影响药品分销渠道选择的因素

1. 医药产品的特性　根据医药产品的特性来设计与选择营销渠道，主要从药品的单价、重量、技术含量、有效期限、适用性、市场生命周期等方面考虑。

（1）药品的单位价值：若药品的单位价值高，如生物制品、进口药品、新药等，在选择营销渠道时应采用短渠道或用直接渠道，因为每经过一个环节，都要增加一定的费用。而单位价值低、使用面广、量大的药品其营销渠道可以长而宽，以增加市场覆盖面。

(2)产品的体积:产品体积大或重的医药产品渠道宜短,中间环节宜少,这可以节约运输、储存费用和减少商品损耗。如大型医疗器械。

(3)时效性或有效期:季节性强或有效期短的产品应将渠道简化到尽可能短,以减少流通时间和中转环节对产品质量的影响。

(4)科技含量:药品技术含量高时宜采用直接渠道或短渠道,因为大多数医药产品,特别是刚上市的新特药对技术服务的要求很高。

(5)适用性:常用药品由于适用性较广、销量大,宜选择间接渠道、宽渠道;相反,一些特效药如抗癌药的分销渠道则可采用直接渠道、短渠道,甚至是直销渠道。

(6)市场生命周期:药品所处的市场生命周期不同,渠道选择也应不同。在导入期由于推广比较困难,经销商往往不愿经销,为了尽快使产品进入市场,同时收集产品销售信息,企业不得不自己销售或选择短渠道或直接渠道;成长期则应在巩固原有渠道的基础上,增加渠道宽度;成熟期为适应竞争,吸引更多的顾客,应拓展渠道宽度,增加销售网;衰退期为了缩减开支,渠道宜窄、短。

2. 药品市场特性 医药产品本身的特殊性,如适用性、集中性、突发性等因素影响药品分销渠道的选择。药品市场特性主要有:

(1)药品的适用范围:如果药品的适用范围广、市场分布区域宽,企业无法自销,应采用较长较宽的渠道;反之,则可采用短渠道。

(2)消费者集中程度:如果消费者集中或有区域性特征,可采用短渠道,以在保证渠道功能的前提下降低渠道成本;如果消费者比较分散,则应选择长而宽的渠道,以更多地发挥中间商的功能,推广企业的产品。

(3)销售批量和频率:销售批量大、交易次数少的药品可采用短渠道;销售批量小、交易次数频繁的药品则应采用较长和较宽的渠道。

(4)突发流行性疾病:季节性流行性疾病等病种流行期,医药企业应拓宽分销渠道;否则应减少中间环节,收缩分销渠道。

3. 竞争特性 生产者分销渠道的选择应考虑到竞争对手的分销渠道设计和运行状况,并结合本企业药品的特点,有目的地选择与竞争对手相同或不同的分销渠道。

4. 顾客特性 生产企业在选择分销渠道时,还应充分考虑消费者的分布状况和顾客的购买频率、购买数量以及对促销手段的敏感程度等因素。当某一市场的顾客数量多、购买力大时,企业应利用有较多中间商的长渠道;反之,则使用短渠道。

5. 企业特性

(1)企业的规模和声誉:企业的规模大、声誉高、资金雄厚、销售力量强,具有强有力的管理销售业务的能力和丰富的经验,在渠道的选择上主动权就大,一般会采用比较短的分销渠道或者自己建立销售机构;如果企业规模小、品牌的知名度低,就应当依赖中间商的分销能力来销售药品。

(2)企业的营销经验和能力:营销经验丰富、营销能力强的企业可以采用较短的分销渠道;反之,则应依靠中间商来销售。

(3)企业的财务能力:财务能力差的企业一般都采用"佣金制"的分销渠道,利用能够并且愿意承担部分储存、运输、融资职能的中间商来销售产品。

(4)企业控制渠道的愿望:企业控制分销渠道的愿望有强弱之分,如果企业希望控制分销渠道,以便于控制药品的价格和进行统一的促销,维护市场的有序性,就可以选择短渠道;有的企业无意于控制分销渠道,就可以采用长渠道。

6. **中间商特性**　设计分销渠道时,还须考虑中间商的特性。一般来说,中间商在执行运输、广告、储存、接纳顾客等方面,以及在信用条件、退货特权、人员培训、送货频率、营销方案策划等方面都有不同的特点和要求。

7. **相关政策、法律法规**　有些药品的分销渠道还受国家或地方的相关政策、法律法规限制。如由国家或主管部门实行严格控制的精神类药品,其分销渠道有明确的规定和限制。

(二)分销渠道选择的步骤

1. **确定分销渠道的长度和分销商的级次**　企业在对影响分销渠道的各个因素进行综合分析的基础上,首先应确定分销渠道的类型是直接渠道还是间接渠道、是长渠道还是短渠道,如果是长渠道还应明确分几级分销。

2. **确定分销渠道的宽度**　企业在确定分销渠道的长度后,应确定分销渠道的宽度,即同级中间商数目的多少,根据具体情况可考虑选择密集性分销、专营性分销、选择性分销等形式。

(1)密集性分销:是指制药企业在某一地区尽可能地通过多家合适的批发商、零售商推销其产品的分销模式。

(2)专营性分销:是指制药企业在某一地区仅选择一家中间商推销其产品的分销模式。这种模式一般是制药企业和分销商通过合同的形式,规定经销商不得经营制药企业竞争对手的产品,经销商的单位回报率较高。

(3)选择性分销:是指制药企业在某一地区只通过为数不多的、经过精心挑选的中间商来推销其产品的分销模式。这种模式适用于所有药品,尤其是特殊药品。

3. **评估中间商**　中间商的选择是否合理,对制药企业的产品进入市场、占领市场、巩固市场和培育市场有着关键性的作用。而中间商的选择是否合理又完全依赖于对每一个相关中间商的评估。在评估中间商时应认真分析中间商的服务对象、地理位置、经营范围、销售能力、服务水平、储存能力、运输能力、财务状况、信誉及管理水平、合作诚意等方面。

4. **确定渠道成员的责任**　生产商和中间商需要在每一个渠道成员的条件和责任上达成协议。他们应当在价格政策、销售条件、区域权利和各自应执行的具体义务方面协商一致。生产商应该为中间商制订价格目录和公平的折扣体系,必须划定每一个渠道成员的销售区域、审慎安排新中间商的市场位置。

案例分析

案例

1. 甲药厂是一家生产治疗骨质增生药品"壮骨关节丸"的中型企业，计划在华北地区打开市场，现需要选择一家分销商为其销售，A 分销商的经营地区为东北、西北，而 B 分销商的经营地区为华北、华中和华东。请为甲药厂选择一家合适的分销商。

2. 经过调查，C 分销商经营的药品种类为类似于甲厂生产的"壮骨关节丸"，如"壮骨冲剂""钙片"等；而 D 分销商只经营"壮骨关节丸"一种药品。现在假定，甲药厂生产治疗骨质增生的药品"壮骨关节丸"，具有明显的竞争优势（知名度、促销方式上），请为其选择一家合适的分销商。

3. 如果假定，甲药厂生产治疗骨质增生的药品"壮骨关节丸"，不具有明显的竞争优势，则又应如何为其选择一家合适的分销商。

分析

1. 建议选择 B 经销商，B 经销商的经营区域为华北。

2. 建议选择 C 分销商，产品优势明显，C 经销商有类似产品经销经验。

3. 建议选择 D 经销商，建立战略联盟，共同运作华北市场。

三、药品分销渠道的评估

每一种渠道选择方案都需要用经济性、可控性和适应性 3 个标准来进行评估。

（一）经济性

企业设计分销渠道的首要目的是追求利润，主要是要比较每一条渠道可能带来的最大营销额与其成本的关系，企业应选择投入少而效益好的渠道。当销售成本相同的情况下，应选择能使销售量达到最大的分销渠道；或销售量相同的情况下选择销售成本最低的分销渠道。在缺少渠道中的中间商资源的情况下，医药企业利用自身的销售资源为其药品进行推销，其费用要比通过中间商推销的费用高，而当销售量达到一定规模时，中间商的费用会越来越高。因此，规模较小的企业或在销售量比较少的市场上销售的大型企业，应当利用中间商来销售；当销售量达到一定规模时，企业则应自行设立分销机构。所以，医药企业会随着销售量的变化来不断调整分销渠道模式。

当销售量无法确定时，医药企业需根据预期销售额来选择营销渠道，准确预测营销额则成为影响渠道选择的关键因素，需要统计分析与专家分析完美结合。另外需要注意的是这里的成本不仅是指营销渠道的建立成本，还应考虑营销渠道今后的运营和维护成本。

知识链接

渠道绩效评价

渠道绩效是一个多维和纵深的结构，一般来说，渠道绩效评估的主要内容包括财务状况评估、销售绩效评估和渠道运营状况评估。

1. 财务状况评估　对分销渠道成员的财务状况评估主要通过一系列财务指标进行，这些指标包括偿债能力指标、营运指标和营利能力指标。

2. 销售绩效评估　分销渠道是营销活动的一个组成部分，销售是其主要活动，销售的成效必然会影响企业的总效益，因此有必要对渠道销售绩效加以评估。

（1）销售分析：销售分析主要用于衡量和评估企业所制定的销售计划目标与实际销售成果之间的关系。这种关系的衡量和评价有以下两种主要方法：

1）销售差异分析：销售差异分析用于决定各个不同的因素对销售绩效的不同作用。

2）微观销售分析：微观销售分析用于决定不同的产品、地区对销售绩效的不同作用。

（2）市场占有率分析：只分析企业的销售绩效并不能说明相对于竞争者而言其经营成果如何。

（3）渠道费用分析：评价渠道的销售绩效，必须考察在渠道中发生的各种费用。

3. 渠道运营状况评估　对分销渠道运营状况评估主要是对其功能的评估，包括渠道通畅性评估、渠道覆盖面评估、渠道流通能力及其利用率评估、渠道冲突分析、终端管理分析等方面。

（二）可控性

ER-10-3

营销渠道评估数学模型

由于中间商独立于制造商而存在，会同时代理很多相同或相近的产品，成为多家制造商的分销机构，不可能一切行动完全听命于某一家制造商，表现出一定程度的不可控性。为此，医药企业可根据自己营销目标的需要，充分考虑分销渠道的可控性。中间商在理解和执行制造商的促销方案、维系与顾客的关系、了解产品的技术细节等方面可能无法达到执行营销的要求，医药生产企业对分销渠道的这种不可控性应采用相关的方法和手段回避，减少其给自己可能带来的风险。

对渠道的控制力方面，自然是渠道越短越窄越易控制。因为中间商毕竟也是一个独立的经济实体，它也需要考虑自身的经济利益与长远发展，它关心的是能够给它带来最大利润的企业和产品，不能指望中间商对企业像自己的下属机构那样的忠诚与专一。维系生产者与中间商合作关系的根本还是经济利益，所以现代市场营销工作中十分强调双赢模式。因为只有双方在合作中都得到利益，这样的合作才会牢固建立。对渠道控制的内涵与方式也应重新界定，否则观念上的偏差也可能造成合作失败。

（三）适应性

当一种分销模式或一条分销渠道建立后，就意味着生产商与中间商、中间商与中间商之间存在了一定区域、一定时间上的联系，即客户关系，而这种关系难以随意调整和更改。当市场变化时，企业在选择分销渠道时应考虑渠道的适应性。一方面是地区适应性，在某一地区设立分销渠道应综合考察该地区的市场竞争状况、消费水平等;另一方面是时间上的适应性,每一个渠道方案都会随着时间的延长而失去某些功能,某些原有的渠道成员间的承诺无法实现,渠道方案随之失去弹性。所以,在制订渠道方案时应注意签订合同的时间。

分销的适应性与经销合同的内容和期限密切相关。我们知道市场是复杂多变的,企业的营销策略需要随市场供求的变化而改变:药品品种有可能改变,价格也可能调整,营销渠道可能调整,因而与中间商签订合约特别是长期合约时需充分考虑。

点滴积累 Ⅴ

1. 常见的药品分销渠道模式有传统分销渠道模式、垂直分销渠道模式、水平分销渠道模式、多渠道分销渠道模式。
2. 渠道规划主要从长度、宽度以及广度着手。 常见的药品分销渠道宽度类型有密集性分销、选择性分销、专营性分销;渠道广度有单一渠道模式与多渠道模式两种类型。
3. 影响药品分销渠道选择的因素有产品特性、市场特性、竞争特性、顾客特性、企业特性、中间商特性等。
4. 分销渠道有经济性、可控性、适应性3个评估指标。

任务3　药品分销渠道管理

一、药品分销渠道成员管理

(一) 分销渠道成员的选择

1. 选择渠道成员时需考虑的因素　在医药市场中,一个优良的医药商业客户的标准是具备必需的药品经营资格和条件,具有良好的商业信誉,能够快速准确地将药品推向目标市场,并能通过与生产者合作进行市场推广活动,迅速抢占相关市场以提高该药品的市场占有率。可见,医药企业选择合适的合作伙伴的重要性是不言而喻的。因此,选择渠道成员的标准应包括中间商的商业信誉、经营特征、业务状况及交易情况等。

(1)商业信誉:能够反映商业信誉的信息资料,一是医药企业的基本信息,主要包括医药企业的名称、地址、电话、隶属关系、经营管理人员、法人代表及单位等级、经营医药产品所必需的"一证一照"。"一证一照"指的是《药品经营许可证》或《医疗器械经营许可证》、企业法人《营业执照》。企业主要负责人的基本信息:法人的姓名、职务、业务专长等。二是业务情况:①是否代理过形象出众的药品;②其他商务代表对该公司的评价;③在当地的势力和地位;④当地其他商业客户对其看法等。

(2)经营特征:经营特征反映各个中间商的服务区域、销售网络、销售能力、发展潜力、经营理念、经营方向、企业规模、经营体制、权力分配等经营销售方面的能力。

(3)业务状况:业务状况体现各中间商之间以往的经营业绩、同类产品的销售情况、本企业产品所占的比例、管理者及业务人员的素质、与其他竞争者的关系、与本公司的业务关系及合作态度等。

（4）交易情况：各中间商的交易情况主要包括客户的销售活动现状、存在的问题、保持和扩大产品市场占有率的可能性及优劣势、未来的变化及对策、企业形象、声誉、信用状况、交易条件等。其中特别需要着重考察的是其信用（资信）状况，该商业客户的销售回款额、在外应收款数量、回款期限、会计事务所审计报告、银行信誉等级等。

2. 选择渠道成员的一般方法 选择渠道成员的方法很多，如销售量分析法、销售费用分析法等，这里重点介绍企业最常用的一种方法——强制评分选择法。强制评分选择法的基本原理是对拟选择作为合作伙伴的每个中间商，就其从事商品分销的能力和条件打分评价，做出最终选择。由于不同的中间商存在分销优势与劣势的差异，因而每个项目的得分会有所区别。注意到不同因素对分销渠道目标完成的关系程度，可以给不同的因素赋予一定的权数，然后计算每个中间商的总得分，选择得分较高者。这个方法主要适用于一个较小的区域市场。

（二）分销渠道成员的激励

激励渠道成员是渠道管理中的最基本的内容，它是指生产企业在中间商选定之后，为促进渠道成员实现渠道目标，使之不断提高业务经营水平而采取的一切措施或活动。

1. 直接激励 是指生产企业以物质或金钱作为奖励刺激渠道成员。具体措施有：

（1）协助市场开发：通常非处方药品需要做大众促销工作，对于处方药品，生产企业通常需派专业营销人员进行目标医疗机构的销售推广。

（2）价格与折扣激励：合适的药品价格不仅有助于市场销售，而且会使中间商获得相应的利润。因而在制订时应充分考虑企业成本与消费者的承受能力，同时根据实际销售业绩，给予中间商合理的价格折扣（通常有累计折扣和数量折扣两种）是鼓励中间商积极销售本企业药品的有效手段。

（3）奖惩激励：鼓励中间商多销货早回款，即在一定时期内，中间商的药品销售累积到一定数量，或是经销商实现当月回款时，给予其一定数量的返利；相反，当中间商没有达到合同约定的销售量或不按期回款时，则给予一定的惩罚。

（4）广告激励：对于非处方药品可通过生产者负担广告费用，或者与中间商合作广告等形式，扩大企业和品牌的知名度，以促进市场销售。对于处方药品生产企业则应在能力范围内负责医院推广工作，或者由中间商负责医院推广工作而生产企业承担相应的费用，以促进临床使用量的提高。

2. 间接激励 是指生产企业通过非物质或非金钱奖励激发渠道成员的经营积极性。常用措施主要有以下几种：

（1）信息支持：药品生产企业可提供技术指导、宣传资料、举办药品展示会、指导商品陈列、帮助零售商培训销售人员或邀请中间商派人员参加生产企业的业务培训等，以支持中间商开展业务活动，提高专业水平，改善经营管理，促进药品销售。

（2）健全内部管理：生产企业需建立规范的客户管理制度，对原本分散的客户资源进行科学的动态化的管理，协助营销人员及时了解中间商的实际需要，通过良好的沟通建立相互信任、相互理解的业务伙伴关系。

（3）建立企业战略联盟：这是指生产企业和渠道成员为了完成同一目标而结合起来的营销统一

体,如双方协商制订销售目标、存货水平、广告促销计划等。其目的是生产企业以管理权分享来促进经销商经营效率的提高,并期待建立长期稳定的合作关系。

(三) 分销渠道成员的评估

1. 评估内容　企业应通过各种途径了解中间商履行合同的状况,包括推销商品的数量,商品的库存状况,售前、售中、售后的服务及回款情况等。对中间商的考察和评估,目前是通过及时采取相应的监督、控制与激励的措施,保证营销活动顺利而有效地进行。生产企业需将现有客户的资料登记造册,建立客户数据库,通过对现有客户资料的分析,将潜在的市场机会变为现实的销售,将分散的客户资源组合成企业整体的、可大力开发的资源。具体工作有以下几个方面:①客户构成分析:通过对一定时期内企业全部或是某个大区或是某个销售人员的产品销售、回款情况统计分析,将客户区分为不同的类别,以便于企业或营销人员在日后的营销工作中对其分清侧重、区别对待,也可以作为信用度、回款期限等判断的标准之一。通常可根据销售量及回款额的大小确定客户的不同地位:A 类重点客户(占累积销售额或回款额的 75%);B 类客户(占 20% 左右);C 类客户所占的销售比例较小,则可将其视为具有未来潜力的客户。②重要客户与本公司的交易业绩分析:企业应及时掌握客户的月交易额或年交易额及回款额,统计出各重要客户与本公司的数月交易额或年交易额(回款额),计算出各重要客户占本公司总销售额(回款额)的比重,通过对比其实绩与计划要求,认真找出原因,以采取相应措施保持企业总体销售的稳定增长。③不同品种的销售和回款构成分析:将本公司销售的各种产品按销售额和回款额从高到低排列,分别计算出各类产品的销售额及回款额占总销售额和回款额的比重,对比公司销售和回款计划及销售回款实绩,找出差距与问题所在,配合企业营销策略的调整,确定今后的工作重点。④客户业绩的其他分析:各种商品毛利率、周转率、费用率等的计算与分析,对不同客户、不同商品销售情况与销售计划进行比较分析,找出存在的问题及以后的重点产品和重点客户。

2. 评估方法　①合同约束与销售配额法:如果一开始生产者与中间商就签订了有关绩效标准与奖惩条件的契约,就可避免种种不愉快。在合同中应明确经销商的责任,如销售强度、绩效与覆盖率、平均存货水平、送货时间、次品与遗失的处理方法、对企业促销与培训方案的合作程度、中间商必须提供的顾客服务等。②中间商绩效测量法:一是将每一个中间商的销售绩效与上期的绩效进行比较,并以整个群体的升降百分比作为评价标准。对于低于该群体平均水平以下的中间商,必须加强评估与激励措施。如果对后进中间商的环境因素加以调查,可能会发现一些可原谅的因素,如当地经济衰退,某些顾客不可避免地失去,主力推销员的丧失或退休等。其中某些因素可在下一期补救过来。这样,制造商就不应因这些因素而对经销商采取任何惩罚措施。二是将各中间商的绩效与该地区的销售潜量分析所设立的配额相比较。在销售期过后,根据中间商的实际销售额与其潜在销售额的比率,将各中间商按先后名次进行排列。这样,企业的调查与激励措施可以集中于那些未达既定比率的中间商。

(四) 分销渠道成员的调整

医药企业营销工作者不仅要做好营销渠道的建立与运行管理工作,而且还需要根据实际情况进行及时修正。特别是当市场环境发生变化,如购买方式发生变化、市场扩大、产品处于不同的生命周期阶段、国家相关政策变化如处方药品变成 OTC 药品、新的竞争者兴起、企业整体营销策略的变动或中间商不能成功地完成任务时,企业应当及时地对原有的营销渠道进行修正。

1. 药品分销渠道调整条件　渠道管理应该是一个持续的过程,不可能一劳永逸。渠道改进是企业渠道管理适用性、灵活性的客观要求。企业在设计、组建一个适应当时各个方面的限制因素和企业分销目标的渠道系统后,还需要根据情况的变化适时地调整分销渠道。这种调整可能是小修小改,如对市场营销任务的重新分配、调整个别的中间商,也可能是大的变革,甚至是建立全新的渠道系统。

企业若发现现有渠道模式与市场环境要求存在差距,就应当对渠道做适当改进,以适应市场新的变化。如当消费者的购买方式发生变化、市场扩大、新的竞争兴起和创新的分销战略出现以及产品进入产品生命周期的后一阶段时,便有必要对渠道进行改进。

一般来讲,渠道改进的原因有以下几个方面:

(1)现有渠道的市场效果不佳:现有渠道在设计时可能有错误。比如在选择商业伙伴组建渠道时考虑不周,使渠道管理上有失控的危险。

(2)市场环境的变化:当初设计的渠道体系针对当时的各种条件而言很理想,但现在各种限制因素发生了某些重大变化,从而有了调整渠道的必要性。这些限制因素的变化是导致渠道调整的最常见的原因,企业有必要定期对这些限制因素进行监测、检查、分析。另外,当企业很有把握相信限制条件即将发生重大变化时,企业也很有可能提前行动,调整渠道。

(3)企业分销目标的变化:企业可能要加大其产品的市场覆盖面,或者准备加强其服务产出水平等目标时企业也会考虑调整渠道。

其实,渠道改进的最根本的动因还在于利润目标。如果渠道处于均衡状态,即不会因为调整而使整个渠道的利润增加从而使生产商的利润增加,则渠道调整就没有任何动因。只有当渠道处于不均衡状态或生产商很有把握预测调整渠道会带来更大的利润时,渠道的调整才有必要进行。

2. 药品分销渠道调整策略　企业营销渠道的改进依据具体情况的不同分为以下 3 个层次:

(1)对某些营销渠道成员加以调整:营销渠道调整的低层次是渠道成员的调整,即保持原有的渠道模式不变,只是增加或减少个别渠道成员。这时需要认真权衡增加或减少中间商所能带来的销售量增加或减少与所付代价之间的关系。内容包括以下 3 个方面:

1)功能调整:即重分配营销渠道成员所应执行的功能,使之能最大限度地发挥自身潜力,从而提高整个营销渠道的效率。

2)素质调整:即通过提高营销渠道成员的素质和能力来提高营销渠道的效率。素质调整可以用培训的方法提高营销渠道成员的素质水平,也可以采用帮助的方法改善营销渠道成员的素质水平。

3)数量调整:即增减营销渠道成员的数量以提高营销渠道的效率。

(2)对某些营销渠道加以调整:即原有的基本营销渠道类型不变,根据需要适当增减渠道环节。如在原有市场区域内增加或取消代理商这一层。一般情况下,需对通过增减渠道环节可能给企业营利带来的影响进行比较、决策。

生产商常常要考虑所使用的所有营销渠道能否一直有效地适用于产品目标市场。这是因为,企业营销渠道静止不变时,某一重要地区的购买类型、市场形势往往正处于迅速变化中,可针对这种情况,借助损益平衡分析与投资收益率分析,确定增加或减少某些营销渠道。这是营销渠道调整的较高层次。具体可采用两种方法:①对某个营销渠道的目标市场重新定位。现有的营销渠道不能将企业产品有效送至目标市场时,首先考虑的不是将这个营销渠道剔除,而是考虑能否将之用于其他目标市场。②对某个目标市场的营销渠道重新选定。在目前已有的营销渠道不能很好地连接目标市场时,应考虑重新选择新的营销渠道占领目标市场。

(3)对整个营销系统加以调整:这是根据产品的不同生命周期而对渠道策略进行的必要调整,或是由于经营产品的改变而对渠道进行根本性的重新设计。

对生产商来讲,最困难的渠道调整决策是修正和改进整个营销渠道系统,这也是营销渠道调整的最高层次。例如当生产商打算用企业经营的代理商取代独立代理商时,这些决策通常由企业的最高管理理层制订。这些决策不仅会改变营销渠道系统,而且还将迫使生产改变其市场营销组合和市场营销政策。这类决策比较复杂,任何与其有关的数量模型只能帮助管理人员求出最佳估计值。

分销渠道决策是厂商面临的最复杂和最富挑战性的决策之一。每个渠道系统产生不同水平的销售和成本,厂商一旦选定了某一营销渠道,通常应该坚持相当长的一段时间。选定的渠道对营销组合的其他成分将会产生重大影响,同时也会受营销组合中其他成分的影响。

二、药品分销渠道冲突管理

(一)分销渠道冲突管理

渠道冲突是指渠道成员发现其他渠道成员从事的活动阻碍或者不利于本企业实现自身的目标。分销渠道是一系列独立的经济组织的结合体,是一个高度复杂的社会营销系统。在这个系统中,既有制造商又有中间商,构成了一个复杂的行动体,这些经济组织由于所有权的差别,在社会再生产过程中所处的地位不同,因此它们的目标、任务往往存在矛盾。当渠道成员对计划、任务、目标、交易条件等出现分歧时,就必然出现冲突。

渠道冲突的类型主要包括水平渠道冲突、垂直渠道冲突和多渠道冲突。

1. 水平渠道冲突　指发生在同一渠道同一层次的中间商之间的冲突。当营销渠道中只有一个中间商时,水平渠道冲突往往不存在。但是当同一渠道层次中有多个中间商时,渠道冲突往往难以避免。而造成水平冲突的原因主要是企业目标市场的中间商数量、分管区域的规划不合理。医药营销的水平渠道冲突主要表现形式有同层次的代理商(或药品批发企业)之间跨区域销售,即窜货问题、压价销售等。如果发生了这类冲突,生产企业应及时采取有效措施,缓和并协调这些矛盾。

2. 垂直渠道冲突　指在同一渠道中不同层次的企业之间的冲突,也称作渠道上下游冲突。一个典型的医药营销渠道包括药品生产企业、代理商(药品批发公司)、医疗机构(或零售药店),那么医药生产企业与代理商(药品批发公司)间的冲突、药品生产企业与医疗机构(或零售药店)间的冲突、代理商(药品批发公司)与医疗机构(或零售药店)间的冲突便属于垂直渠道冲突。渠道的长度越长(渠道的层次越多),可能的垂直渠道冲突越多。就医药产品而言,由于国家政策的限制和研发成本、生产成本的上升,利润空间越来越小,在这种情况下,某些药品批发企业会抱怨药品生产企业在价格方面控制太紧,留给自己的利润空间太小,而提供的配套服务太少;医疗机构(药店)对药品批发公司或药品生产企业可能也存在类似的不满。垂直渠道冲突带来的问题:一是在分销过程中上游分销商不可避免地要同下游经销商争夺客户,这会大大挫伤下游渠道成员的积极性;二是当下游经销商的实力增强以后,希望在渠道系统中有更大的权利,也会向上游渠道成员发起挑战。因此,药品生产企业应妥善解决垂直渠道冲突,促进渠道成员间更好地合作。

3. 多渠道冲突 随着顾客市场的不断细分化和可以利用的新兴营销渠道的不断出现,越来越多的生产企业采用多渠道营销系统。当生产企业建立多渠道营销系统后,不同的渠道服务于同一目标市场时所产生的冲突就是多渠道冲突,有时也被称为交叉冲突。例如某原料药生产企业同时利用互联网销售平台、销售队伍、中间商3条渠道进行药品销售,那么互联网销售平台、销售队伍、中间商3条渠道之间的冲突就是多渠道冲突。这种冲突主要表现在销售网络紊乱、价格差异等方面。在互联网时代,多渠道冲突有了一种新的形式——电子商务渠道和传统渠道间的冲突。当多渠道冲突发生时,生产企业要重视引导渠道成员之间进行有效的竞争,权衡各渠道的影响力,并加以协调。在目前我国的医药营销领域,渠道冲突的主要表现形式是水平渠道冲突和垂直渠道冲突,其中尤以水平渠道冲突中的窜货为最主要和最经常的冲突代表。需要指出的是,渠道冲突并不一定只对企业渠道系统的发展造成不利的影响,在特定条件下,一些渠道冲突会更好地促成企业分销目标的实现。

任何营销渠道都会不同程度地存在着冲突,但合作必然是营销渠道的主旋律,是大家能够结合在一起的基础。合作意味着相辅相成地去取得比单独经营时更高的经济效益,只有促进合作,才能使渠道的整体活动效率最大,促进合作也是解决冲突的基本方法。

案例分析

案例

甲药厂是一家生产治疗骨质增生的药品"壮骨关节丸"的中型企业,其分销商A经营多种功能相同的治疗骨质增生的药品,由于甲药厂的"壮骨关节丸"比其他的同类药品(7元/盒)定价高,甲药厂的"壮骨关节丸"为8元/盒,所以A突然拒绝销售甲药厂的壮骨关节丸。请思考:甲药厂应该采用什么方法来解决冲突?

分析

甲药厂可以考虑和经销商A深度合作,给予仓储、配送、促销、人员培训等方面的支持。

(二)分销渠道窜货管理

窜货又被称为倒货、冲货,是渠道冲突的一种具体表现形式,主要体现为产品跨区销售。窜货已经成为国内医药营销工作中的一个顽疾,控制窜货很可能会导致企业失去原有的营销渠道,影响销量;任其发展又可能会降低企业对市场的控制力,破坏市场秩序,造成价格混乱,甚至使得消费者对品牌失去信心。

1. 窜货现象　窜货按其目的及对市场的影响程度不同可分为自然性窜货、恶性窜货和良性窜货。

(1)自然性窜货:是指经销商在获取正常利润的同时,无意中向自己辖区以外的市场倾销产品的行为。这种窜货在市场上是不可避免的,只要有市场的分割就会有此类窜货。它主要表现为相邻辖区的边界附近互相窜货,或是在流通型市场上,产品随物流走向而倾销到其他地区。如某药品在甲地的零售价格低于乙地,乙地的消费者可能在条件允许的条件下去甲地购买,这种产品多集中于治疗慢性病且需长期服用的药品。这种形式的窜货,如果货量大,该区域的价格体系就会受到影响,从而使利润下降,严重时可发展为恶性窜货。

(2)恶性窜货:是指为获取非正常利润,经销商蓄意向自己辖区以外的市场倾销产品的行为。经销商向辖区以外倾销产品最常用的方法是降价销售,主要是以低于厂家规定的价格向非辖区销售。恶性窜货给企业造成的危害是巨大的,它不但可以扰乱企业产品的整个价格体系,降低渠道总利润,还会使分销商丧失积极性并最终放弃经销该企业的产品,甚至混乱的价格还可导致企业失去消费者对其产品、品牌的信任与支持。恶性窜货是我们通常所指的窜货,也是医药企业最为关注和重点打击治理的市场现象。

(3)良性窜货:是指企业在开发市场初期,有意或无意地使其经销商的产品流向非重要经营区域或空白市场的现象,多见于流通性较强的市场。在市场开发初期,良性窜货是有利于企业的,可在空白市场上提高其知名度和市场占有率但无须任何投入。但是由此而在空白市场上形成的价格体系尚不规范,因此企业在重点经营该区域市场时应对其进行重新整合。

2. 窜货现象产生的原因　窜货之所以在生产企业的重压之下依然发生,归根结底是一个"利"字,利润永远是渠道成员追求的目标。同时我们也应该意识到,渠道窜货现象存在的原因是多个方面的,主要包括:

(1)渠道政策有偏颇:出现窜货一个重要原因就是价格体系紊乱。只要存在价格差,窜货就不会断绝。紊乱的价格体系是窜货的源头,一些企业在制订价格策略时,由于考虑不周,埋下了许多可导致窜货的隐患。

(2)企业的管理水平有待于提高:这主要体现在管理制度不完善和销售管理不力两个方面。有些企业根本没有控制窜货方面的制度,对代理商、经销商以及销售人员没有严格的约束政策,更没有奖惩措施。

(3)产品差异为窜货提供了可能性:由于产品在包装及销售情况上形成的差异,也为医药产品窜货提供了契机。国家为了加强对药品的管理,对药品包装、说明书相关内容在法律上都有明确的规定。

(4)市场环境的客观影响:市场环境的客观影响主要体现在对市场供需的影响上。市场需求受很多因素的影响,需求变化而生产企业的分销策略没有及时变更,也容易给窜货制造可能性。

3. 窜货的控制措施　药品窜货的最大危害莫过于让销售者失去操作市场的信心,因为很多实例已经证明频繁的窜货虽然在短期内可以提高企业的销售量,但最终后果是销售量都有不同程度的下降,甚至产品遭到市场封杀。窜货的危害是严重的,窜货的原因是多样的。为了解决存在于企业营销中的顽症——窜货,可以从原因着手,采取相应的策略,以有效地遏制窜货的发生。

(1)完善渠道政策:①企业应建立完善、公正的价格体系;②科学规划分销渠道,根据具体药品的特点,如是处方药还是非处方药、销售渠道主要在零售药店还是在医疗机构等因素综合考虑中间商的选择,这主要包括中间商的数量和分销合作形式;③制订合理的激励措施,企业在制订激励措施时,应注意政策的持续激励作用,政策应能协调生产企业与各地经销商之间的关系,尽量为所有经销商创造平等的营销环境;④制订现实的营销目标,企业应对现有市场环境、市场容量进行调研总结和自我资源评估,在此基础上制订符合实际的营销目标,尤其是要根据产品所处的不同生命周期、分销商的分销能力来衡量营销目标是否合理。

(2)提高营销管理水平:一是完善渠道管理制度。由于渠道管理者和各经销商之间是平等的企业法人的关系,销售网络不可能通过上级管理下级的方式来实现,所以企业要通过完善的合约来约束经销商的市场行为。二是加强营销队伍的建设与管理。营销队伍是营销制胜的保证与根本,为防止营销人员窜货,应加强营销队伍的建设与管理。

(3)实行产品包装的区域差异化:在不同的区域市场上,相同的产品采取不同的外包装形式,通过对产品不同外包装的识别,可以在一定程度上控制窜货。

(4)完善沟通与监督机制:与经销商多方沟通,了解季节变化或者产品的销售环境。当企业外在客观环境发生变化并影响市场需求时,及时修订销售目标。像那些季节性强的药品如感冒药,春、秋多发季节的销售指标与夏、冬季节的销售指标一定要有所区别。

三、药品分销渠道合作管理

解决渠道冲突的根本办法是建立营销渠道战略联盟,渠道成员通过一定的形式结成战略合作伙伴关系,通过关系型营销渠道——联盟体,渠道成员之间互相信任、及时沟通、信息共享,从根本上解决渠道冲突问题,这是解决渠道冲突的长远战略。

(一)企业与供应商结成战略联盟

当今市场竞争日益激烈,差异化消费已成趋势。面对复杂多变的市场环境,大型企业要想完全凭借自己的实力,进行"孤军奋战"夺得竞争中的胜利似乎已不太可能。因此,企业必须与相关组织保持密切联系,尤其要与供应商、经销商,乃至同行业的竞争对手建立广泛的战略联盟。

战略联盟可以增加企业价值系统的稳定性,减少企业内部和外部的不确定性;战略联盟可以增加企业的竞争实力,减少市场波动,有利于企业健康稳定地发展。比如企业为了满足消费者的需求差异,就要经常研制和开发新产品。这种情况不仅需要经销商的配合,更需要供应商在原料及配件等方面的协同作用,有时还需要技术和信息上的支持。特别是当企业在某一方面存在不足,而这个不足却又能从供应商那里得到补偿时,这种联盟关系就显得十分重要。传统的营销观念认为,企业与供应商之间的关系是用户关系,供应商有责任和义务在各个方面来支持和帮助它的用户——下游企业。一般在稳定的市场条件下,供应商可能会做到这一点,但若市场发生了变化,供应商就不一定能保证企业价值的实现了,因此这种传统的单向的价值关系是很不稳定的。

所以,应该提倡企业对供应商开展营销活动,谋求与供应商建立一种双向的价值联盟关系。只有这样才能做到企业、供应商、经销商及竞争对手在竞争中由单纯竞争走向竞争与合作,由"单赢"变成"多赢"。

(二)产销战略联盟

所谓产销战略联盟,是指从企业的长远角度考虑,产方和销方(制造商与分销商)之间通过签订协议的方式,形成风险-利益联盟体,按照商定的分销策略和游戏规则,共同开发市场,共同承担市场责任和风险,共同管理和规范销售行为,共同分享销售利润的一种战略联盟。让渠道成员建立产销战略联盟是消除渠道冲突的最有效的方法。

产销战略联盟具有方式灵活、层次多样的特性,所以产销双方在实行联盟时有从低到高的多种形式。

1. 会员制 会员制是产销战略联盟的一种初级形式,各方通过协议形成一个俱乐部式的联盟,互相遵守游戏规则、互相协调、互相信任、互相帮助、共同发展。一般来说,生产企业为俱乐部的核心,负责制订游戏规则,而经销商是会员,可参与游戏规则的制订,产销双方均要遵守规则。会员制的形式根据企业之间的合作程度,可分为保证与特许专营两大类形式。

(1)保证会员制:所谓保证会员制,是指销方企业向供方企业缴纳一定额度的保证金或签订具有较强约束力的保证协议,从而取得会员资格的一种形式。通常供方企业实力比较强大,企业声誉好,其产品在市场上有较强的竞争力,且产品的寿命周期较长。供方企业利用自己的优势,并通过销方完善的销售网络实现竞争优势。这种形式的会员制度具体又分为两种:①保证金会员。当供方企业的产品供不应求时,供方企业往往会要求其分销渠道的成员通过缴纳一定额度的保证金来获得销售其产品的资格。②协议会员。在市场竞争激烈的情况下,如果供方企业要求销方企业缴纳数额较大的保证金,有可能会导致销方企业转向自己的竞争对手,所以通常以协议形式来建立分销渠道中的联合关系。在协议型保证会员制中,供销双方企业主要的工作是制订保证协议。除无须保证金外,其运作方式与保证金会员制基本相同。

(2)特许专营会员制:特许专营是指供方企业将自己的产品制作技术、无形资产、管理方式、经营诀窍及教育培训方式等方面专门传授给销方企业,准许销方企业按照双方协议规定从事供方企业的同类行业的一种制度。特许专营的供方称为授权人或特许人,销方则称为接受人或者受许人。

2. 销售代理制 销售代理制比会员制更具有紧密结合性和长期战略性。企业的分销渠道通常可采用经销或代理的方式,但作为产销联盟的一种销售代理制,与一般意义的销售代理相比有不同的特点:①作为产销战略联盟的销售代理制一般是制造商的独家代理形式或地区的独家代理形式,而非联盟代理既可以是独家代理也可以是多家代理。②产销战略联盟的销售代理制一般采用的是佣金代理形式,而非联盟代理可以是佣金代理也可以是买断代理形式。③产销战略联盟的销售代理制的代理商与企业之间的代理协议约束力较强,涉及的内容较多;而非联盟代理协议的约束力较弱,涉及的条款内容较少。④产销战略联盟的销售代理制下产销双方合作的期限较长,合同期限可长达10年以上;而非联盟代理的合作期限较短,通常每年续签1次合同。

3. 联营公司 联营公司是更高层次的产销战略联盟。所谓联营公司,是指产销双方企业利用各自的优势以各种方式按照法律程序联合经营体制,这些方式包括合资、合作和相互持股等。形成联营公司的产销双方在利益上更趋向一致性,更具备共担风险、共享利益的特性,从而合作的基础也更牢固。

从产销战略联盟的角度来说,双方联营看中的是对方的生产优势或销售优势。联营公司通常有以下 3 种形式:

(1)合资经营:合资经营是指双方企业共同出资、共同经营、共同管理、共担风险和共享利润的一种联营形式。通过合资经营,双方可以把各自的优势资源投入合资企业,从而使其发挥出单独一家企业所无法发挥的作用。

(2)合作经营:合作经营是指合作双方按照契约规定履行义务与享受权利的一种联营形式。合作并不要求双方进行共同管理,但双方各自具有的优势是双方合作的前提。

(3)相互持股:相互持股是指供销双方企业为加强相互联系和合作,而持有对方一定数量股份的一种联营形式。这种战略联盟中的双方关系相对更加紧密,双方可以进行更为长期密切的合作,形成了"你中有我,我中有你"的关系。与合资经营不同的是双方资产、人员不进行合并。

产销战略联盟是竞争中的合作。合作与竞争是一对互相依存的矛盾,为了适应竞争,企业需要进行合作;在合作当中,又存在着竞争。产销战略联盟是开放体系中的一个系统,作为系统本身,产销战略联盟具有自己的稳定性,这就是成员之间的合作。因此,产销战略联盟更加强调竞争中的合作。

总体而言,渠道成员间的沟通越充分,在日常事务方面就越能紧密合作;反之,越是合作,就越能够增进渠道成员间的相互信任,其在共同关心的如市场计划的制定等方面的问题上一起合作,所以能够更快、更牢固地建立起信任的基础。

点滴积累 ▽

1. 选择渠道成员时要考虑商业信誉、经营特征、业务状况、交易情况等因素。

2. 渠道成员激励有直接激励与间接激励两种方式。 直接激励包括协助市场开发、价格与折扣激励、奖惩激励、广告激励等; 间接激励包括信息支持、健全内部管理、建立企业战略联盟等。

3. 分销渠道成员评估内容包括客户构成分析、重要客户与本公司的交易业绩分析、不同品种的销售和回款构成分析、客户业绩的其他分析等。

4. 常见的渠道冲突类型有水平渠道冲突、垂直渠道冲突和多渠道冲突。 解决渠道冲突的根本方法是建立营销渠道战略联盟。

5. 产销战略联盟主要有会员制、销售代理制、联营公司 3 种方式。

目标检测

一、选择题

（一）单项选择题

1. 分销渠道指的是（　　）

    A. 产品由生产者向消费者转移过程中所经过的路径

    B. 产品由生产者向消费者的转移

    C. 产品由经销商向消费者的转移

    D. 产品由经销商向消费者转移过程中所经过的路径

    E. 产品由生产者向消费者转移的中间商

2. 面广价低的常用药适合采用（　　）

    A. 独家分销　　　　　　B. 选择性分销　　　　　　C. 密集性分销

    D. 代理性分销　　　　　E. 集中分销

3. 同一渠道层次的各个企业之间的冲突是（　　）

    A. 水平冲突　　　　　　B. 垂直冲突　　　　　　C. 交叉冲突

    D. 特殊冲突　　　　　　E. 平行冲突

4. 体积大的重型医药产品一般应采取（　　）

    A. 短渠道　　　　　　　B. 长渠道　　　　　　　C. 宽渠道

    D. 多渠道　　　　　　　E. 窄渠道

5. 中间商同时经营多家生产厂商的同类产品，是实施（　　）战略的体现

    A. 单一产品　　　　　　B. 多种产品　　　　　　C. 混杂产品

    D. 多家产品　　　　　　E. 垄断产品

（二）多项选择题

6. 激励渠道成员是渠道管理中的最基本的内容，下列各项属于直接激励的是（　　）

    A. 协助市场开发　　　　B. 价格与折扣激励　　　　C. 奖惩激励

    D. 广告激励　　　　　　E. 信息支持

7. 渠道窜货现象产生的原因有（　　）

    A. 渠道政策有偏颇　　　　　　　　B. 企业的管理水平有待于提高

    C. 产品差异为窜货提供了可能性　　D. 市场环境的客观影响

    E. 提高产品质量

8. 分销渠道出现冲突的类型有（　　）

    A. 水平渠道冲突　　　　B. 垂直渠道冲突　　　　C. 多渠道冲突

    D. 广告激励　　　　　　E. 信息

9. 药品分销渠道的功能包括（　　）

    A. 风险承担　　　　　　B. 融资功能　　　　　　C. 仓储与运输

D. 整买零卖　　　　　　　E. 销售与促销

10. 分销渠道策略评估的标准包括(　　)

A. 经济性　　　　　　　B. 目标差异性　　　　　　C. 适应性

D. 可控性　　　　　　　E. 可操作性

二、简答题

1. 举例说明中间商存在的客观必要性。

2. 企业为建立分销渠道而选择中间商,请说明药品生产企业招募中间商的具体条件。

3. 生产商与零售商之间经常发生冲突,是什么原因引起的冲突?

三、案例分析

如何突破药品分销的瓶颈

做药品分销,最难把握的就是如何掌控终端。一些药品分销企业的销售量虽然很大,但可能存在不少呆坏账,主要原因就是在终端上没有主动权——从上游拿货用的都是"真金白银",甚至对一些名牌产品和畅销品种还需要预付款,而从下游拿到的却只是一纸合约。

战术营销与策略营销显然是两个不同的概念,在针对单一产品的战术营销备受医药生产和销售企业推崇之时,一些企业却通过策略营销取胜市场;此外,与药品生产企业和代理经销商相比,药品批发企业往往"不谈策略营销",因为药品批发业务的趋同模式很难让策略营销创新,但一些新兴的药品批发企业却以策略营销开路,使得业务快速增长。国内最大的民营医药流通企业,与九州通同城的国药控股湖北新龙药业有限公司(下称新龙),其业务模式与九州通一样都是"快批",但不同的是,其提出并实施了"合理营销"策略,促使企业在药品分销领域竞争较为激烈的当地市场成功突围,这是医药批发企业以策略营销取胜市场的一个成功案例。

1. 药品分销的营销突破　武汉素有"九省通衢"之称,历来为兵家必争之地。许多医药流通企业也把武汉当作辐射华中市场的中枢。在这一市场上,活跃着众多的医药分销企业,仅一级医药批发企业就有九州通、新龙药业、神州医药、武汉新特药、正源医药、格林药业、九鼎医药等。当地的医药批发商告诉记者,武汉医药分销市场可能是全国业务最复杂、竞争最激烈的市场之一。

"现今的医药流通业已经步入微利时代,加上药品同质化严重,市场竞争可谓惨烈,在这样的环境下,追求药品分销中的速度与质量兼容并济,对所有的药品分销商而言无疑是极为艰难的。"新龙负责人认为,以药品分销为主营业务的新龙药业绝不要没有利润的销售,绝不要没有现金流的利润。因此,结合公司运营业态提出了"合理营销"的新营销策略模式。事实证明这是可行的。

何谓合理营销。新龙表示,通过分销商的纽带作用,使生产厂家将分销商视为自己的销售公司,分销商将生产厂家视为自己的科研室、生产车间和加工基地,并利用厂家的支持全力构建自己的销售网络;对零售终端而言,分销商应是其产品购进商,而非简单的"发货商"。新龙表示,通过分销商传输物流、信息流,搭建通达上、下游的桥梁,降低交易成本,聚散商品,筑造三方交易中转库,真正实现产、销、储一体化的共赢模式,即谓医药分销商的合理营销模式。该模式追求多赢、共谋发展的特点满足了合作各方的需要。

2. 把握在终端的主动权　对药品分销企业来说,销售是企业最强劲的发动机。销售一停,企业就停,哪怕企业领导班子再积极向上、员工再团结和谐、企业文化再好,皆是一纸空文。而要使企业持续运营发展,保证合理的现金流是关键点。与九州通一样,新龙"快批"模式的核心内容简单说来就是现款现货、量大价低。理论上是将提交订单、交货、回款等一系列原本发生在不同时间、空间的商业环节压缩在一点,并省略了人员促销、催货、催款等一系列步骤。但事实上,做医药分销,最难以把握的就是如何掌控终端。医院终端和药店终端给分销商的回款期一般在 1 个月以上,1 个季度甚至半年的也不少。这种从拿货到还款间的时间差,正是终端零售商的利润来源之一。有了这个时间差,终端零售商不但加大了自己的资金周转率,从而赚取周转利润,而且这个时间差也加大了分销商的风险,一旦终端零售商资金链断裂,极有可能使分销商的应收账款变成呆坏账。要改变这种被动格局实现合理现金流,说到底它体现了医药产销链条下供求关系的博弈以及利益的合理分配问题,这时谁处于谈判的强势地位、拥有话语权则是问题的关键所在。合理的营销策略让药品分销商在合作关系中,由被动走向主动,由弱势走向强势。

3. 五大措施推进合理营销　在具体的营销过程中,新龙首先是透彻地分析市场,确定市场定位,在此基础上展开全方位的强力公关:向终端零售商陈述自己的品牌优势以及代理的品种优势,更重要的是告诉零售商合作能够为其带来实实在在的利益,而且是长远、稳定的经济效益;其次是完善通路管理制度,其中的关键点是建立终端经销商信用评估系统、呆坏账风险预警系统和应收账责任人制度;再次是同生产商密切配合,形成分销商在中间环节推动、生产商在销售终端拉动的双向联动局面,真正实现产品销售,而不是将产品由分销商仓库转移到终端零售商仓库;第四是在产品定位及渠道选择上,以不同的渠道、在不同的市场上推广不同的产品,如高价位、高档次的产品适宜开发城市市场,低价位、低档次的产品适宜开发农村市场,成熟产品宜走批发销售渠道,而新、奇、特产品则适宜走医院渠道,在品种营销上追求"重点捕鱼",而不是"普遍撒网";第五是一定会留足利润空间给终端零售商,否则难以实现"多赢"。

新龙认为,分销商要做到合理营销,实现预期的现金流量,还必须为销售装备最好的"炮弹"——保证质量的畅销品种资源,这是合理营销立于不败之地的根本。此外是完善管理制度,既严把药品购、销的质量关,降低质量风险,又通过管理减低企业运营成本,减小潜在风险。最后是需要人才保证,以使合理营销能够执行到位。

4. 规模化经营才有主动权　新龙是由国药控股与湖北新龙药业 2004 年合资成立的企业,国药控股占有 60%的股份,公司主要从事医药配送业务。据介绍,按年销售业绩,新龙位居国内民营医药商业企业的第 2 名,仅次于九州通。事实上在湖北区域性市场里,新龙的业绩排在了湖北九州通医药公司之前。

未来的医药分销行业必定是高度集中、高度竞争的市场,欲立足于此,必先通过规模化、集约化来发展壮大自己。新龙认为自己的核心竞争力就在于"低价优势"。新龙认为,通过依托国药控股一体化运营模式进行集中采购,并以强大的销售规模来完成集中采购构成核心竞争力,凭集中采购降低采购价格来完成低毛利率的销售,让利于民,凭价格优势来促进现金流。同时,辅以强大的物流配送体系和先进的信息化平台,从而实现低成本、高效率的运作。通过推行合理营销策略,目前新龙已跻身"快批"行业的领先者行列之中。公司计划用最短的时间实现"在'快批'业内成为国内一流分销企业"的目标。

（资料来源：《世界市场总监》http：//cmo. icxo. com. 2005-07-12）

讨论分析：

1. 做药品分销最难的是什么？

2. 公司如何突破药品分销的困难？

3. "合理营销"合理吗？

项目十一

药品产品促销策略

导学情景 ∨

情景描述：

广誉远国药始创于明嘉靖二十年（公元 1541 年），是中国最早的制药企业。 主导产品"龟龄集""定坤丹"，是中华中医药宝库珍藏的养生至宝，现为国家级保密处方，被国务院评为国家级非物质文化遗产。

2016 年 10 月，定坤丹广告亮相央视，提出"气血双补"，定位"调经，舒郁，好容颜！"，为老字号企业塑造品牌形象。 2015 年 10 月，广誉远与中国扶贫基金会合作启动"母婴平安 120"项目，捐赠 110 万元，体现了企业的社会责任。 2016 年 10 月，"杏林壹号"的上线，率先在全国实现互联网+中医 O2O 服务，全方位致力于打造看名老中医、网上中医问诊的健康服务平台。 同时，部署"雷霆行动"战略，吹响 OTC 战略号角，开拓基层医疗市场，不断优化企业营销模式和渠道。 这一年，广誉远肩负"国家名片"使命，出使亚洲、非洲、北美，为中医药文化传播撒希望之种，为未来广誉远国际化探索道路。

学前导语：

广誉远药企采用广告、营业推广、公共关系、网络营销等方式推广和销售"定坤丹"。本项目将学习药品促销策略，特别注重促销手段的组合策略学习，以便于有效开展药品促销活动。

任务 1 药品促销组合设计

扫一扫，知重点

一、药品促销的内涵

（一）药品促销的含义

促销是企业通过各种方式,向目标市场传递企业及产品信息,吸引目标消费者群使其产生购买欲望或兴趣,增加企业产品销售的活动。

药品促销是医药企业向药品市场传递药品及医药企业的各种信息,吸引药品消费者群购买其产品,以实现扩大销售量之目的。药品促销实质上是信息沟通活动,医药企业向目标市场发出有关药品方面的各种信息,以期待目标消费者群购买。常用的促销手段有广告、人员推销、营业推广和公共关系。

（二）药品促销的作用

现代促销理论认为,促销的本质在于买卖双方的信息沟通,这种沟通是双向式、反复循环的传播沟通。具体来看,药品促销主要有以下几种作用:

1. 传递药品信息　在医药产品正式进入市场时,通过行之有效的促销活动,可以引起目标市场中消费者的注意和兴趣,激发购买欲望,促使其产生购买行为;同时,医药企业通过促销活动,准确地掌握了市场的需求趋势,便于及时调整企业的药品研发、生产和经营策略。

2. 诱导消费需求　医药企业在促销工作中,将自己的医药产品不同于其他医药产品的特点和优点介绍给目标消费者,激发消费者对产品的兴趣,使潜在需求变为现实需求。

3. 突出产品特色,增强市场竞争力　医药企业在促销活动中,通过宣传其药品的特点,以及给消费者带来的特殊利益,使消费者充分认识本企业药品的特色,引起消费者群的注意和欲望,进而扩大产品的销售,提高企业的市场竞争能力。

4. 激励再次购买　药品消费者服用了本企业的药品后,若对疗效基本满意,便会重复购买和服用直至解除病痛;尤其是患有"高血压""糖尿病""慢性支气管炎"等疾病的患者,会持续购买和服用本企业的药品。

5. 树立企业形象　通过有效的促销活动能够在消费者中树立起良好的企业形象,使消费者对本企业生产的药品更具信任,并培养品牌忠诚度,从而保持销售的稳定及持续增长。

▶▶ **课堂活动**

1. 有人说药品促销的实质是介绍药品,你怎么看?　举例说明药品促销的形式。

2. 药品非价格竞争的形式有哪些?　我国哪些医药企业应用得比较好?

（三）药品促销的方式

药品促销的基本方式包括人员推销、广告、营业推广、公共关系4种。各种促销方式的特点比较见表11-1。

表 11-1　各种促销方式的特点比较

促销项目		沟通方式	促销目标	优势	劣势	适用药品类型	时效性
	人员推销	面对面双向沟通	与消费者建立良好关系	针对性强、灵活性大、见效快	成本高、覆盖范围有限	以处方药为主	中、长期
广告	传统媒体	进行单向传播	提高企业及药品的知名度	传播范围广、形式多样、人力成本低	信息传播量有限、总成本高、效果具有滞后性	非处方药	中、长期
	网络媒体	进行单向或双向沟通	快速增加销量和效益,提高企业知名度	打破时空限制,传播速度快,范围广、影响面大、促销效率高,效益显著	竞争激烈、药品质量难以辨别真假优劣、信誉度难把握	非处方药	中、短期

续表

促销项目		沟通方式	促销目标	优势	劣势	适用 药品类型	时效性
	营业 推广	直接促销手 段、单向沟通	短期内增加 销售量	吸引力大、直 接、见效快、可 控性强	接触面窄,频繁 使用易引起消 费者不信任	以非处方药 为主	短期
广告	公共 关系	间接促销 手段	树立良好的 公众形象	客观、可信度 高、影响面广, 可提高知名度 和声誉	可控性差、见 效慢	处方药、非处 方药都可以	长期

知识链接

整合营销传播

整合营销传播(integrated marketing communications,IMC)这一观点是在 20 世纪 80 年代中期由美国营销大师唐·E·舒尔茨提出和发展的。 IMC 的核心思想是以整合企业内外部的所有资源为手段,再造企业的生产行为与市场行为,充分调动一切积极因素以实现企业统一的传播目标。 它是一种市场营销沟通计划的观念,在计划中,对不同的沟通形式(如一般性广告、营业推广、公共关系等)的战略地位做出评估,通过对分散的信息加以综合,通过所有的信息沟通手段在应用过程中从内容、表现形式,到时间、空间等方面达到协调一致。 IMC 有 2 个特征、7 个层次、6 种方法。

二、药品促销策略

药品促销策略可分为推式策略和拉式策略 2 种。

(一)推式策略

推式策略是以直接方式,运用医药企业人员推销手段,把医药产品推向分销渠道。其运用方式为医药企业推销人员把医药产品推荐给药品批发商,由药品批发商推荐给药品零售商或医疗机构,由药品零售商或医疗机构推荐给最终消费者,并形成消费(图 11-1)。

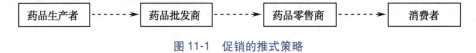

图 11-1 促销的推式策略

推式策略适用于下列情况:①医药企业的经营规模小,或资金有限,难于执行完善的广告计划;②药品分销渠道短,市场相对集中,销售人员具有较高的素质;③药品的单位价格较高,专用性较强,如治疗恶性肿瘤类的药品等;④药品的专业性较强,需在专业人员指导下消费,如处方药,需在专业或专科医师指导下消费,依靠简单的交流、讲解和宣传,消费者无法对消费与否做出决定。

(二)拉式策略

拉式策略是采取间接方式,运用广告等手段,将医药产品信息通过广告媒介传播出去,吸引最终消费者,使消费者对医药企业的产品产生兴趣,并主动购买这类产品。其作用路线为医药企业运用信息传播技术将消费者引向零售商,将零售商引向批发商,将批发商引向生产企业(图11-2)。

图 11-2　促销的拉式策略

案例分析

案例

　　"沐舒坦"是勃林格殷格翰制药有限公司在国内上市的盐酸氨溴索糖浆。 该公司在产品推广之前,就为产品赋予了一个本地化的名称——"沐舒坦"。"沐"字形象地表达了产品的功效,令肺部感受如沐浴般的舒爽;"舒坦"一词不仅用于表达舒服,同时也是"舒痰"的谐音,意为排出积痰。"沐舒坦"的主要作用特点是不仅能使痰液变稀,还能促进纤毛运动及保护支气管黏膜。 由于儿童以痰液较多的湿咳占大多数,所以该品是较受儿童患者欢迎的止咳祛痰药。

分析

　　该案例利用了药品促销的拉式策略,使消费者愉快地接受了该药品。

　　拉式策略适用于:①药品的市场容量较大,方便使用的药品,如治疗脚癣的外用药品等;②药品信息能够快速告知广大消费者;③药品已被广泛应用,并呈现出市场需求日渐上升的趋势,如阿司匹林、治疗感冒的药品等;④药品本身的科技含量不高、价值较小、用途广泛的产品;⑤企业有足够的资金用于药品广告的推广。

▶ **课堂活动**

　　你认为现代药品促销,推式策略和拉式策略哪种应用得多一些? 为什么?

三、药品促销组合策略

(一)药品促销组合的含义

　　药品促销组合是指医药企业根据促销的需要,对人员推销、广告促销、营业推广、公共关系宣传等促销方式进行适当选择和综合运用,以便于实现更好的整体促销效果。见图11-3。

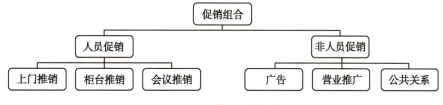

图 11-3　药品促销组合

▶ **课堂活动**

　　针对保健品市场的众多产品,讨论采用哪些促销方式组合效果好? 为什么?

（二）药品促销组合策略

药品促销组合受多个方面的因素的影响,影响因素不同,促销组合策略也不同。影响药品促销组合的因素及药品促销组合策略主要包括以下几个方面:

1. 促销目标 当促销目标为在近期内迅速增加销售时,则应运用销售促进,并辅以人员推销和适当的广告;当促销目标是让顾客充分了解某种药品时,应运用印刷广告、人员推销或销售促进;当促销目标为树立企业形象、提高产品知名度时,促销重点应在广告上,同时辅以公关宣传。从整体上看,在促进消费者了解药品方面,广告的成本-效益最好,人员推销次之;但若考虑消费者对企业药品的信任,人员推销更具成效,其次才是广告。

2. 药品特征 主要指药品的性质和生命周期两个方面。

（1）药品的性质:不同性质的药品产品,因为政策及目标消费者的购买心理和购买习惯不同,因此要采取不同的促销组合及策略,以有利于产品的销售。如我国对处方药严禁通过大众媒体进行广告宣传,所以对于处方药来说,人员促销就是其选择的首要促销方式,也是与医师进行沟通的最佳途径。

（2）产品的生命周期:对于产品的不同生命周期,企业的营销目标不同、市场竞争状况不同、消费者的需求变化也各不相同,所以采取适合不同阶段的促销策略,才能保证促销活动的效果,使得医药产品有稳定的销售。

3. 市场环境 市场环境不同,促销组合与促销策略也有所不同。对于医药消费者市场,由于消费者多而散,且每次交易额较少,产品安全,所以多采取非人员促销的形式;对于医药生产者市场,由于消费者少而集中,且每次交易额较大,一般采用人员促销的形式。对于处方药和非处方药,由于国家政策的不同,要求须按照国家要求进行促销组合的选择。

4. 促销预算 企业开展促销活动,必然要支付一定的费用,费用也是企业关心的一个重要问题。在满足促销目标的前提下,要做到效果好而且费用少。

ER-11-2

促销新方式

点滴积累 ∨

1. 药品促销的作用包括传递药品信息、诱导消费需求、增强市场竞争力、激励再次购买、树立企业形象等。

2. 药品促销策略包括推式策略和拉式策略。

3. 影响药品促销组合的因素包括促销目标、药品特征、市场环境、促销预算等因素。

任务 2 药品广告设计

一、药品广告的内涵

（一）药品广告的含义

广告是现代医药企业进行促销的最有效的方法和手段,在树立医药企业形象、促进销售等方面具有无可替代的作用。

药品广告是指由药品生产企业或者药品经营企业承担费用,通过一定的媒介和形式介绍药品及其功效,直接或间接地以药品销售为目的的商业促销活动。

（二）药品广告的类型

药品广告根据广告内容和目的划分为药品广告和药企广告。

1. 药品广告 药品广告是针对药品销售而展开的广告宣传活动。在不同的产品生命周期,广告的目标也有所不同,分为3种类型:①拓展型广告:主要是在药品导入期,通过广告宣传,突出药品的优点和给客户带来的利益,以吸引客户的注意;②劝告型广告:主要是在药品成长期和成熟期使用,通过药品差异化的宣传,使目标消费者能够在同类产品中优先购买本企业的产品;③提醒式广告:主要应用于药品衰退期,通过对目标消费者的不断提醒,以激发其继续购买本企业药品的欲望。

案例分析

案例

雷允上"健延龄"杯自2017年5月开赛以来,整合了线上线下等多个媒体宣传途径,全方位、多角度、深层面强化宣传,及时报道活动相关进展。雷允上"健延龄"杯"本草英雄"共开展线下近百场培训会,覆盖超1万人次;线上五门精品课程视频,累积点播量超30万次;多种形式趣味答题,提高药店人员学习趣味性,参与互动学习人数近16万人次。通过"本草英雄"系统学习,参与者掌握了丰富的中医药知识,提升了中医专业水平。同时,启动会后相关销售活动亮点颇多,销量取得突破式上涨。

分析

整合了线上线下媒体宣传,深入市场口碑教育,在老百姓中形成品牌识别,践行"300年雷允上,传承健康使命"的品牌主张,提品质、创品牌,着力提供高质量的中医药产品和服务,加大中医药文化的对外推广。

---

2. 药企广告 药企广告也是医药企业形象广告,是通过对企业形象的广告宣传,扩大企业的知名度及美誉度,提高其在目标消费者心目中的形象和地位,间接促进产品的销售。

ER-11-3

典型案例:
两款创可贴
之争

▶▶ **课堂活动**

你是否同意"只要广告做得好,产品就能有好的销售"的说法?

二、药品广告管理

药品广告对社会的影响不仅体现在其具有传播信息、塑造品牌、促进企业竞争等经济功能,还体现在对社会的正面和负面效应。而广告的负面效应不仅直接危害消费者的健康,也扰乱正常的市场竞争秩序。因此,国家采取了特定的手段对药品广告进行监督管理。

(一)药品广告管理的含义

药品广告管理是指药品广告管理机构、药品广告行业协会以及社会监督组织,依据药品广告的相关法律、法规和政策规定,对药品广告行业和药品广告活动实施的监督、管理、协调与控制活动。

(二)药品广告管理的相关法规

通过法律法规进行广告管理是我国实行广告管理的重要手段,与药品广告管理相关的法律法规主要有《中华人民共和国广告法》《中华人民共和国药品管理法》《中华人民共和国药品商标法》《中华人民共和国反不正当竞争法》《中华人民共和国合同法》《中华人民共和国消费者权益保护法》《药品广告管理办法》《药品广告审查办法》《药品广告审查发布标准》等。

《中华人民共和国药品管理法》规定,处方药可以在国务院卫生行政部门和国务院药品监督管理部门共同指定的医学、药学专业刊物上介绍,但不得在大众传播媒介发布广告或者用其他方式进行以公众为对象的广告宣传。

(三)药品广告的审查与监督管理

1. 药品广告的审查

(1)审查机关:省、自治区、直辖市的药品监督管理部门。

(2)审查机关的职责:各审查机关应依据法定审查程序,按照法定审查发布标准,负责对在本辖区内发布的药品广告的合法合规性、广告内容、发布行为规范、发布形式、采用的媒介方式、广告药品类别、药品名称、药品适应证、申请材料的真实性、合法性、有效性或者与药品有关的其他内容等进行审查,对审查合格的药品广告,发给药品广告批准文号;未取得药品广告批准文号的,不得发布。

(3)广告申请者的职责:必须向企业所在地省、自治区、直辖市人民政府药品监督管理部门提交相关证明文件和材料,并提交《药品广告审查表》,同时附与发布内容一致的样稿(样片、样带)和药品广告申请的电子文件,经药品广告审查部门审查同意后,依法取得药品广告批准文号。

▶▶ **课堂活动**

1. 报刊中发布某专科专业医院,使用患者名义作证明,以新闻报道的形式变相发布专业专科广告,合法吗?

2. 当前医药广告中使用"治愈率百分之百""攻克癌症"等语言,夸大疗效,你认为合法吗? 请说明理由。

2. 药品广告监督管理

(1)监督管理机构:县级以上市场监督管理部门。

(2)管理方法:一是以法律法规为准绳。《中华人民共和国广告法》《中华人民共和国药品管理法》《中华人民共和国药品管理法实施条例》等。2007 年 5 月 1 日起开始执行新修订的《药品广告审查办法》和《药品广告审查发布标准》,使广告发布日趋规范。二是以政策为指导。2009 年 2 月 13 日国家发布《关于进一步加强广播电视医疗和医药广告监督管理工作的通知》,2013 年 4 月 23 日,工商总局等 8 个部门印发了《关于开展整治虚假违法医药广告专项行动的通知》,在严厉打击违法广告的同时,试图强化行业自律,贯彻落实国家有关药品广告政策。三是专项整治与综合治理相结合。加强行业治理,整合监管资源,采取联合告诫、联合公告、联合检查、挂牌督办等形式,综合运用经济处罚、行政处理、刑事追责等手段,严厉惩治发布虚假违法医药广告和信息的违法主体。

> **知识链接**
>
> 　　《中华人民共和国药品管理法》关于药品广告管理的内容
>
> 　　1. 药品广告的内容必须真实、合法,以国务院药品监督管理部门批准的说明书为准,不得含有虚假的内容。
>
> 　　2. 药品广告不得含有不科学的表示功效的断言或者保证;不得利用国家机关、医药科研单位、学术机构或者专家、学者、医师、患者的名义和形象作证明。

三、药品广告策略

药品广告策略就是药品企业为了达到某一种促销的目的,而如何实施具体的药品广告活动。药品广告活动是指药品企业制订广告方案,将广告投放到各种媒体中以接近目标市场的活动。主要包括 5 个方面:确定广告目标(mission)、确定广告经费预算(money)、设计广告信息(message)、选择广告媒体(media)和衡量广告效果(measurement),也称为 5Ms。

(一)确定广告目标

广告目标是指在一个特定的时期内,对于某个特定的目标公众所要完成的特定的传播任务和所要达到的沟通程度。简单来讲,广告目标就是企业通过广告活动试图达到的目的。广告目标必须服从先前指定的有关目标市场、市场定位和营销组合等决策。广告目标的基本要求是清晰、明确、具有可衡量性。广告目标的选择应当建立在对当前市场营销情况透彻分析的基础上,以及对产品所处的生命周期深刻把握的基础之上。

(二)确定广告经费预算

广告经费预算是指医药企业在一定时期内预期分配给广告活动的总费用。广告有维持一段时期的延期效应。虽然广告被当作当期开销来处理,但是其中的一部分实际上可以用来逐渐建立被称为品牌权益的无形价值的投资。企业广告经费的投入并不是越多越好,而是应考虑影响广告效果的各种因素,采取科学的手段对成本-效益比进行预算,以期用最低的成本获得最佳的效果。

影响医药企业广告经费预算的因素有:

1. 产品生命周期阶段　一般来讲,对于处于导入期和成长期的医药产品,因其要在目标消费者内建立知名度,因此其广告投入的经费也就相对较大;而对于成熟期或衰退期的医药产品,则需要适当降低广告预算。

2. 市场份额和消费者基础　市场份额高的品牌只求维持其市场份额,因此其广告预算在销售额中所占的比率也就较少。而通过增加市场销售来提高市场份额,则需大量的广告费用。如果根据单位效应-成本来计算,打动使用广泛品牌的消费者比打动使用低市场份额品牌的消费者的花费较少。

3. 竞争与干扰 在一个有很多竞争者和广告开支很大的市场上,一种品牌必须加大力度进行宣扬,以便于高过市场的干扰声。即使市场上一般的广告干扰声不是直接对品牌竞争,也必须要加大广告投资。

4. 广告频率 把品牌信息传达到顾客需要一定的重复次数,广告投放频率越高,需要的预算也就会越大。

5. 产品替代性 如果在同一类商品种类中存在较多的不同商品的品牌,为了树立本品牌有差别性的形象,就需要投入大量的广告,把自己的产品与其他的同类产品区别开来。医药产品的特性不同会影响广告促销作用的大小,进而影响广告费用的不同。

(三)设计广告信息

广告活动不能完全和创意等同起来,而作为广告活动的创造性远比广告花费更重要。对于药品广告信息,只有能够充分地引起消费者的注意,才能够起到促进药品销售的作用。在广告信息的设计上,要着重考虑消费者的行为、习惯和需求,要将消费者的特性与医药产品的特性结合起来。

一般来讲,广告信息的设计主要有 4 个步骤,即信息的产生、信息的评价和选择、信息的表达和信息的社会责任感。

1. 信息的产生 广告的信息内容受到目标市场特征和产品特征 2 个方面的影响,而目标消费者是这个内容的最好来源。他们对于现有品牌的优势和不足的各种感觉为广告内容的创新性提供了重要的线索,我们就可以找到广告信息的诉求点。这种诉求点是有针对性和竞争力的,也代表着消费者对产品的需求。

案例分析

案例

多潘立酮为外周多巴胺受体拮抗药,直接作用于胃肠壁,可增加食管下部括约肌张力,防止胃食管反流,增强胃蠕动,促进胃排空,协调胃与十二指肠运动,抑制恶心、呕吐,并能有效防止胆汁反流。上述都是药理和生理学专业术语,这些专业词汇虽然医师都能够理解和接受,但是不容易记忆,所以企业经过加工,提炼出一个词"胃动力"。"胃动力"指的是胃肠道平滑肌蠕动,是一个生理学范畴的概念,但是经过提炼和后续推广,胃动力不足从一种消化不良的内在表现变成了病因,变成了一种分类标准,并快速造就了多潘立酮的成功。"胃动力"概念的成功还表现为很容易被普通消费者接受,多潘立酮转为 OTC 后这个概念更是被表达得淋漓尽致,为营销成功立下了汗马功劳。

分析

①深度挖掘该产品发挥药理作用的各个环节,找出关键点;②全面梳理临床分类标准和概念,找出机会点;③用上述关键点弥补机会点并赋予逻辑的概念名称,便于推广。

---

2. 信息的评价和选择 通常一个好的广告只会强调一个主题。广告信息可根据愿望性、独占性

和可信性来加以评估。广告客户应该进行市场分析和研究,以确定哪一种诉求对目标消费者最有效。

3. 信息的表达　广告信息的表达分为 2 种情况,一种是着重于理智定位,另一种是着重于情感定位。不管是在广告促销活动中采用何种定位的表达方式,其关键是广告信息传递的信息能否和企业产品的特性充分地结合起来。

4. 信息的社会责任感　设计药品广告信息必须注意国家法律、法规和社会道德规范对药品广告的限制。此外,药品广告还必须谨慎地不触犯任何道德团体、少数民族或特殊利益团体。

(四)选择广告媒体

1. 药品广告媒体及其特点　药品广告媒体是指药品企业在传播药品信息时所运用的物质和技术手段。常见的和使用较多的有电视、报纸、杂志、广播、网络、户外、直邮、交通工具、电影、商品陈列、POP 广告、网络广告等,近几年还出现了户外电视,如楼宇电梯电视广告媒体等混合媒体。各类主要媒体间的对比见表 11-2。

表 11-2　各类主要媒体间的对比

媒体	优点	缺点
报纸	灵活、及时,本地市场覆盖面大,能广泛地被接受,可行性强	保存性差,复制质量低,相互传阅少
电视	综合视觉、听觉和动作,富有感染力,能引起高度注意,触及面广	成本高,干扰多,瞬间即逝,观众的选择性少
广播	大众化宣传,地理和人口方面的选择性较强,成本低	只有声音,不如电视那样引人注意,非规范化收费结构,展露瞬息即逝
杂志	地理、人口的可选性强,可信并有一定的权威性,复制率高,保存期长,传阅者多	广告购买前置时间长,有些发行量浪费了,版面无保证
户外广告	灵活,广告展露时间长,费用低,竞争少	观众没有选择,缺乏创新
广告册	灵活性强,全彩色,展示戏剧性信息	过量制作使成本不易控制
互联网	非常高的选择性,交互机会多,相对成本低,传播速度快	在某些地区,作为新媒体用户少,受通信技术影响

知识链接

网络促销的含义及其特点

网络促销是指利用现代化的网络技术向虚拟市场传递有关商品和劳务信息,以启发需要,引起消费者购买欲望和购买行为的各种活动。它有以下 3 个方面的特点:

1. 网络促销是通过网络数字技术传递商品和劳务的存在、性能、功能以及特征等信息的一种新型销售方式。它建立在现代计算机与通信技术基础之上,并且随着计算机和网络技术的不断改进而改进。因此,从事网络促销时,要求促销人员不仅要熟悉传统营销技能,而且还应具备相应的计算机和网络知识。

2. 网络促销是在虚拟市场上进行的,不同于有实在场所的传统促销。

3. 虚拟市场的出现,将不同的企业集合到统一平台上。促销从此突破了时间和地域的限制,让促销成为更便捷高效的事。

2. 选择广告媒体　要注意不同类型的广告媒体,其所承载的信息的表现形式、信息传递的数量、信息传递的时间和空间都有所不同。为使本企业和产品的信息达到最优的传递效果,医药企业应该比较各个媒体之间的优缺点,结合企业发展战略和产品的特点,寻求一条成本-效益比最佳的沟通路线。

(五) 衡量广告效果

衡量广告效果主要包含2个方面:一是企业与社会公众之间的有效沟通,即传播效果;二是医药企业产品促销的效应,即促销效果。

1. 广告传播效果的测定　测定广告的传播效果,主要是测定消费者对广告信息的注意、兴趣、记忆等心理反应的程度。它可分为事前测定和事后测定。

(1)事前测定法:①直接评分法:即邀请有经验的专家和部分消费者对各种广告的吸引程度、可理解性、影响力等进行预先评分和比较;②调查测试法:即在广告播出前,将广告作品通过信件、明信片或以调查形式邮寄给消费者或用户,根据回信情况判断准备推出的广告的效果;③实验测试法:即选择有代表性的消费者,利用仪器测量人们对于广告的心理反应,从而判定广告的吸引力。

(2)事后测定法:①认定测定法:在广告播出后,借助有关指标了解视听者的认知程度,测定其注意力。常用的测试指标有粗知百分比、熟知百分比、联想百分比;②回忆测试法:即通过请一部分消费者了解他们对广告的商品、品牌和企业等的追忆程度,从而判断广告的吸引程度和效果。

2. 广告促销效果的测定　常用广告费用增销率法。此法用来测定计划期内广告费用增减对广告产品销售的影响,其公式为:

广告费用增销率=(销售量增长率/广告费用增长率)×100%

广告费用增销率越大,表明促销效果越好,也就是广告效果越好。

点滴积累 ∨

1. 广告与其他促销方式的区别是广告以企业付费为主要特征。
2. 广告媒介主要有电视、报纸、杂志、广播、网络、户外、直邮、交通工具、电影、商品陈列、POP广告、网络广告等。
3. 影响医药企业广告经费预算的因素包括产品生命周期阶段、市场份额和消费者基础、竞争与干扰、广告频率、产品替代性等因素。

任务3　药品营业推广设计

一、药品营业推广的内涵

(一) 药品营业推广的含义

营业推广又称为销售促进,它是指医药企业运用各种短期诱因鼓励消费者和中间商购买、经销或代理企业产品或服务的促销活动。营业推广是构成促销组合的一个重要方面。

（二）药品营业推广的特点

营业推广是一种短期的促销方式,相对于其他的促销方式,药品营销推广有以下几个显著特点:

1. 针对性强,促销效果明显　医药企业采取营业推广的促销方式,一般来讲,比较注意各种促销手段的组合运用,通过提供某些优惠条件调动有关人员的积极性,在一定的时间限定内引起较大规模的轰动效应,刺激和诱导消费者做出购买决定。

2. 无规则性和非经常性　药品营业推广是一种非人员的促销方式,大多数药品营业推广方式是无规则性和非经常性的,它是辅助或协调人员推销及广告活动的补充性措施。由于它是在短时期内达到某种销售目标,故不能频繁使用,否则会降低其促销效果。

3. 短期效果　药品营业推广一般是为了尽快地批量推销产品获得短期经济效益而采取的措施。如若按长期推销模式运作,则容易使消费者产生逆反心理,反而无法达到促销的本意。

4. 风险性　企业运用营业推广主要是通过各种工具促使消费者尽快购买其产品,虽然短期内促销效果明显,但是如若操作不当,容易引起消费者对其药品的质量、疗效以及企业声誉产生怀疑,因此具有一定的风险性。

知识链接

药品企业营业推广促销的矛盾特性

1. 强烈呈现　营业推广的许多方法往往把销售的产品在消费者的选择机遇前强烈地呈现出现,似乎告诉消费者这是一次永不再来的机会,购买该产品可以带来额外的好处。通过这种强烈的刺激,迅速消除顾客疑虑、观望的心理,打破顾客的购买惰性,使其迅速购买。

2. 产品贬值　由于营销推广的很多方法都呈现强烈的吸引氛围,有些做法难免显出企业急于出售产品的意图,如果使用不当,就可能使消费者怀疑产品的品质,产生逆反心理。

二、药品营业推广方式

（一）针对消费者的药品营业推广

针对消费者的营业推广,主要适用于 OTC 药品的促销,目的是激发消费者更大的购买欲望。常用方式有以下 10 种:

1. 赠送样品　如向顾客赠送药妆样品或试用品,赠送样品是介绍新产品的最有效的方法。样品可以选择在药店或闹市区散发,或在其他产品中附送,也可以公开广告赠送。

2. 会员积分　如连锁药店为顾客办理会员卡,在享受会员优惠价的同时,还可以将消费金额折算成积分,当积分累积到一定金额时可兑换药品或礼品,起到促销的同时还培养了顾客的忠诚度。

3. 演示体验　如医疗器械企业摆在药店专柜现场演示企业产品,同时免费让消费者现场试用体验,促销员现场指导产品使用,从而达到促销目的。

4. 专家义诊　以组织义诊或咨询服务为形式,通过活动本身宣传和活动过程宣传来反映药品的机制、疗效,树立企业形象,提高药品的知名度、可信度。

5. **健康知识讲座** 根据推广药品的特点,组织专家或权威人士进行健康讲座,普及与推广药品相关的健康知识,在讲座中融入所推广药品的功效和机制,提高推广药品被消费者试用的机会。

6. **集盒换购** 消费者收集某一药品的包装空盒,几个可以免费换取一盒同一药品,目的是建立药品品牌的忠诚消费者。

7. **疗程优惠** 对于疗程性用药,采用购买一个或多个疗程数量的药品给予价格优惠的推广促销,可刺激消费者按疗程数量消费。

8. **有奖竞赛** 由医药企业举办各类竞赛活动,如技能竞赛、知识比赛等,使消费者产生较大的兴趣,并能获取企业的奖励。参赛者多,可以起到较好的促销与宣传效果。

9. **以旧换新** 药品是有有效期的特殊商品,为了提醒消费者不服用过期药品,一些医药生产企业开展以旧换新的方式促销,只要本企业生产的药品未开封或使用未超过一定比例的过期药品,可凭借购买票据到指定地点以旧换新,从而提高企业的知名度和美誉度。

10. **康复患者分享会** 通过分享会对康复患者进行用药指导,同时分析同类药品的特点,为企业的产品做好宣传,让患者自由选择。

▶ **课堂活动**

有人说,药品是特殊商品,赠送样品对药品推广意义不大,你怎么看?

(二)针对中间商的药品营业推广

针对中间商的药品营业推广是指制药企业对药品批发企业、零售商或代理商及医疗单位等进行的促销活动,其主要目的是鼓励目标消费者购买更多或尝试新产品。

1. **批发折价** 医药企业为争取批发商或零售商多购进自己的药品,在某一时期内给经销本企业药品的批发商或零售商加大折扣比例。

2. **推广津贴** 医药企业为促使中间商购进并帮助推销企业药品,支付给中间商一定的推广津贴。

3. **销售竞赛** 根据各个医药中间商销售本企业药品的实绩,分别给优胜者以不同的奖励,如现金奖、实物奖、免费旅游等,以起到激励的作用。

4. **扶持零售商** 药品生产企业对药店零售商专柜的装潢予以资助,提供 POP 广告(卖点广告),强化零售药店网络,促使销售额增加;也可派遣企业信息员或代培销售人员,从而提高中间商推销本企业药品的积极性和能力。

5. **药品推介会** 新药推广时,在特定场所召集医药公司、零售药店采购人员举行新药推介会,集中介绍推广药品的疗效和市场发展前景,促进中间商订货。

6. **经销商联谊会** 医药企业每半年或 1 年举办全国性或区域性的经销商联谊会,介绍最新的经销政策,奖励优秀的经销商,促进经销商与医药企业长期合作。

7. **医药展销会** 医药企业通过参加全国性或区域性的医药博览会、展销会、业务洽谈会等,展示本企业的药品与品牌形象,通过展示与交流,寻找更多的药品经销商和代理商。

▶▶ 课堂活动

请分析展览会的营业推广形式对药品的促销作用。

（三）针对医院的药品营业推广

1. 折扣 在药品销售过程中,医药企业根据购药单位的销售额,在年底或不定期地返还不同比例的现金或产品的行为。

2. 学术支持 指对医护人员在科学研究方面给予一定的经济支持。在学术支持之下,医院的销售就会出现一个意想不到的效果。

3. 公司礼品 是将公司的部分特殊产品作为礼品赠送给医院。这种方式除了能有效地树立起公司的企业和产品形象外,同时为企业与医院客户之间的关系提供有力的保证。

三、药品营业推广策略

（一）制订营业推广方案

营业推广的工具很多,企业在具体应用时不是仅选择某一种,而是在分析多种因素的基础上,组成一个营业推广方案。

1. 刺激规模 刺激规模的大小必须结合目标市场的数量、规模以及内在结构,并根据推广收入与刺激费用之间的效应关系来确定。

2. 参与者的条件 针对顾客或经销商的特点,选择反应积极并易产生最佳推广效果的顾客或经销商作为主力参与者。

3. 推广的持续时间 若推广时间过短,消费者来不及反应;若推广时间过长,则消费者会产生厌倦情绪。一般来讲,理想的营业推广持续时间约为每季度使用3周时间,其时间长度约为平均购买周期的长度。

4. 分发的途径 常用途径有包装分送、商店分发和邮寄广告3种。

5. 推广时机 企业应综合分析新产品的生命周期、市场竞争环境、购买心理及消费者收入等情况,制订营业推广方案,并付诸实施。

6. 推广预算 推广预算是药品营业推广中最重要的影响因素之一。一般拟定的方法有从基层做起,营销人员根据所选用的各种促销办法来估计他们的总费用;按照习惯比例来确定各项促销预算占总促销预算的比率。

（二）实施营业推广方案

1. 预试营业推广方案 虽然营业推广方案是在经验基础上制订的,但是市场的内外部环境是随时在变化之中的,所以营业推广方案在实施前必须经过预试,以明确推广工具是否恰当、刺激规模是否合适、实施方法效果如何。一般预试的方法有请消费者对几个方案进行评价和评分;或者在有限的地区内进行试用性测试。

2. 实施和控制营业推广方案 对每一项营业推广方案应该确定其实施和控制计划。实施计划必须包括前置时间和销售延续时间。前置时间是开始实施这种方案前所必需的准备时间。销售延续时间是从开始实施此方案,到95%的产品被消费者购买为止所用的时间。

点滴积累　∨

1. 药品营销推广的特点为针对性强,促销效果明显;无规则性和非经常性;短期效果;风险性。
2. 针对中间商的药品营业推广的方式有批发折价、推广津贴、销售竞赛、扶持零售商、药品推介会、经销商联谊会、医药展销会。
3. 针对医院的药品营业推广方式有折扣、学术支持、公司礼品等。

任务4　药品营销公共关系设计

一、药品营销公共关系的内涵

(一)药品营销公共关系的含义

药品营销公共关系是指医药企业利用各种传播手段与社会公众进行沟通,树立企业良好的形象和信誉,唤起人们对医药企业及其药品的好感,赢得公众的信任和支持,为企业销售提供一个长期良好的外部环境的营销活动。

对于医药企业而言,塑造良好的形象是公共关系的核心,同时也是企业能够长远发展的根本保证。药品是直接关系到人民健康与生命安全的产品,人们对医药企业的形象与声誉往往更加关注。

(二)药品营销公共关系的特点

药品营销公共关系的内容包括企业形象宣传、企业与社会公众之间的交往与沟通等活动。公共关系作为一种很重要的促销方式,它具有以下特点:

1. 可信度高　对于大多数受众而言,各种媒体上的有关医药企业的报道更为客观,而医药企业自己推出的广告自我夸大的成分比较多,影响效果不如前者。

2. 传播能力强　很多受众本身对药品广告等信息传递方式本能地反感,并且有意识地回避。而公共关系报道是以新闻形式出现的,公众一般不会产生反感,易于接受,传达能力强。

公共关系与
人际关系的
区别

3. 成本较低　公共关系主要是利用信息沟通的原理和方法进行活动,比广告成本少得多。对医药企业而言,从投入产出比来看,公共关系是所有促销方式中成本最低的。

(三)药品营销公共关系的作用

1. 迅速提高企业的知名度和美誉度　公共关系是提升企业知名度和美誉度的最有效的促销工具,有利于增进社会公众对企业的信任、好感。

案例分析

案例

美国辉瑞药业在2005年成为全球企业抗艾滋病联盟首批企业，成功发起"艾滋病公益项目"。

2005年3月，广药集团建立了"家庭过期药品回收（免费更换）机制"，为消费者更换家庭过期药品，这在全国乃至全球尚属首例，在社会上引起了强烈反响。更令人意想不到的是，这一投资巨大的活动一直坚持。

分析

辉瑞药业的公益项目和广药集团"家庭过期药品回收（免费更换）机制"的公关意义是可以迅速提高企业的知名度和美誉度，最终赢得消费者的信任。

---

2. 迅速提高医药企业品牌的影响力　由于个别企业在医药广告的内容上过度地宣传产品，导致很多社会公众难以相信医药广告，再加上医药广告受到的种种限制，这就促成了公共关系成为医药企业提高品牌影响力的主要工具和手段。

▶▶ **课堂活动**

2005年暴发禽流感，杭州民生药业向卫生部捐助了200多万份健康知识宣传品，每张宣传品都打上了企业的标志，并通过新闻的方式在全国100多家媒体上进行了大力的品牌传播。此举极大地扩大了拳头产品21金维他的品牌影响力，为其产品在春节期间的销售打下了良好的基础。

请分析民生药业的主要公关特征。

3. 有利于提高目标消费者的忠诚度　消费者选择药品的一个最根本的依据就是对企业产生好感和信任，而医药企业通过与社会公众的沟通与交流，可以有效地增强目标消费者的好感和信任，维护他们的忠诚度。

二、药品营销公共关系策略

目前我国医药行业开展广告促销的限制较多，介于市场的发展，公关促销成为药品营销的新焦点和主流变革趋势之一，医药企业常使用以下5种公共关系策略：

（一）宣传型公共关系策略

这种策略就是运用各种传播沟通媒介，将需要公众知道和熟悉的信息广泛、迅速地传达到组织内外的公众中去，以形成对企业有利的公众舆论和社会环境。这种策略具有较强的主导性和时效性、传播面广、容易操作等特点。选择这种策略时，必须强调应坚持双向沟通和真实客观的原则。应用这种策略的常见做法是做公关广告，开展新闻宣传和专题公关活动。

（二）交际型公共关系策略

这种策略就是运用人际交往，通过人与人的直接接触，深化交往层次，巩固传播效果，实际上就是运用感情投资的方式,与公众互利互惠,为组织建立广泛的社会关系网络。这种策略的特点是直接、灵活、富于人情味。常见的做法有招待会、座谈会、茶话会、宴会、交谈、拜访、信函、馈赠礼物等。应用这一策略时一定要注意不能把一切私人交际活动都作为公共关系活动。

(三)服务型公共关系策略

这种策略就是以向公众提供优质的医疗健康服务为传播途径,通过实际行动获得公众的了解和好评。其突出特点是用实际行动说话,因而极具说服力。常见的做法有增加服务种类、扩大服务范围、完善服务态度、扩展服务深度、提高服务效率等。应用这一策略时要注意做出的承诺一定要兑现。

(四)社会型公共关系策略

这是一种以各种社会性、文化性、公益性、赞助性活动为主要内容的公共关系策略,其目的是塑造组织良好的社会形象、模范公民形象,提高组织的知名度和美誉度。这一策略的特点是文化性强、影响力大,但活动成本较高。因此,运用这一策略时要注意量力而行。医药企业的常见做法有为灾区捐款、成立健康基金会、助学活动、文化体育活动公益赞助、大型医疗宣教活动邀请嘉宾以渲染气氛等。

案例分析

案例

步长制药从 2008 年以来,积极参与发起并全程赞助"共铸中国心"大型公益项目,是以"老少边穷"地区心脑血管疾病救治为核心的大规模定点、定向的主题公益行动,为 130 名先天性心脏病患儿实施了救助救治手术,为医药企业的社会责任创新起到了很好的品牌示范作用。

分析

该药品使用了社会型公共关系策略。

(五)征询型公共关系策略

该策略就是围绕搜集信息、征求意见来开展公共关系活动的。目的是通过掌握公众信息和舆论,为组织的经营决策提供依据。其特点是长期、复杂,且需要耐力、诚意和持之以恒。常见做法有医药咨询热线电话、健康知识有奖征询、药品问卷调查、企业民意测验等。

三、药品营销危机公关的处理

(一)药品营销危机公关的含义

药品营销危机公关是指针对营销危机所采取的一系列消除影响、恢复形象的自救行动。危机公关影响医药企业生产经营活动的正常进行,对生存、发展构成威胁,从而使企业形象遭受损失的某些突发事件,如"毒胶囊事件""巨能钙事件"等。

(二)药品营销危机公关的特点

1. **突发性** 公共关系危机事件是一种突发事件,它的发生常常是在意想不到、没有准备的情况下突然暴发的,它是不可预见的或不可完全预见的。由于公共关系大系统是开放的,每时每刻都处在与外界的物质、能量、信息的交换和流动之中。其任何一个薄弱环节都可能因某种偶然因素而致失衡、崩溃,形成危机,它具有突发性和不可预测的特征。从本质上讲,公共关系危机的爆发是一个从量变到质变的过程。

2. **严重性**　危机事件作为一种公共事件,任何组织在危机中采取的行动和措施失当,将使企业的品牌形象和企业信誉受到致命的打击,甚至危及生存。由此,为了应对各种突发的危机事件,现代企业一般将其纳入管理的内容,形成了独特的危机管理机制。

3. **紧迫性**　公共关系危机总是在短时间内突然爆发,造成损失的危害性能力会迅速释放,如不能及时控制,危机就会加剧。一旦危机发生,要求组织立刻处于备战状态,要求公关人员第一时间全面掌握事实真相。

4. **关注性**　进入信息时代后,事件发生的信息传播速度非常快,危机爆发所造成的巨大影响,又迅速令人瞩目。它常常会成为社会和舆论关注的焦点和讨论的话题,成为新闻界争相报道的内容,成为竞争对手发现破绽的线索,成为主管部门批评的对象。

总之,组织公关危机一旦出现,它就会像一颗突然爆炸的炸弹,在社会中迅速扩散开来,对社会造成严重的冲击,迅速引起社会各界的不同反应。

案例分析

案例

2012 年 4 月 15 日,央视《每周质量报告》曝光,修正药业的羚羊感冒胶囊的铬元素含量为 4.44mg/kg,超出当时的行业标准 2mg/kg 一倍以上。4 天后,修正药业通过官方网站发布"关于疑似铬超标羚羊感冒胶囊处理进程的通告",立即全面召回并封存批号为 100901 的涉事羚羊感冒胶囊,该批次产品主要销往吉林地区,共有 199 件。通过网站对公众表示歉意,并公开销毁药物,让公众知道不合格的药品已全部销毁,市场上不会再有毒胶囊。并承诺投资 3 亿元自建胶囊厂,最终赢得消费者的信任。

分析

面临危机及时、主动、诚恳的态度和快速回应公众是关键。

（三）药品营销危机公关的处理原则

1. **承担责任原则**　危机发生后,公众会关心两个方面的问题:一方面是利益的问题,利益是公众关注的焦点,因此无论谁是谁非,企业应该承担责任。即使受害者在事故发生中有一定责任,企业也不应首先追究其责任,否则会各执己见,加深矛盾,引起公众的反感,不利于问题的解决。另一方面是情感问题,公众很在意企业是否在意自己的感受,因此企业应站在受害者的立场上表示同情和慰问,并通过新闻媒介向公众致歉,解决深层次的心理、情感关系问题,从而赢得公众的理解和信任。

2. 真诚沟通原则 处于危机中的企业是公众和媒介的焦点,其一举一动都将接受质疑,因此千万不要有侥幸心理,企图蒙混过关,应该主动与新闻媒介联系,尽快与公众沟通,说明事实真相,促使双方互相理解,消除疑虑与不安。真诚沟通是处理危机的基本原则之一。这里的真诚指"三诚",即诚意、诚恳、诚实。如果做到了这"三诚",则一切问题都可迎刃而解。

(1)诚意:在事件发生后的第一时间,公司的高层应向公众说明情况,并致以歉意,从而体现企业勇于承担责任、对消费者负责的企业文化,赢得消费者的同情和理解。

(2)诚恳:一切以消费者的利益为重,不回避问题和错误,及时与媒体和公众沟通,向消费者说明事件的进展情况,重拾消费者的信任和尊重。

(3)诚实:诚实是危机处理的最关键也是最有效的办法。我们会原谅一个人的错误,但不会原谅一个人说谎。

3. 速度第一原则 好事不出门,坏事行千里。在危机出现的最初12~24小时内,消息会像病毒一样,以裂变方式高速传播。而这时可靠的消息往往不多,社会上充斥着谣言和猜测。企业的一举一动将是外界评判其如何处理这次危机的主要依据,媒体、公众及政府都密切关注企业发出的第一份声明。对于企业在处理危机方面的做法和立场,舆论赞成与否往往都会立刻见于媒体报道。因此,企业必须当机立断,快速反应,果决行动,与媒体和公众进行沟通,从而迅速控制事态,否则会扩大突发危机的范围,甚至可能失去对全局的控制。危机发生后,能否首先控制住事态,使其不扩大、不升级、不蔓延,是处理危机公关的关键。

4. 系统运作原则 在逃避一种危险时,不要忽视另一种危险。在进行危机管理时必须系统运作,绝对不可顾此失彼。只有这样才能透过表面现象看本质,创造性地解决问题,化害为利。危机的系统运作主要需做好以下几点:

(1)以冷对热,以静制动:危机会使人处于焦躁或恐惧之中,所以企业高层应以"冷"对"热"、以"静"制"动",镇定自若,以减轻员工的心理压力。

(2)统一观点,稳住阵脚:在企业内部迅速统一观点,对危机有清醒的认识,从而稳住阵脚,万众一心,同仇敌忾。

(3)组建班子,专项负责:一般情况下,危机公关小组由企业的公关部成员和企业涉及危机的高层领导直接组成。这样,一方面是高效率的保证,另一方面是对外口径一致的保证,使公众对企业处理危机的诚意感到可以信赖。

(4)果断决策,迅速实施:由于危机瞬息万变,在危机决策的时效性要求和信息匮乏的条件下,任何模糊的决策都会产生严重的后果。所以必须最大限度地集中决策使用资源,迅速做出决策,系统部署,付诸实施。

(5)合纵连横,借助外力:当危机来临时,应充分和政府部门、行业协会、同行企业及新闻媒体充分配合,联合对付危机,在众人拾柴火焰高的同时,增强公信力、影响力。

(6)循序渐进,标本兼治:要真正彻底地消除危机,需要在控制事态后,及时准确地找到危机的症结,对症下药,谋求治"本"。如果仅仅停留在指标阶段,就会前功尽弃,甚至引发新的危机。

5. 权威证实原则　危机发生后,企业不要自己整天拿着高音喇叭叫冤,而要曲线救国,请重量级的第三者在前台说话,使消费者解除对自己的警戒心理,重获他们的信任。

危机发生后的处理除了运用以上原则外,当然还有其他原则,如客户信任原则、团队合作原则等。

点滴积累　∨ ....

1. 医药企业公共关系的特点包括可信度高、传播能力强、成本较低。

2. 药品营销公共关系策略主要有以下 5 种:宣传型、交际型、服务型、社会型、征询型公共关系策略。

3. 药品营销危机公关处理原则有承担责任、真诚沟通、速度第一、系统运作、权威证实原则。

任务5　药品的人员推销设计

一、药品的人员推销内涵

（一）药品的人员推销含义

1. 药品的人员推销　是指医药企业派出药品销售人员直接与药品批发商、零售商、医疗机构进行面对面的沟通,通过双向的信息交流和沟通,使其了解药品信息,并且发现和满足客户需求的促销活动。

在药品人员推销活动中,推销人员、推销对象以及推销的药品是构成药品人员推销的 3 个基本要素。药品就是推销人员与推销对象之间交流的平台。

2. 药品推销人员的种类　根据推销对象的不同分为 3 类:

（1）药品销售员:其任务并不是接收订单,而是为药品批发商、零售商销售医药企业的产品提供支持性帮助。通过向临床医师进行药品知识的介绍,使其认可企业所生产的医药产品,医疗机构会从药品批发商购进医药产品。

（2）医药商务代表:其主要职责是向药品批发商传递信息,获得订单,签订合同,负责回款,提供药品技术支持,与老客户维持关系。

（3）OTC 销售代表:是具有一定的临床理论知识及实际经验的医药专业人员,经过市场营销知识及促销技能的培训,从事药品推广、宣传工作的市场促销人员。

确定推销队伍规模

OTC 销售代表的职责主要是:①建立负责区域的药店档案,进行药店级别划分并进行管理。②疏通进货渠道,保证公司产品在限定时间内铺入目标药店。③每日按计划行走路线拜访至少 15 家药店,进行常规理货,并掌握销售情况和进货情况。对A 级店每月拜访频率为 6~8 次,B 级店为每月 3~4 次,C 级店为每月 1~2 次。④与店员、柜组长保持密切关系,使之熟悉公司产品的主要特性、利益,并能主动向消费者推荐。⑤主动了解竞争产品情况,掌握竞争对手人员的拜访和促销手段并及时向上级汇报。

(二) 药品的人员推销特点

相对于非人员推销,人员推销具有如下优点:

1. 信息传递的双向性　药品人员推销是一种面对面的促销活动。一方面,推销人员通过与推销对象之间交流所推销的医药产品的相关信息,如医药产品的疗效、作用机制、功能、使用方法、注意事项、价格以及同类竞品情况等信息,以此让推销对象了解产品,促进产品销售;另一方面,通过与推销对象的交流,能及时了解目标市场对企业产品各个方面的评价,为企业制订合理的营销策略提供依据,最大可能地满足消费者的需求。

2. 推销目的的双重性　人员推销的目的是激发目标消费者对此医药产品的需求,促进产品的销售;同时,推销产品还要提供必要的相关性服务,帮助顾客解决问题,增强顾客对所推销的医药产品的信心。

3. 推销过程的灵活性　由于推销人员和推销对象是直接联系的,可以通过交谈和观察了解顾客,根据不同顾客的特点和反应,有针对性地及时调整销售方式和技巧,更好地诱导顾客产生购买行为。

4. 推销效果的长期性　在人员推销过程中,推销人员和推销对象长期面对面直接交流,便于建立长期的友谊和感情,让顾客对本企业的医药产品产生一定的偏爱;同时,还可以为未来其他产品或服务奠定良好的销售基础。

人员推销的缺点主要表现在两个方面:一是支出较大,促销成本较高;二是对推销人员的要求比较高。

▶ **课堂活动**

每5人一组,针对顾客的年龄、性别等,对指定药品进行推销模拟。

道具:根据分组数,尽量选择同类竞品。

要求:在推销时,尽量发掘不同顾客之间的差异化需求,根据差异化需求展示产品的特性。

二、药品的人员推销策略

(一) 针对药店的人员推销策略

药店主要以销售 OTC 药品为主,有的又称为 OTC 代表,其主要任务有门店铺货、药品陈列和店员培训教育。人员推销策略主要有以下4种:

1. 探索性推销　对于初次接触的顾客,根据"刺激-反应"的模式,推销人员按照自己的计划进行渗透性交谈,以观察顾客(店主)的反应,然后逐步根据顾客(店主)的反应来调节谈话内容,将顾客的兴趣转移到销售的药品上来,促成购买行为。

2. 创造性推销　直接将药品的某些特性有效地对顾客(店主)进行宣传,使其产生兴趣,诱发顾客(店主)的潜在需求,达到促使顾客购买行为的目的。

3. 针对性推销　对于已掌握的部分现实和潜在顾客,根据药品特性进行有目的的推销,用充分的数据和事实宣传引起店员的重视,促进交易实现。如介绍本市最大的国药益源连锁药店可说"都从我公司进货,你们可以放心"。

4. 培训式推销　对新药品和初次接触企业药品的顾客,用培训进行教育、示范操作等方法向顾客传授药品知识,可以打消顾客疑虑,做出购买决策。

▶ **课堂活动**

现实生活中你见过哪些产品推销活动?　给你留下最深影响的是哪一种?　为什么?

(二)针对医院的人员推销策略

医院主要以销售处方药品为主、以销售 OTC 药品为辅,其人员推销策略主要有以下 5 种。

1. 单对单推销　一个推销人员给一个目标客户推介产品,即一对一推销活动。如通过医药销售人员与医院某科室主任、医师、护士长等面对面交流来实现。

2. 单对组推销　指单个推销人员与目标客户群体接触。如医药代表与一个办公室的 3~5 个医师或护士交流。在此场合下一定要镇定,表现得越是大气、越是镇静,就越会有意想不到的效果。

3. 组对组推销　销售小组通常由医药企业有关部门的主管人员、销售人员、学术推广人员等组成,他们将面对客户的一个规模较大的、专业性较强的订货小组进行产品销售。如医院由主管院长、科室主任、药剂科主任及采购人员组成的药品招标审核小组。

4. 会议推销　推销人员在各种会议(订货会、展销会、产品推荐会等)上,以业务洽谈会的形式向所有或部分客户推销产品。

5. 产品研讨会　销售人员与医药企业学术人员一起,以医药产品专业研讨的形式向买方专业人员讲解某项技术最新发展的情况,介绍相关产品的知识及其应用,其目的并不在于即刻达成交易,而是重在增进客户的技术知识,培养客户对本企业的认识和偏好。如医药企业组织地方区域内的部分医疗机构相关人员参加的产品推介学术交流会议。

案例分析

案例

武汉康怡医疗设备有限公司总经理刘绪建从省贸促会了解到,2010 年,非洲 95% 左右的医疗器械产品都依赖于进口,非洲共进口价值达 32 亿美元的医疗器械产品。考虑到公司需要打开更广阔的市场,刘绪建带上医用电动床、病床等多个品种,赴"走进非洲"加纳展会。

刘绪建在展会期间到当地大医院上门推销,哪知连着吃了好几个闭门羹。上午被拒绝,下午又跑去,硬是拜访到了加纳最大医院的院长。"第 2 天,他们全都穿着西装革履来观展,非常认可我们的产品,把我带去的病床样品全买下了",就这样他为公司敲开了非洲市场的大门,回国后,陆续接到来自非洲的 700 多万美元的订单。

分析

确定目标顾客,提供优质的产品,主动上门,做好服务。

（三）药品人员推销的步骤

1. 寻找预期客户　预期客户指的是潜在的消费者,即可能成为新客户的任何组织或个人。根据医药企业产品的特点、卖点、竞争态势、所处价值链的位置、公司策略等因素来寻找预期客户。具体应从以下两点着手:

(1)寻找潜在客户的途径:常用的方法有购买电话黄页、名录;报纸、杂志、网络等媒体;在展览会上搜集;交流名片;老客户介绍;市场搜集;参加各种联谊会;服务终端客户等。

(2)提高寻找潜在客户成功率的方法:①对每一个潜在客户,在联系之前要认真分析,寻找恰当的时机与客户联系,切不可贸然和客户联系;②若与客户话不投机,应留下愿意友好交流的意愿,为以后与客户沟通做好铺垫;③发挥团队精神,与同事合作开发新客户;④不管客户最终是否购买,都要尊重他们,并且希望他们给你推荐新客户;⑤要坚持长期和客户联系,妄想用一两次沟通就可以完成推销活动是幼稚的。

2. 准备接洽　药品推销人员在确定了潜在客户后,应尽可能地了解潜在客户各个方面的情况,分析他们的特定需求,如医疗机构对目前所使用药品的态度、谁是购买的决策者、决策者的个人性格和购买习惯是什么。

3. 接触客户　接触客户是指销售人员正式与潜在客户进行接洽的活动。可以采取电话访问、上门拜访和电子访问等形式。在接触活动中要注意自身沟通的行为修养,明确的开场白可争取给潜在客户留下良好的印象。

4. 讲解与展示　药品推销人员在讲解过程中,应侧重于向客户阐述药品给客户带来的利益,其目的是吸引并抓住客户的注意力,提高他们的兴趣。同时要帮助潜在客户发现自己的需要,并提供相应的解决方案,让客户意识到需要购买。

5. 异议处理　面对客户提出的异议,药品推销人员应主动询问客户,找出异议的根源,并做出相应的答复和处理意见。

处理客户异议的基本原则:欢迎客户提出反对意见,且不以施加压力的方式让客户接受我们的观点。

处理客户异议的基本策略:保持理性、中性的推销态度;用不带倾向性的非常具体的问题提问;不施加过大的压力;抓大放小,以退为进;尊重客户的观点;随时准备妥协与修正自己的产品或服务。

▶▶ **课堂活动**

临床医师抱怨某品牌治疗哮喘病的药物效果不佳,作为推销员,该怎么应对?

6. 达成交易　药品推销人员通过观察客户的言语、举止和表情等交易信号判断达成交易的最佳时机是否到来,并抓住时机提出建设性的决策,促使立即成交,或通过价格优惠、免费额外赠送等推广手段促使客户做出购买决策,从而达成交易。

客户表达出有意购买的信号时,常用的促成交易的方法有直接要求订货、试用利益牵制法、机会丧失型、利益轰炸型、赞扬型、非此即彼的选择型成交等。

7. 跟进服务　交易达成之后,药品推销员还要做好售后服务,即与客户积极保持联系,确认货物是否已经及时收到,了解客户对所使用的药品是否满意,向客户表示关心,使客户持续购买本企业的药品。常言道:"真正的销售,是从签订合同开始的"。

▶ 课堂活动

　　由两名学生在讲台前,同时推销各自手中的产品,其他同学评价两位学生中哪位推销的产品激发了自己的购买欲望。 要求:推销的学生声音洪亮、语言清晰,能抓住各自产品的特点。

三、药品推销人员的管理

(一)药品推销人员的甄选与培训

1. 药品推销人员的甄选　药品的人员推销是专业性很强的推销工作,对推销人员的素质要求很高,一般需按照药品推销人员的职业素养、业务素质、身体素质、能力要求及基本职责来选拔。

知识链接

力争留住客户

　　研究表明,企业争取一个新客户的成本是维护一个老客户的 7~10 倍,留住 5% 的客户有可能会为企业带来 100% 的利润。

---

2. 药品推销人员的培训　培训可提高药品推销人员的素质,为顺利完成推销工作任务打下基础。一般来讲,培训的内容主要有:

(1)思想品质:主要是指对推销人员进行推销道德教育和职业荣誉感教育,以增强其事业心和自信心,树立起一切为顾客服务的思想。

(2)企业情况:主要是针对新招推销人员而言,让其了解本企业的历史和发展目标、组织结构、财务情况、主要产品的推销情况和推销策略、市场竞争对企业的影响等,尽快消除他们的陌生感,树立起他们的自信心。

(3)产品知识:主要包括产品的设计制造过程、产品质量、产品的特点、产品的用途以及注意事项。此外,还要了解竞争者产品的特色和优缺点。

(4)市场知识:主要内容是向推销人员介绍本企业顾客的基本情况,介绍本企业产品的市场占有率,以及市场开发战略等。

(5)推销技能:通过推销技能培训,推销人员要掌握推销技巧和推销原则,明确推销工作程序和责任,养成良好的个性。

(6)政策、法律:在社会主义市场经济条件下,推销人员要顺利完成推销任务,必须了解有关的政策、法律,这样做有利于推销人员减少推销工作中的失误。

知识链接

超级推销员成功的十大准则

美国的调查表明，超级推销员的业绩是一般推销员业绩的 300 倍。 在许多企业，80%的业绩是由 20%的推销员创造出来的，这 20%的人并不是俊男靓女，也非个人能言善道，唯一相同的是他们都拥有迈向成功的方法，尽管方法各不相同，但也有其共同之处：①肯定自己；②养成良好的习惯；③有计划地工作；④具备专业知识；⑤建立顾客群；⑥坚持不懈；⑦做正确的事；⑧优点学习法；⑨正面思考模式；⑩良好的个人形象。

（二）药品推销人员的报酬与激励

1. 药品推销人员的报酬形式　主要包括薪金、佣金、奖励 3 部分。

2. 药品推销人员的绩效考核管理　绩效考核是指按照一定的标准，采取科学的方法，检查和评定企业员工对职务所规定的职责的履行程度，以确定其工作成绩的一种有效管理方法。绩效考核常用的指标有销售量、总金额、增长率、费用额、新市场开发速度等。

3. 药品推销人员的激励　对医药推销人员的激励，有助于提高其推销水平，有助于促销目标的顺利完成，以及培养优秀的促销团队。激励的方式有以下几种：

（1）目标奖励法：推销人员达到企业设定的目标后，给予相应报酬的方法。

（2）强化激励法：是针对推销人员的成绩或过错行为分别给予肯定和奖励，或者否定和惩罚。

（3）反馈激励法：将一定时期推销任务的各项指标完成情况、成绩及时反馈给推销员，以此增强他们的工作信心和成就感，激励他们的进取心。

（4）销售竞赛法：医药企业根据一定时期的销售业绩进行排序，激励推销人员的进取心，促使推销任务的完成。

点滴积累　∨

1. 药品人员推销的特点包括信息传递的双向性、推销目的的双重性、推销过程的灵活性、推销效果的长期性。

2. 药品推销人员应具备的业务素质包括企业知识、产品知识、顾客知识、市场知识、法律知识等。

3. 药品推销人员的激励方式有目标奖励法、强化激励法、反馈激励法、销售竞赛法。

目标检测

一、选择题

（一）单项选择题

1. 促销工作的核心是（　　　）

A. 刺激消费者　　　　　　B. 诱导消费者　　　　　　C. 获取利润

D. 信息沟通　　　　　　　E. 低价销售

2. 从促销的历史发展过程看,企业最先划分出(　　)的职能

A. 销售促进　　　　　　　B. 广告　　　　　　　　　C. 人员推销

D. 宣传　　　　　　　　　E. 免费试用

3. 在药品市场寿命周期的(　　)阶段,促销显得十分重要

A. 导入期　　　　　　　　B. 成长期　　　　　　　　C. 成熟期

D. 导入期和成熟期　　　　E. 成长期和成熟期

4. 明确的发起者以公开支付费用的做法,以非人员的任何形式,对产品、服务或某项行动的意见和想法等介绍的促销方法是指(　　)

A. 广告　　　　　　　　　B. 人员推销　　　　　　　C. 销售促进

D. 宣传　　　　　　　　　E. 学术推广

5. 以下广告媒体中,效果最好、费用最高的是(　　)

A. 报纸　　　　　　　　　B. 网络　　　　　　　　　C. 杂志

D. 广播　　　　　　　　　E. 电视

6. 购买折让、免费货品、商品推广津贴、合作广告、推销金、经销商销售竞赛等属于针对(　　)的促销工具

A. 中间商　　　　　　　　B. 消费者　　　　　　　　C. 推销人员

D. 产业用品　　　　　　　E. 社区医院

7. 企业除了人员推销、广告、宣传以外的,刺激消费者购买和经销商效益的各种市场营销活动,例如陈列、演出、展览会、示范表演以及其他推销努力,这种销售策略是(　　)

A. 广告　　　　　　　　　B. 人员推销　　　　　　　C. 销售促进

D. 宣传　　　　　　　　　E. 会议推销

8. 一个需要提供资金支持,一个无须花钱,这是"赞助"同(　　)的一个区别

A. 广告　　　　　　　　　B. 销售促进　　　　　　　C. 人员推销

D. 公共关系　　　　　　　E. 捐赠

9. 企业通过派出销售人员与一个或一个以上的可能成为购买者的人交谈,进行口头陈述,以推销商品、促进和扩大销售。这种促销策略是(　　)

A. 广告　　　　　　　　　B. 人员推销　　　　　　　C. 销售促进

D. 宣传　　　　　　　　　E. 学术推广

10. 下面不属于人员推销的特点的是(　　)

A. 双向性　　　　　　　　B. 选择性和完整性　　　　C. 成本低

D. 专业性强　　　　　　　E. 灵活性

(二)多项选择题

11. 制订促销决策时,企业首先会遇到的两个主要问题是(　　)

A. 应花费多少投资来进行促销活动

B. 投资应如何在众多的促销工具间分配

C. 促销支出是否比用于新产品开发的效益好

D. 促销是否能引起消费者的购买率上升

E. 以何种方式进行促销

12. 影响促销组合决策的因素主要有(   )

  A. 产品类型   B. 推式与拉式策略   C. 促销目标

  D. 产品生命周期阶段   E. 经济前景

13. 药品广告策略的主要内容包括(   )

  A. 确定广告目标   B. 确定广告经费预算 C. 设计广告信息

  D. 选择广告媒体   E. 衡量广告效果

14. 企业广告的主要媒体有(   )

  A. 报纸   B. 杂志   C. 直接邮寄

  D. 广播   E. 户外广告

15. 下面促销属于"拉式策略"的是(   )

  A. 人员推销   B. 广告   C. 营业推广

  D. 公共关系   E. 口碑营销

16. 以下方式属于非人员促销的是(   )

  A. 柜台推销   B. 广告   C. 营业推广

  D. 公共关系   E. 会议推销

17. 医药营销公共关系策略包括(   )

  A. 宣传型公共关系策略   B. 交际型公共关系策略

  C. 服务型公共关系策略   D. 社会型公共关系策略

  E. 征询型公共关系策略

18. 公共关系的特性主要是(   )

  A. 高度真实感   B. 没有防御   C. 戏剧化表现

  D. 支付费用   E. 商品效应

19. 根据医药市场的不同领域,推销对象可分(   )

  A. 生产商   B. 经纪人   C. 批发商

  D. 零售商   E. 消费者

20. 销售人员激励的方法主要有(   )

  A. 销售定额   B. 佣金制度   C. 工作量法

  D. 竞争对等法   E. 能力比较法

二、简答题

1. 医药企业制订药品促销组合策略应考虑哪些因素?

2. 什么是广告？如何选择药品广告媒体？

3. 什么是营业推广？药品企业营业推广的主要形式有哪些？

4. 人员推销在促销组合中的地位是什么？

5. 试分析药品的人员推销特点。

三、实例分析

康弘药业借力放大

由成都康弘药业开发的针对年龄相关性黄斑变性（AMD）的治疗药物 KH902，作为中国少有的具有国际水平的一类新药，在抗新生血管领域达到国际领先水平。康弘将临床前的研究结果发表在国际知名学术刊物上，从而引起了专家学者的关注。

2008 年在香港召开的国际眼科大会上做了专题报道，更是引起了来自 102 个国家和地区的近万名与会学者专家的热烈反响。香港的凤凰卫视对这一科研成果进行了专题报道，《大公报》《文汇报》和《成都日报》等新闻媒体也进行了广泛报道。

康弘乘胜追击，积极配合媒体对企业的深入了解，《医药经理人》《中国医院院长》《医师报》等多家业内主流媒体对企业的研发实力、上市品种和发展前景进行了全面报道，从而有效地提升了康弘的企业品牌和产品的市场认可度，2011 年一季度预计销售同期增长 50%以上，实现开门红。

讨论分析：

1. 你认为康弘药业的成功之处有哪些？还有哪些需要改进？

2. 康弘药业的药物 KH902 适合采用推式策略还是拉式策略？为什么？

3. 康弘药业公共关系有何作用？

药品市场营销模拟实训

实训项目

实训项目一　认知药品市场——药品市场"与众不同"

实训任务 1　市场解析

【实训目的】

通过实训,使学生理解市场的内涵,掌握其他商品市场与药品市场的异同。

【实训内容】

将全班学生分成两个讨论组,一组是"普通商品市场组",另一组是"药品市场组"。根据市场的内涵,请同学们列举普通商品及药品市场的一些实例,讨论并阐述普通商品市场与药品市场之间的异同。

【实训要求】

1. 每组所列举的市场实例不少于 3 个。

2. 每组所阐述的"普通商品市场与药品市场之间的异同点"不少于 3 个。

3. 写出总结性报告。

4. 最好与本章的授课内容同步进行。

实训任务 2　药品市场解析

【实训目的】

1. 通过实训,使学生了解药品市场的种类。

2. 通过实训,使学生能对处方药市场、非处方药市场、保健品市场的特点及销售状况有一定的感性认知。

3. 通过实训,使学生熟悉各类药品市场的影响因素。

4. 培养学生的团队协作能力。

【实训内容】

学生分头走访市内的各医院药房、药店,进行实地调查了解处方药市场、非处方药市场、保健品市场的特点和销售状况,并分析总结影响药品市场销售的因素。

【实训要求】

1. 教师提前布置本实训内容,并指导学生针对各类市场的消费特点、营销主要影响因素等内容制订出走访计划或实施方案,使学生有准备、有目的地开展实训。

2. 实训过程中,教师要随时与学生进行沟通,及时了解学生实地调研过程中遇到的问题与困难,并帮助学生解决,以便于学生的实训内容能顺利完成。

3. 每组需选一名代表讲述实地走访情况。

4. 以组为单位上交一份实地调研总结报告。

实训项目二　认知药品市场营销——药好还得"巧卖"

实训任务 1　明确药品市场营销内涵

【实训目的】

通过实训,使学生明确药品市场营销的内涵,掌握市场营销与药品市场营销的异同点。

【实训内容】

海王星辰,一个随着 20 世纪 90 年代中国医药零售业兴起而诞生的名字。从 1996 年的第 1 家社区零售药店开始,海王星辰从无到有,从零星闪烁到星罗棋布,实现了从 1 家发展到 2969 家健康连锁药房。1995 年 6 月 28 日,深圳市海王星辰医药有限公司成立,瞄准了空白的中国医药连锁零售领域。某地海王星辰药店主要销售的药品和商品有灵芝胶囊、成人善存片、钙尔奇、琥珀酸美托洛尔缓释片、非洛地平缓释片、肠舒胶囊、头孢克洛分散片、小儿止咳糖浆、银黄颗粒、复方丹参片、蛋白粉、奶粉和卫生纸。请结合本案例完成如下内容:

1. 根据某地海王星辰药店销售的所列产品,分出哪些是普通商品、哪些是药品。

2. 通过查阅文献,写出其中 3 个药品的零售价、功能主治、适应证、禁忌证、注意事项、用法用量。

3. 通过查阅文献,写出其中 2 个普通商品的零售价、效用、注意事项。

4. 阐述案例中普通商品市场营销和药品市场营销之间的异同。

【实训要求】

1. 查阅的 3 个药品和 2 个普通商品的资料须翔实、准确。

2. 阐述普通商品市场营销和药品市场营销之间的异同时,需列举案例中普通商品和药品的市场营销活动,在此基础上阐述两者的异同。

3. 撰写实训报告。

4. 最好与本章的授课内容同步进行。

实训任务 2　树立现代市场营销观念

【实训目的】

通过实训,使学生掌握市场营销观念,了解市场营销观念的发展并熟悉药品市场营销观念的应用。

【实训内容】

心宝药业以心肾疾病治疗药物——心宝丸及心宝龟鹿补肾片为主打产品。心肾疾病患者则以中老年消费者居多,这部分人群对自己的健康更为关注,并热衷于各种形式的养生保健,除了服用各种药品、保健品外,对于太极拳也兴趣浓厚。为将消费者的养生特点与"心肾同治"理论推广活动相结合,心宝药业特邀武当山无为子道长,以"心肾同治"理念为基础,专为中老年人打造药术结合、养心强肾的心宝养生拳。心宝养生拳简单易学、不占场地,在家里、办公场所、户外均可练习。经常练习可以舒筋活络强筋骨、养心强肾调脏腑,对中老年人养肾效果更为显著,每天抽出三五分钟练习即可达到很好的保健效果,因而十分具有吸引力。不是强硬地向消费者灌输得了心肾疾病一定要服用心宝丸和心宝龟鹿补肾片治疗,而是通过传播心宝养生拳带动"心肾同治"理论的传播与推广,对于目标受众来说更易于接受,也更能激发消费者了解企业与产品的热情。为确保参与者能够正确而持续地练习,心宝药业的工作人员与各参赛团队通过微信群保持沟通,便于工作人员监督活动进展并及时解决练习中出现的相关问题。

于心宝药业本身而言,此次活动具有很强的公益性质,有利于赢得消费者对企业的好感,并加深对品牌及产品的信任;于合作连锁来说,有利于壮大会员规模,同时也能为连锁建立起积极回馈消费者的印象;于心肾疾病患者而言,对疾病的预防与治疗又多了一分理解、多了一种手段。任何营销活动的最终目的无非只有 2 点:从长远的角度来看,要为企业树立良好的形象;就近期目标而言,要为企业带来可观的销量。而此次的心宝养生拳活动悉数做到了。此次活动既传播了心宝药业的企业文化理念、塑造了心宝药业的企业形象、拉近了与受众距离,同时也对销量带来了不小的影响。

结合案例完成如下内容:

1. 结合所学的理论知识全方位分析和举例说明心宝药业的产品、促销和渠道特色。

2. 根据分析的结果,结合药品企业营销观念的应用,指出心宝药业运用了哪些营销观念以及其成功的原因。

【实训要求】

1. 由 4~6 名学生为一组,以小组为单位进行训练。

2. 各组学生互评并展示,教师点评、总结。

3. 撰写实训报告。

实训项目三　进行药品市场调研——"寻觅"市场之门

实训任务 1　制订市场调研方案

【实训目的】

1. 通过实训,使学生能够运用所学的知识为具体项目制订调研方案。

2. 通过实训,培养学生对调研方案进行可行性分析研究的能力及团队合作精神。

【实训内容】

作为非处方药的一大组成部分,感冒药是我国医药产品推广最成功的范例。而随着非处方药市场走向规范,医药零售市场竞争将进入一个崭新的时期。面对新的市场、新的机遇,众多生产和销售企业在产品研发、市场开拓、营销组合、经营管理等方面将采取何种应对措施,经营决策起着关键作用,而市场调研则能起到提供决策依据的作用。现假定你是某制药企业的一名市场调查负责人,准备在本地区针对企业生产的"∗∗牌感冒颗粒剂"进行一次感冒药终端市场状况的专题调研活动,目的是了解消费者对"∗∗牌感冒颗粒剂"和竞争品牌感冒药的认知、使用及需求情况,熟悉消费者购买感冒药的行为特点,进而为企业制定营销策略提供依据。请制订一个切实可行的调研方案。

【实训要求】

1. 项目实施采取"课内+课外"的方式进行,即团队组成、分工、讨论和方案形成在课外完成,成果展示安排在课内。

2. 通过了解市场环境、产品特性和调研需求等,团队成员共同讨论确定选题,确定调研内容。

3. 各小组围绕调研内容制订一个切实可行的调研方案。

4. 各小组派代表陈述自己的调研方案。每个团队的方案展示时间为 10 分钟左右。提交的方案中要详细说明团队的分工情况以及每位成员的完成情况。

5. 小组互相点评。

6. 教师总结、点评。

实训任务 2　设计市场调研问卷

【实训目的】

1. 通过实训,使学生掌握问卷设计的技巧,学会设计市场调研问卷。

2. 通过实训,培养学生的团队合作精神。

【实训内容】

各组在先前"制订市场调研方案"的基础上,依据调研的目的、内容、调研对象等设计市场调研问卷。

【实训要求】

1. 项目实施采取"课内+课外"的方式进行,即团队组成、分工、讨论和问卷形成在课外完成,成果展示安排在课内。

2. 设计一份调研问卷,问卷结构合理且完整。

3. 各小组派代表陈述自己的调研问卷。每个团队的陈述时间为 10 分钟左右。每组提交的方案中要详细说明团队的分工情况以及每位成员的完成情况。

4. 小组互相点评。

5. 教师总结、点评。

实训任务 3　实施调研并撰写调研报告

【实训目的】

1. 通过实训,使学生能够运用主要市场调研方法进行市场调研。

2. 通过实训,使学生掌握撰写市场调研报告的能力和技巧,会撰写市场调研报告。

3. 通过实训,培养学生的团队合作精神。

【实训内容】

各组在先前"制订市场调研方案"和"设计市场调研问卷"的基础上实施调研,并对数据分析整理,撰写市场调研报告。

【实训要求】

1. 项目实施采取"课内+课外"的方式进行,即团队组成、分工、讨论、实施调研、分析整理资料、调研报告形成在课外完成,成果展示安排在课内。

2. 运用适当的调研方法实施调研,实施调研安排具体、科学。

3. 分析、整理资料。

4. 撰写市场调研报告,调研报告基本内容齐全。

5. 各小组派代表陈述自己的调研过程和调研报告。每个团队的陈述时间为 10 分钟左右。每组提交的方案中要详细说明团队的分工情况以及每位成员的完成情况。

6. 小组互相点评。

7. 教师总结、点评。

实训项目四　分析药品市场营销环境——"顺者昌，逆者亡"

实训任务 1　宏观市场营销环境分析

【实训目的】

1. 能对某个医药企业的宏观市场营销环境进行科学分析。

2. 对医药企业营销机会和威胁能提出合理化建议。

【实训内容】

金嗓子喉片药品市场营销宏观环境分析

1. **经济环境**　改革开放以来,中国经济总体上保持了快速增长,国内生产总值和国民收入都呈现较高幅度的持续增长,GDP 均增长保持在 8% 左右,近年来又有加快的趋势。近年来,中国人民生活水平显著提高,全国的恩格尔系数也呈现了下降的趋势。医药消费支出比例相应增加,据测算,人均生活水平每提高 1%,药品消费水平将增加 1.37%,中国医药消费水平每年以 16% 的幅度加速增加。

2. **自然环境**　随着环境污染的加剧,空气质量日益恶化,粉尘、汽车尾气、沙尘暴等因素使众多国人饱受咽喉疾病的痛苦。随着人们健康观念的转变,如今人们不仅仅满足于"生存"这种生命状态,而且更关心生命质量,健康观念的转变体现为人们自身保健意识的提高。

3. 政治法律环境 由于医药行业关系到人民的身体健康和生命安全,国家对其采取有别于一般行业的较为严格的管理制度。1988 年开始实施 GMP 认证,进一步确保了药品质量的安全性和有效性,提高了医药企业的门槛,限制企业数量。从 1999 年起,中国开始对上市药品实行处方药、非处方药分类管理。2004 年 6 月 11 日国家食品药品监督管理局公布了《实施处方药和非处方药 2004—2005 年工作规则》,加剧了医药行业的恶性竞争。

请同学们根据背景材料讨论金嗓子喉片药品所面临的宏观环境,为金嗓子喉宝药业撰写 1 份药品市场环境分析报告和建议书。

【实训要求】

1. 用 SWOT 分析法分析金嗓子喉片药品所面临的宏观环境。

2. 撰写一份药品市场环境分析报告。

3. 派代表进行 PPT 汇报,PPT 制作要求精美、有层次感。

4. 汇报时要求穿正装,仪容仪表大方得体,语言流利,对宏观环境分析报告熟悉。

实训任务 2 微观市场营销环境分析

【实训目的】

1. 能对某个医药企业的微观市场营销环境进行科学分析。

2. 对医药企业营销机会和威胁能提出合理化建议。

【实训内容】

同仁堂是我国中药行业的金牌老店,迄今已有 330 多年的悠久历史。在长达 3 个多世纪的岁月里,同仁堂历经无数的风风雨雨,逐渐发展壮大,并以 1997 年在深圳证券交易所挂牌上市为标志,又开始了其崭新的发展历程。

同仁堂的创始人是清代名医乐显扬,他尊崇"可以养生、可以济世者,唯医药为最"的信条,把行医卖药作为养生济世的事业,创办了同仁堂药室。在随后的经营中,他一直遵循无论贫富贵贱都一视同仁的原则。

商家逐利是无可争议的道理,但同仁堂却不是一个只言商逐利的商家,而更像一个救死扶伤、济世养生的医家。实际上,商与医的结合正是同仁堂历经数百年磨难而不衰的秘密。同仁堂利用了医家的优势,将"同修仁德"的中国儒家思想融入日常点滴之中,形成了济世养生的经营宗旨,并在此过程中创造了崇高的商业信誉,形成了同仁堂独树一帜的企业文化。

1988 年,我国上海等地突发甲肝疫情,特效药板蓝根冲剂的需求量猛增,致使市场上供不应求,有些企业趁机抬高药价。当时,到同仁堂购买板蓝根冲剂的汽车也排起了长队。为了尽早缓解疫情,同仁堂动员职工放弃春节休假,日夜加班赶制板蓝根冲剂。这时,有人议论:这下同仁堂可发了。其实他们哪里知道,同仁堂不但没有发,反而是在加班赔钱。因为生产板蓝根冲剂所必需的白糖早已用完了,一时又难以购进大批量平价白糖,只好用高价糖作为原料,以致成本超出了售价。同仁堂坚持用高价白糖作原料生产的板蓝根按原价格批发出厂,甚至还派出了一个由8辆大货车组成的车队,一直把药品送到上海,以致造成企业亏损。但同仁堂虽然赔了钱,却赢得了良好的商誉。

现在,北京同仁堂药店内又开办了同仁堂医馆,聘请了20多位全国知名的老中医坐堂就诊,每天到这里看病购药的患者多达数百人,相当于一个中型医院的门诊量。这又是同仁堂的一个高招:一方面弘扬了中华医术,实行了济世养生的古训;另一方面也获得了经济效益。

在同仁堂,诸如修合(制药)无人见,存心有天知等戒律、信条,几乎人人皆知。如果谁有意或无意违背这些信条,他不仅要受到纪律的制裁,还将受到良知的谴责。如同仁堂炒、炙药材,规定操作人员必须时刻守在锅边,细心观察火候,不时翻动药料。有一次,一位职工由于对这一要求认识不深,在装料入锅后暂时离开了一会儿,老师傅发现后大发雷霆,全组6个人也轮番地批评他。此后的几十年中,他当班作业总是兢兢业业,再也不敢有丝毫马虎,当然也就从未出现过丝毫纰漏。

内部员工的素质,亲和敬业是同仁堂的服务宗旨。同仁堂作为商家,当然要获取利润;作为医家,又负有对患者负责的天职。特别是在药品流通到患者手中的过程里,琐碎点滴都十分重要,需要经销部门有非同寻常的敬业精神。

一次,同仁堂药店接到一封山西太原的来信,说一位顾客从同仁堂抓的药缺了一味龟甲,并附有当地医药部门的证明。同仁堂不敢怠慢,立即派两位药工风尘仆仆地赶往太原。经查验,药中并不少龟甲,只是在当地抓药,龟甲是块状的,而同仁堂为了更好地发挥药效,把龟甲研成粉末,误会消除了,同仁堂又一次用真情赢得了顾客的信赖。

请同学们根据背景材料分析同仁堂所面临的微观市场营销环境,并讨论同仁堂是如何面对的,总结同仁堂的成功秘诀,学习同仁堂精神,并撰写一份分析总结报告。

【实训要求】

1. 结合背景资料,用 SWOT 分析法分析北京同仁堂医药企业所面临的营销环境。

2. 撰写分析总结报告。

3. 派代表进行 PPT 汇报,PPT 制作要求精美、有层次感。

4. 汇报时要求穿正装,仪容仪表大方得体,语言流利,对营销环境分析报告熟悉。

实训项目五　分析药品市场购买行为——读懂"上帝"

实训任务 1　药品消费者市场购买行为分析

【实训目的】

1. 学会分析药品消费者的需求特征和消费心理。

2. 能够分析药品消费者购买行为的各种影响因素。

3. 能够判断药品消费者购买行为的类型和特点。

4. 通过药品消费心理的分析,能够把握药品消费者的购买行为。

【实训内容】

选择一家药店,分析进入药店的 10~20 个消费者的需求特征、消费心理,找出影响其购买行为的关键因素,判断药品消费者购买行为的类型和特点,最终寻找出合适的营销策略,把握药品消费者购买行为,进一步促进药店购买行为的发生,同时更好地满足消费者的需求。

【实训要求】

1. 以实训小组为单位上交某药店药品消费者购买行为分析报告。报告中包括某药店药品消费者购买行为的类型、特点、程序、参与者、购买行为的影响因素和关键影响因素及营销策略建议等内容。

2. 每组派代表进行 PPT 汇报,并上交汇报的 PPT 文档。

3. 实训考核的内容和标准:

提交的分析报告	制作的 PPT	PPT 的现场演讲完成情况
60 分	20 分	20 分

实训任务 2　药品组织者市场购买行为分析

【实训目的】

1. 调研并确定该医药组织采购行为的类型和特点。

2. 调研并确定该医药组织采购行为的采购程序。

3. 分析该医药组织采购行为的各种影响因素。

4. 以上述 3 项为基础,分析并找出影响该医药组织采购行为的关键因素,提出相应的营销策略。

【实训内容】

确定一家医药组织作为实训对象,分析该医药组织的购买行为,确定该医药组织行为的关键影响因素,以此提出相应的营销策略。

【实训要求】

1. 以实训小组为单位上交某医药组织购买行为分析报告。报告中包括该医药组织的类型、特点、程序、参与者、购买行为的影响因素和关键影响因素及营销策略建议等内容。

2. 每组派代表进行 PPT 汇报,并上交汇报的 PPT 文档。

3. 实训考核的内容和标准:

提交的分析报告	制作的 PPT	PPT 的现场演讲完成情况
60 分	20 分	20 分

实训项目六 制订药品市场竞争战略——"知己知彼，百战不殆"

实训任务 1 辨析药品市场竞争者

【实训目的】

通过实训,掌握药品市场竞争者的概念,要求学生能够融会贯通本项目课程所学的知识进行医药市场竞争者的识别与分析。

【实训内容】

请调研"荣昌肛泰贴剂"的所有相关资料,辨别其欲望竞争者、种类竞争者、形式竞争者和品牌竞争者分别有哪些,并运用波特五力分析法进行"荣昌肛泰贴剂"的主要竞争力分析。

【实训要求】

1. 每种类型的竞争者不少于 3 个。

2. 五力分析法中的每一种力量均需要分析。

3. "荣昌肛泰贴剂"的主要竞争力不少于 3 条。

实训任务 2 战胜药品市场竞争者

【实训目的】

通过实训,掌握战胜药品市场竞争者战略的设计方法,要求学生能够融会贯通本项目课程所学的知识进行战胜医药市场竞争者战略的设计。

【实训内容】

请调研"太极藿香正气液"的所有相关资料,明确其在市场中所处的位置,辨别 1~2 种市场中的现实竞争者和潜在竞争者,并对其设计适宜的竞争营销战略。

【实训要求】

1. 对"太极藿香正气液"调研的资料必须包含品牌资料、产品资料和竞争情况资料。

2. 仔细分析调研资料,阐述"太极藿香正气液"在市场中所处的位置。

3. 至少明确 1 种现实竞争者的优劣势和 1 种潜在竞争者的优劣势,并分析其带来的竞争威胁。

4. 设计不少于 3 种的适合"太极藿香正气液"的竞争营销战略。

实训项目七 制订药品目标市场营销战略——"弱水三千，吾只取一瓢饮"

实训任务 1 药品市场细分

【实训目的】

通过实训,使学生能够遵循市场细分的原则,选择恰当的市场细分标准,运用合理的细分方法,对药品市场进行有效细分;进一步认识市场细分是医药企业选择目标市场、制订营销战略和策略的前提条件。

【实训内容】

新康泰克作为第一个感冒药合资品牌进入中国以来,以高市场份额领跑中国感冒西药市场,年增长率高于整个品类的增长水平。新康泰克产品包括新康泰克蓝色装(美扑伪麻片)、新康泰克红色装(复方盐酸伪麻黄碱缓释胶囊),蓝色装主要针对打喷嚏、流鼻涕和鼻塞等症状,红色装主要针对发热、头痛、四肢酸痛、咳嗽和咽痛等症状。因此,在选择用药方面可以更好地对症用药,方便日常普通感冒对用药的选择。而且新康泰克蓝色装具有特殊缓释技术,药物活性成分平稳释放,12小时对抗感冒,早1粒、晚1粒远离感冒困扰,简单有效;而红色装的药物活性成分迅速释放,1片即可全面缓解多种感冒症状,及时摆脱感冒困扰,快速起效。剂量明确,减少需要使用者自我判断或调整用药剂量的麻烦。

请你为新康泰克感冒药市场进行有效的市场细分。

【实训要求】

1. 教师提前布置本实训任务,每6~8人为一个营销团队,共同完成本实训任务。

2. 各团队按要求课后查找资料。以实地调查为主,配合在图书馆、互联网查找资料,收集到相关资料,集体讨论、分析。

3. 在市场调研与分析的基础上,选择准确、足量、翔实的药品市场细分标准。

4. 运用正确的药品市场细分方法。

5. 结合市场细分的原则,按照市场细分的步骤进行有效的药品市场细分。

6. 认真写出具体的药品市场细分方案,包括:

(1)产品是如何进行市场细分的?

(2)整个细分市场份额(按地区、人口等分析)如何?

(3)产品所占的市场份额。

7. 课堂上每个团队选派一名代表陈述本团队的实训情况,全班学生分享,教师点评。

8. 各团队交回书面实训方案,教师做书面评语,评定成绩。

(1)针对各团队的陈述情况评定(内容25分、汇报表达15分,共40分)。

(2)针对各团队的实训报告评定(内容45分、设计制作15分,共60分)。

实训任务 2 药品目标市场选择

【实训目的】

通过实训,使学生在市场细分的基础上进行细分市场的评估,进而选择目标市场,制订目标市场营销策略;进一步熟悉目标市场选择的条件、模式和目标市场营销策略及其影响因素。

【实训内容】

假定你是新康泰克感冒药的市场营销经理,针对本企业所经营的感冒药产品,分析研究"谁是你的客户",找准你的目标市场。

【实训要求】

1. 以上面的营销团队为单位,共同完成本实训任务。

2. 在对上述的感冒药市场进行市场细分的基础上,评估各细分市场。

3. 对该药品企业资源、目标市场等进行分析。

4. 结合目标市场模式,选择目标市场,并描述你的当前客户和潜在客户。

5. 谁是你产品的客户,描绘客户要具体、详细,包含以下内容:

(1)客户的基本情况:年龄、性别、收入、文化水平、职业、家庭、社会阶层、生活方式等。

(2)客户了解产品信息的途径:网络、大众媒体广告、药店、医药、口口相传等。

(3)客户购买药品的途径:医院、药店、网上药店等。

(4)客户怎样购买;他们买什么(产品、服务、附加利益);他们多长时间购买 1 次(每天、每周、每月、随时);他们买多少(按数量、金额)。

(5)客户的感受:疗效、特点;他们想要你提供什么;他们期待你能够或应该提供的好处是什么。

(6)你的市场有多大(按地区、人口等);在各个市场上,你的市场份额是多少。

(7)你想让市场对你的企业产生怎样的感受。

6. 分析影响目标市场策略选择的主要因素。

7. 选择进入目标市场的策略,并描述理由。

8. 各团队写出目标市场选择方案,要求准确具体。

9. 各团队课堂交流,课后上交书面方案,教师针对各团队的实训完成情况进行评价和成绩评定。

(1)针对各团队的陈述情况评定(内容 25 分、汇报表达 15 分,共 40 分)。

(2)针对各团队的实训报告评定(内容 45 分、设计制作 15 分,共 60 分)。

实训任务 3　药品市场定位

【实训目的】

通过实训,使学生领会药品的市场定位依据是什么、如何为药品进行市场定位、市场定位对市场营销有何影响,进而会为一具体药品进行较为准确的市场定位。

【实训内容】

根据任务 1、2 中的市场细分和选择的目标市场,为新康泰克感冒药产品进行市场定位。

【实训要求】

1. 以上述的营销团队为单位,共同完成本实训任务。

2. 进行市场调研与分析,做到资料收集翔实、齐全。

3. 在调研分析的基础上,了解目标市场上的竞争者有哪些,分析竞争者的同类产品各自的定位情况如何。

4. 分析本企业的产品有哪些优势和劣势。

5. 运用适当的市场定位方法、策略,正确确定本企业产品在目标市场中的位置。

6. 市场定位方案具体明确。

7. 课堂交流,各团队选一名学生陈述本团队的实训情况,其他任何同学均可以提出不同观点,如产品的定位如何、是否需要更改定位,共同讨论。

8. 课后各团队上交书面方案,教师针对各团队的过程实施和完成情况进行成绩评定。

(1)针对各团队的陈述情况评定(内容 25 分、汇报表达 15 分,共 40 分)。

(2)针对各团队的实训报告评定(内容 45 分、设计制作 15 分,共 60 分)。

实训项目八　设计药品产品——"武装自己,善战者,先胜而后战"

实训任务 1　药品产品整体概念运用

【实训目的】

通过本次实训,学生能够运用药品产品整体概念进行整体药品的策划,深刻理解药品整体概念的内涵。

【实训内容】

某大型医药生产企业拥有一个妇科类中成药的中药保护品种,已进入 2012 年国家基本药物目录,该药在市场上拥有很大的竞争力,除了在成分方面是中药保护品种,企业品牌也有一定的影响力外,同时该药也是该企业的拳头产品,拥有一系列有关的妇科类中成药品种。请组织学生参观该大型医药生产企业,了解该药品的生产情况、企业的部门设置情况,并调查市场上同类药品的生产、销售情况,收集有关资料,开展小组讨论,为该医药企业撰写一份整体药品策划书。

【实训要求】

1. **组织实地考察**　组织学生到医药企业进行实地考察,了解药品生产原料的选择、制造工艺、质量保证体系、服务措施等;了解企业发展目标、经营理念、企业文化与价值观念;了解产品品牌建设情况;了解企业管理制度、现有资源情况;了解企业员工上岗要求、培训情况等。

2. **任务的布置**　整体药品概念讲授完毕后,要求学生分组,以小组为单位与市内的相关医药企业联系,对妇科类的同类产品的销售情况和顾客情况实地考察调研,分组讨论,形成药品策划书。

3. **资料的收集**　整体药品策划的目的是要使药品能够满足消费者的需要,要求策划者进行大量的市场调研,提取素材,引发创意。

4. **资料的整理与分析**　通过收集的资料,对市场环境、医药企业状况进行分析,对整体药品的 3 个层次的有关资料进行归纳。

5. **集体讨论,形成创意**　整体药品方案设计的准备阶段,各小组组织讨论,可以随意发挥自己的想象力,在创意讨论中开拓思路,仍然以整体药品的 3 个层次进行。

(1)提出拟策划药品提供给消费者的基本效用是什么,如何确定明确的概念,药品基本效用的定位应从消费者角度进行创意和描述。

(2)对形式药品的设计创意,在集体讨论的基础上形成共识,主要是寻找药品核心利益得以实现的有效形式,对药品的品质、特色、式样、品牌和包装提出具体的设计创意。

(3)对于附加药品,在了解医药企业可能提供的服务种类的基础上,设计每一种类型服务应达到的水平,同时要设计一个能够反馈消费者意见的通道,设计上要充分发挥自己的想象力,创出独特的服务方案。

6. 整体药品方案的设计 通过反复讨论,提出整体药品的策划目标及其具体方案,依然要围绕整体药品概念的 3 个层次进行。主要内容包括:

(1)任务概述:主要说明策划的对象,交代策划背景,要求客观、具体、简明扼要。

(2)市场环境分析:从市场需求分析、竞争对手分析、医药企业营销机会分析 3 个方面着手。

(3)企业状况分析:旨在说明整体药品策划必须建立在企业资源条件的基础上。

(4)整体药品设计方案:包括核心药品的正确定位,不断提高药品质量,新药的系列开发,品牌知名度的扩大,药品包装设计,搞好今后的服务。

整体药品策划书的格式:封面、目录、正文、附录等。

7. 方案沟通、评议和整改 整体药品方案提出后,还要进行反复的交流和沟通,找出方案中不合理的地方,进行修改和调整,最后形成一份较合理的方案,确定具体执笔人,完成整体药品策划书。

8. 整体产品策划书的交流 各小组将形成的策划书在班级中进行交流。

9. 讲评与总结 授课教师对各组完成的整体药品策划书进行讲评,在学生中达成共识,然后对整体药品概念的教学及实训进行总结。

10. 方案实施 有可能的话,将各组形成的最后方案提供给医药企业,如能得到企业的认可和实施,将实施效果反馈给学生,让学生有更深的认识,同时也增强学生的成就感。方案设计应具有可操作性,越具体越好。

实训任务 2　药品产品生命周期分析

【实训目的】

通过本次实训,学生能够确定现有市场中的产品生命周期阶段,能够分析其生命周期阶段采取的营销策略并能够有针对性地提出改进策略或方法。

【实训内容】

同一类作用用途的药品,不同的品种会有不同的产品生命周期,选取一些常用的药品品种进行分析。可作参考的药品如下:

组号	药品类别	常用药品品种（通用名）
1	五官外用药	盐酸金霉素眼膏
		苄达赖氨酸滴眼液
2	妇科内服药	妇科千金片
		金鸡片
3	感冒用药	复方氨酚烷胺片
		感冒灵颗粒
4	循环系统用药	尼群地平片
		复方丹参片
5	内分泌系统用药	格列苯脲片
		阿卡波糖片
6	维生素与矿物质用药	维生素 B_1 片
		碳酸钙咀嚼片
7	消化系统用药	胃康灵胶囊
		和胃整肠丸
8	非甾体抗炎药	去痛片
		布洛芬缓释胶囊
9	儿科用药	小儿止咳糖浆
		小儿氨酚烷胺颗粒
10	清热解毒用药	蒲地蓝消炎片
		穿心莲片

将全班分成若干个组，以组为单位，搜集所给定药品的资料，小组讨论，以PPT汇报的形式对药品所处的生命周期阶段进行分析。

【实训要求】

1. 每组随机从GSP模拟药房的同一品类货架中选取两种药品（如上表所示），要求不能都是处于成熟期的药品，尽量各期的药品都应该有。

2. 组内布置任务，搜集两种药品的相关资料，分析这两种药品的市场情况，进行产品生命周期的分析和判断，要求体现团队合作。

3. PPT制作要求精美、有层次感。

4. 汇报内容定位准确，能够提出有针对性的改进策略和方法。

5. 汇报时要求穿正装，仪容仪表大方得体，语言流利，对汇报内容熟悉。

6. 教师对各组进行点评总结。

实训任务3　药品品牌策略分析

【实训目的】

通过本次案例实训,学生能够分析结合产品生命周期的品牌策略为主导的企业营销策略,多维度运用大众媒体进行品牌宣传和强化。

【实训内容】

白云山和黄中药的复方丹参片的公益品牌打造

白云山为岭南中医药文化的发祥地之一,千年人文涵养,赋予了她厚重的历史底蕴和自然灵韵,也孕育了中医药界的一个传奇品牌"白云山和黄"。广州白云山和记黄埔中药有限公司致力于成就现代中药先锋,打造大健康优势企业,成为民族医药品牌的一面旗帜,普药精制,古药新制,打造名优中成药大品种。白云山和黄连连续十几年保持30%以上的高速增长,成为华南地区最大的单体中成药制造企业,白云山板蓝根、复方丹参片占据全国半壁江山。

据国际阿尔茨海默症联合会估计,在中国约有1000万的老人患有痴呆症,中国是世界上老龄化速度最快的国家之一。到2050年,中国的痴呆症患者数量估计将达到3000万。国际阿尔茨海默症联合会公布的《世界阿尔茨海默症2015年报告》称,随着世界人口的老龄化,老年痴呆症患者人数将成倍增长。仅2015年1年,就有约1000万例老年痴呆症新增病例,每几秒钟即增加1例,比2010年的新增病例多出将近30%。

为倡导全社会对老年人的关注和关爱,让越来越多的患有老年痴呆症的老人及时得到帮助,为老人戴上"防走失黄手环""关注老年痴呆症 冲击吉尼斯世界纪录——白云山和黄中药携手PG20连锁挑战发放'防走失黄手环'吉尼斯世界纪录"活动于9月19日在广州、北京等全国20个城市同步开展,白云山和黄中药联合全国PG20连锁组织志愿者在全国新闻发布会活动现场、老人院、高校及PG20连锁终端现场12小时内发放10万个"防走失黄手环",挑战吉尼斯世界纪录。"防走失黄手环"是国际认可的关爱老年痴呆的一种形式,它可以记录老人的信息,同时也是视觉识别的媒介。这些黄手环将作为患病老人及时得到社会救助的重要保障,黄手环中可嵌入患者家属填写的患者个人信息和联系方式的卡片,一旦老人走丢或发生危险,人们可以按照上面的信息联系到老人的家人。同时,人们看到佩戴黄手环的老人,也能够意识到给予他们特别的关照和呵护,防止他们走失。为让更多的人了解黄手环的意义,在当天的活动现场,白云山和黄中药还发布了全国首部老年痴呆症题材的微电影纪录片《牵手·让爱回家》,这是继2014年白云山和黄中药发布全国首部老年痴呆症题材微电影《让爱回家》后的又一力作。《牵手·让爱回家》延续《让爱回家》的风格,引起了在场所有人的共鸣,更好地传递了"关爱父母,让爱回家"这一社会正能量。

白云山和黄的负责人表示:"一直以来,关爱老年人的健康,使他们享有一个美满的晚年,是现代社会人关心的一件大事,白云山和黄中药也都通过生产一流药品为老年人的身体健康事业服务,但是目前严重的老年痴呆问题需要得到社会广泛关注。我们希望通过'关注老年痴呆症 冲击吉尼斯世界纪录'活动,为老人发放防走失手环,呼吁社会共同关爱老年人,关注老年痴呆症。"2014年,白云山和黄中药借9·21"世界老年痴呆日"成立了全国首个防治老年痴呆公益爱心基金——"白云山复方丹参片爱心公益基金"。该公益基金以推动全社会关爱老人健康、关注老年痴呆症为愿景,提升全民预防老年痴呆症的意识。同时,白云山和黄中药以该基金为平台,每月定期开展主题公益活动,在更多的公益领域贡献自己的力量。

将全班分成若干个组进行分析讨论,总结案例,策划出本案例的演讲稿,并以演讲的方式派代表进行案例陈述。

【实训要求】

1. 演讲内容必须回答以下两个问题:

(1)复方丹参片正处于产品生命周期的哪个阶段? 在这个阶段白云山和记黄埔中药有限公司运用了哪些产品策略?

(2)白云山和记黄埔中药有限公司是怎样打造自己的公益品牌的?

2. 演讲者必须以白云山和黄中药有限公司的角度来讲述,着正装,声情并茂,语言流利等。

3. 教师对各组进行点评。

实训任务4　药品包装策略分析

【实训目的】

通过本次实训,使学生能够认识药品包装的营销功能,通过药品包装的色彩、文字和图案来展示、推广药品的技能,进而认识药品包装在4Ps中的地位及营销功能。

【实训内容】

由于药品是关乎人们生命健康的特殊商品,所以药品包装与其他产品的包装在法律法规上有一些严格的规定,同时处方药和非处方药的药品包装也会有所差异,而且不同厂家通用名相同的药品运用的包装策略会有不同。基于这些情况,本次的实训内容主要包括以下3个方面:

1. 首先阐述国家有关法律法规对药品包装的有关条款及规定。主要涉及药品的通用名、商品名的位置,字体体积大小和药品外包装的一些必要的标识,以及这些标识的位置和药品包装上必须要有的内容等。

2. 列举非处方药品的内包装盒(实物或图片,最好是实物),针对药品包装盒进行讨论,主要讨论它与处方药包装的差别和企业设计这样的包装的意图。

3. 讨论分析某企业的系列药品包装盒来认识药品包装策略的实施。

【实训要求】

1. 课前准备若干药品包装盒,以备学生观看,并将全班学生分成若干组。

2. 示范指引学生观看药品包装盒上的色彩、文字和图案等内容。

3. 以组为单位组织学生观看各种药品包装盒,识别包装盒的营销功能要求,各组学生先分组讨论,然后派代表结合教材内容阐述包装盒上色彩、文字和图案的"眼球效应"及营销功能,提醒学生一种药品有时不仅仅运用一种包装策略,也许是几种包装策略的结合。

4. 教师进行分组点评。

实训项目九　确定药品价格——"厚利"不一定"少销"

实训任务 1　辨析药品企业的定价策略

【实训目的】

通过实训让学生学会分析影响药品定价的因素,选择合适的定价方法并掌握一定的定价技巧,以便于对某药品制定合理、科学的定价策略。

【实训内容】

某药品是家庭常用的一种感冒药,消费者对其功效、价格等非常了解。近来原材料价格一直上涨,所以厂家想把该药品进行提价。但是,其他同类药品的价格一直不变,厂家为涨价的事情为难,于是想到变相提价,原来是每盒 10 包装,售价是 16 元;现改为每盒 8 包装,售价是 13.6 元。从表面上看很合理,实际上每包却涨了 0.1 元。请结合实际,在调研的基础上,分析影响该药品的定价因素,评价该药品的定价策略是否合理,并阐述理由。

【实训要求】

1. 根据班级情况将学生进行分组,每 4~6 人为一组,每组选出组长。

2. 各小组在组长的分配安排下,小组成员在规定的时间内完成下列因素的调查与分析:定价研究与决策、消费者分析、市场环境分析、竞争对手分析、效果评估等,要求分析全面、正确,人员的分工合理。

3. 根据调查、分析的结果,由各小组讨论本小组的药品的定价策略是否科学合理。

4. 组织交流,每个小组由代表阐述本小组的总结和分析的该药品价格策略的可行性。

5. 撰写实训报告。

6. 教师进行总结评价。

实训任务 2　合理制定和适时调整药品价格

【实训目的】

能根据市场需求、竞争状况、调查结果及政治、法律环境形势变化,结合产品成本、企业定价目标,选择合适的定价方法,为企业药品制定出科学、合理的价格并能进行适时调整,以适应市场发展的需要。

【实训内容】

首批国家药品价格谈判结果出炉,其中包括慢性乙肝一线治疗药物替诺福韦酯。据了解,谈判前其月均药品费用为 1500 元左右,谈判后月均药品费用降至 490 元。慢性乙肝另外的一、二线治疗药物恩替卡韦和阿德福韦酯的月均药品费分别降至 199 元和 99 元,降幅超五成。所以生产阿德福韦酯的某药厂对药品价格进行了较大的调整,企业的利润也受到了很大的挑战。根据这个案例,请结合实际,进行乙肝药品的市场需求和竞争状况等因素的调查分析,评价这 3 个乙肝药品的适时调价是否合理,并阐述理由。

【实训要求】

1. 将学生分成若干组,每组 4~6 人,每组选一个负责人。

2. 以小组为单位,各组员分工合作在规定的时间内完成市场需求和竞争状况等因素的调查分析。

3. 实训过程中,教师要随时与学生进行沟通,及时了解学生分析过程中遇到的问题与困难,并适当进行引导,以便于学生的实训内容能顺利完成。

4. 实训结束后,教师要考核学生的完成情况。

5. 撰写实训报告。

6. 教师对各组的完成情况进行总结评价。

实训项目十 选择药品分销渠道——联体共生,"利"路畅通

实训任务 1 药品分销商的选择及评估

【实训目的】

通过实训使学生掌握选择分销商的方法,正确选择分销商,实现企业目标;能正确评价渠道成员的业绩,及时发现问题,及时修正或改进,以保证渠道畅通和充满活力。

【实训内容】

甲药厂决定在某市采用药厂直接将药品销售给零售药店,再由零售药店销售给患者的营销渠道模式。经考察后,初选出 3 家比较合适的候选单位。甲药厂希望零售药店有理想的地理位置,有一定的经营规模,前来光顾的顾客流量较大,在患者心中有较高的声望,与厂家关系融洽,主动进行信息沟通及货款结算,信誉好。各个候选单位在各个方面都有一定的优势,但又各有不足。于是,甲药厂采用强制打分法对各个候选单位进行打分评价,结果见下表。

评价项目	重要性（权重）	候选单位 1 打分	加权分	候选单位 2 打分	加权分	候选单位 3 打分	加权分
地理位置	0.2	80	16	85	17	70	14
经营规模	0.15	85	12.75	70	10.5	80	12
顾客流量	0.15	90	13.5	90	13.5	85	12.75
市场声望	0.1	85	8.5	75	7.5	80	8
合作精神	0.15	75	11.25	80	12	90	13.5
信息沟通	0.05	75	3.75	80	4	60	3
货款结算	0.2	60	12	65	13	75	15
总分	1	550	77.75	545	77.5	540	78.25

请根据上表中各栏的分数,为药厂确定一家合适的经销商(注意:此法主要适用于在一个较小地区的市场上,为了建立精选的分销渠道网络而选择理想的零售药店或者选择独家经销商时使用)。

【实训要求】

1. 将学生分成若干组,每组 4 人,1 人代表甲药厂,另外 3 人分别代表不同的分销商。

2. 甲药厂的代表需向 3 个分销商介绍本企业的情况,3 个分销商分别向甲药厂介绍自己的情况。互相介绍时要求:

(1)仪表端庄,仪态大方。

(2)介绍者口齿清晰,语言流利,表达准确,资料全面。

3. 要求 4 人都站在甲药厂的角度选择分销商,符合客观实际。

4. 各组写出 2 份完整且具有说服力的实训报告(代表甲药厂的 1 份,代表分销商的 1 份)。

实训任务 2　药品分销渠道的选择

【实训目的】

由于企业的销售政策、药品类别及市场条件的差异,药品销售渠道有许多类型,不同类型的渠道占用企业不同的资源,也给企业带来不同的利润。通过实训要求学生能较好地掌握为企业选择一条占用最少资源并带来最大利润的渠道类型的技巧。

【实训内容】

甲厂是生产"羚羊感冒胶囊"的企业,其规格为 0.1g×12 粒/盒,600 盒/件,服用后无特殊服务的要求,价格适中,有效期为 3 年,运输中不易损坏、流失或腐烂变质,而且该药品处于成熟期。市场形势比较乐观,整个经济形势景气,目标市场的顾客数量较多但地点分散,且购买数量少,购买频率高。企业的资本实力一般,计划提高企业的技术开发与生产能力,增强企业的核心竞争力,所以较多地考虑增强批发商、零售商的合作关系,而相应地减少流通领域的投入。

企业选择哪种分销渠道类型,既有一些来自药品本身、市场和企业的硬性约束因素,也有相当大的灵活选择的余地。请根据所学的知识分析甲药厂的状况,为其选择一条分销渠道类型,并说明原因。

【实训要求】

1. 建立一条直接渠道,并阐述理由。

2. 建立一条间接渠道,并阐述理由。

3. PPT 制作要求精美、有层次感。

4. 写出完整的有说服力的实训报告。汇报内容定位准确,能够提出比较有针对性的改进策略和方法。

5. 汇报时要求穿正装,仪容仪表大方得体,语言流利,对汇报内容熟悉。

实训任务 3　药品分销渠道的管理

【实训目的】

企业在后期渠道维护过程中,经常会碰到不同地域间经销商窜货的问题,窜货严重伤害了本地经销商的利益,这也为企业渠道成员的管理带来很大的困扰,通过实训要求学生能较好地掌握为企业理顺渠道,对渠道成员进行管理的技巧。

【实训内容】

某快速消费品企业的湖北销售分公司在年终接到一些地级市经销商的投诉,反映沙市的经销商多次窜货到他们的区域。分公司经过调查,拿到了其窜货的证据,却对如何处罚该经销商感到为难。

1. 按照合同,可以扣除其一个季度的返利。但对于快速消费品的大经销商来说,经销利润比较薄,在本已获利不大的基础上如执行合同扣除返利则有可能将其推到竞争对手的行列。

2. 如果不对窜货的经销商进行处罚,仅仅加大对被窜货区域的促销力度。由于经销商之间长时期的龃龉,结怨已深,这么做很可能引发经销商之间发生窜货报复大战,使市场秩序更加混乱。

3. 有一个全国性的大品牌正在湖北做大力推广,对该公司的销量有所影响,总公司要求加大促销力度,防止经销商“跳槽”,抵制竞品的市场蚕食。

4. 如执行合同扣除返利该经销商很可能加盟竞品经销行列,窜货的经销商通路能力很强,而该公司一时找不到适合的经销商更换,那样的话调整期销量会大受影响,也给竞品留下市场空缺。

5. 该公司返利是依据销量递进的,销量越大返利越高,中、小城市的经销商意见很大,扬言也要窜货来冲销量。

该公司应该怎样处理这起窜货事件呢。

【实训要求】

1. 从完善企业销售制度的角度出发,该公司如何处理这起窜货事件,并阐述理由。

2. 从完善企业客户管理的理念出发,该公司如何处理这起窜货事件,并阐述理由。

3. PPT 制作要求精美、有层次感。

4. 写出完整的有说服力的实训报告。汇报内容定位准确,能够提出比较有针对性的改进策略和方法。

5. 汇报时要求穿正装,仪容仪表大方得体,语言流利,对汇报内容熟悉。

实训项目十一　策划药品促销——有效沟通，多管齐下，“临门一脚”见分晓

实训任务 1　药品促销组合方案的策划

【实训目的】

通过实训,使学生掌握设计药品促销组合方案的方法,能模拟实施药品促销组合方案。

【实训内容】

某大型医药企业的补血药品在国内一直口碑不错,销售业绩独占鳌头;但近年来受到同类补血产品的影响,市场份额有所下降。请为该补血药品设计比较合理的促销组合方案。

【实训要求】

1. 将学生分成若干组,每组4~6人,每组选一个负责人。

2. 在分析比较4种促销方式的特点和影响药品促销组合的因素的基础上,为该补血药品设计促销组合方案。

3. 模拟实施该药品促销组合活动,检验策划方案的合理性和科学性。

4. 结合实际完成情况,对其促销组合策略做出评价和建议。

5. 撰写实训报告。

实训任务 2　新药人员推销策划

【实训目的】

通过实训,使学生掌握对医疗机构推销药品的技巧和方法。

【实训内容】

假如你是A医药营销公司的一名新营销员,派你去本市B医院推销X新药,该新药主要是在C科室使用,你在医院所要接触的人员均是医药专业人员。请提出该任务的计划书。

【实训要求】

1. 将学生分成若干组,每组4~6人,每组选一个负责人。

2. 准备A医药营销公司的介绍、X新药的厂家资料,对X新药的成分、性状、功能主治、规格、用法用量、药理毒理、注意事项相当熟悉。

3. 医院采购中心的角色分析:使用者、影响者、采购者、决策者、批准者、信息控制者等。

4. 运用自己所学的知识,撰写一份完成该任务的计划书。其内容包括推销步骤和方法,尤其是医院性质、对药品购进决策者调查、自己对X新药知识掌握、X新药厂家资料、A公司相关资料、竞争药品情况和准备在药师管理委员会上的X新药介绍的内容等。

5. 同时制作PPT供汇报交流时使用。每组委派一人汇报,其他组选代表评价总结。

6. 提交一份小组讨论、人员分工、工作计划及实施过程的记录和总结。

实训任务 3　药品广告策划

【实训目的】

通过实训,使学生能够根据目标市场和药品产品情况,选择恰当的广告媒体,并能为产品制订适宜的广告策略。

【实训内容】

感冒药是OTC药品市场上竞争最为激烈的领域之一,有上千家企业竞相角逐。尽管竞争非常激烈,但由于该类药品的市场空间巨大、技术门槛较低和利润回报丰厚,仍刺激着众多企业趋之若鹜。从目前的感冒药市场来看,有以下两个突出的特点:①知名品牌主导市场。目前我国感冒药市场上有1000多个品牌,但绝大部分市场份额由人们耳熟能详的十几个品牌所控制,这些品牌之所以广为人知,主要缘于其大量的广告投入。②知名品牌的利益点明确。为树立持久的品牌效应,获得市场的长期利益,主流品牌的感冒药生产企业都确立了独特的利益点,并通过贴近生活、表现亲情的广告手法加以诠释,引起了消费者的强烈共鸣。每个品牌都通过独特的利益点使自身产品与其他竞争产品区分开来,不仅增强了市场竞争力,而且规避了市场风险。现某药品生产企业新研发出的一种由金银花、连翘、桔梗、维生素 C 等组成的感冒新药想要进入市场,假如你是该企业的一名广告策划经理,请你为该感冒药完成一份广告策划方案。

【实训要求】

1. 查阅文献,结合背景资料,模拟一家药品生产企业,并对消费者情况、市场竞争等因素进行分析。

2. 结合背景资料,设计一个感冒药新品,包括药品名称、剂型、规格、功效、适应证、包装、价格等内容。

3. 对该企业的感冒药品做出详细的媒体策划和广告定位,即媒体选择的针对性强,并且要善于组合,广告诉求定位精确。

4. 撰写广告策划方案,并选代表以 PPT 形式进行汇报。

实训任务 4　药品营销公关策划

【实训目的】

通过实训,使学生充分认识公共关系策划对企业的重要作用,掌握公共关系策划的主要内容和方法,具有公共关系策划的基本能力。

【实训内容】

某药业有限公司新开发研制出一种有效治疗高血压的新药,为使广大消费者在很短的时间内知晓、了解并接受该药物,该公司经理委派你开展一次大型的公共活动。这次活动的费用为 100 万元人民币,活动范围是某某省某某地区,你将策划什么公共关系活动,请拟定出你的活动方案。

【实训要求】

1. 将学生分成若干组,每组 4~6 人,每组选一个负责人。

2. 查阅文献,结合背景材料确定公关目标、公关对象、活动主题、活动时间、活动项目、传播策略等内容。

3. 设计的公共关系活动方案应内容完整、切实可行、新颖、有创意。

4. 每组选一名代表以 PPT 形式向全班同学展示本组的策划方案。

5. 教师对实训结果进行点评总结。

参考文献

1. 菲利普·科特勒,加里·阿姆斯特朗.市场营销.16 版.楼尊,译.北京:中国人民大学出版社,2015

2. 杰夫.倒漏斗营销:从现有客户拓展新客户.张玳,译.北京:人民邮电出版社,2016

3. 国家食品药品监督管理总局.药事管理与法规.北京:中国医药科技出版社,2016

4. 董国俊.药品市场营销学.2 版.北京:人民卫生出版社,2013

5. 易正伟,张洪满,张首杰.市场营销.大连:大连理工大学出版社,2014

6. 冯国忠.医药市场营销学.北京:中国医药科技出版社,2007

7. 张丽.药品市场营销.北京:中国中医药出版社,2013

8. 章蓉.药品营销原理与实务.北京:中国轻工业出版社,2006

9. 王悦.处方药营销与实务.北京:人民卫生出版社,2010

10. 杨万波.医药营销技术.北京:中国中医药出版社,2009

11. 陆克斌,崔久波.市场调查与预测.北京:教育科学出版社,2014

12. 张甲华.产品战略规划.北京:清华大学出版社,2014

13. 江晗.处方药网络销售利弊分析.现代商贸工业,2016,(8):62-64

14. 吴虹.医药市场营销实用技术.北京:中国医药科技出版社,2008

15. 纪振荣.中国药品市场发展现状与趋势研究.时代金融,2011,(12):158

目标检测参考答案

项目一　认知药品市场

一、选择题

（一）单项选择题

1. C　　2. A　　3. A　　4. C　　5. B　　6. E

（二）多项选择题

7. ACD　8. ABDE　9. AD　10. ABDE　11. BD　12. CD　13. ABDE　14. ABCD

二、简答题要点

1. 特殊性、竞争的局限性、市场需求波动大、消费结构的二元性、需求缺乏弹性、需求结构的多样化、营销人员的专业化、公共福利性强。

2. 在政策法规、研发系统、市场结构和竞争策略、市场规模与容量方面有不同。

3. 有较严格的流通渠道；药品的选择权与使用权分离；药品专业性强；广告宣传的专业化管理；只能在柜台上出售，不允许开架销售。

4. 国家政策法规及突发事件、购买者的健康观念及用药习惯、专业人员、传播媒介等因素的影响。

5. 处方药市场的营销要点包括把握产品卖点；与患者沟通；提高医师的认同度；读懂政策找方向，借外力发挥长板优势。

三、案例分析要点

1. ①把握产品卖点；②与患者沟通；③提高医师的认同度；④读懂政策找方向，借外力发挥长板优势。

2. ①坚守医院阵地，实行专业化学术推广，提高医师的认同度；②读懂政策找方向，借外力发挥长板优势；③根据国家医药产业政策，重新规划产品线和产品组合，重点培养拳头产品以及重点产品组合，放弃不具优势的品种等。

项目二　认知药品市场营销

一、选择题

（一）单项选择题

1. A　　2. D　　3. C　　4. D　　5. B　　6. B　　7. A　　8. D　　9. B　　10. A

（二）多项选择题

11. ABCD　　12. ADE　　13. ACDE　　14. ABC　　15. ABDE　　16. DE　　17. AB　　18. AD　　19. ACD
20. ABCD

二、简答题要点

1. 药品市场营销是指医药企业的一种市场经营活动,即企业综合运用各种科学的市场经营策略,把药品和服务销售给医疗机构与患者,并最终实现企业自身的生存和发展目标的整体活动。

2. 药品市场营销的特点是由 4 个互相关联的理念所反映出来的,这 4 个理念是患者导向、目标市场、整体营销、利益远景。

3. 生产观念、产品观念和推销观念属于传统的市场营销观念,它们都是以企业为中心、以企业利益为根本取向和最高目标来处理营销问题的企业导向观念。市场营销观念与社会市场营销观念属于现代营销观念,它们都是以顾客需求为中心,强调满足顾客利益和社会长远利益的市场导向观念。

三、案例分析要点

1. 川贝枇杷膏主要采用了事件营销。

2. 中药企业想要走向世界,将优质中药行销全球,除了有优质的产品之外,还要善于抓住机会,在营销上下功夫,才能起到出奇制胜的效果。

项目三　药品市场调研

一、选择题

（一）单项选择题

1. A　　　2. D　　　3. B　　　4. D　　　5. D　　　6. D　　　7. A　　　8. B　　　9. B　　　10. C
11. B　　12. C

（二）多项选择题

13. ABC　　14. ABCDE　　15. BCD　　16. BCD　　17. AC　　18. ABC　　19. ABCDE　　20. ABCDE

二、简答题要点

1. 药品市场调研程序包括确定调研目标、制订调研方案、实施调研、分析与总结。

2. 药品市场调研方案的格式包括前言、调研目的和意义、调研内容和具体项目、调研对象和范围、调研方法、调研时间进度安排、调研人员、调研预算等。

3. 药品市场调研方法有按信息来源不同,可分为一手资料调研法与二手资料调研法两种形式。一手资料收集信息的方法主要有 3 种:访问法、观察法、实验法。

4. 一份正式的调研问卷由前言、调研项目和附录三部分构成。

5. 市场调研报告的格式由标题、目录、摘要、正文、结论与建议、附件等几部分组成。

三、案例分析要点

1. 围绕市场调研方案制订流程来谈。

2. 从确定调研目标、制订调研方案、实施调研、分析与总结等方面来谈。

项目四 分析药品市场营销环境

一、选择题

（一）单项选择题

1. C   2. A   3. B   4. B   5. C   6. B   7. D   8. C   9. A   10. D

（二）多项选择题

11. ABE   12. ABCDE   13. BDE   14. BCE   15. ABCD   16. ABCDE   17. ABD   18. ABCD
19. ABCE   20. BE

二、简答题要点

1. 企业都必须在一定的外界环境条件下开展市场营销活动,而这些外界环境既给企业带来新的市场机会,又给企业带来某种威胁。因此企业要进行有效的市场营销必须扬长避短,趋利避害,适应变化,抓住机会,从而实现自己的市场营销目标。

2. 药品营销宏观环境因素包括人口环境、经济环境、自然环境、技术环境、政治法律环境和社会文化环境;微观环境因素包括供应商、营销中介、竞争者、顾客、公众、药品企业内部环境。

3. 社会公众主要有金融、媒体、当地公众、一般公众和内部公众等几种类型,与企业的营销活动有直接或间接的关系。一个企业在公众心目中形象的好坏,对企业的经营和发展有重要意义。

4. 自然环境是指企业营销所需要或所影响的自然环境、自然条件及物质基础设施。自然资源在一定程度上影响着企业已投资产业的成败。

三、案例分析要点

1. 连花清瘟胶囊的成功,体现的重要宏观环境是 2009 年国家卫生计生委研究制定了《甲型H1N1 流感诊疗方案(第 3 版)》以及《新闻联播》的报道。微观环境主要是企业的努力、采取的 4Ps策略、宣传措施等。

2. 连花清瘟胶囊的临床科研是企业成功的关键,科技是企业发展的第一生命力。

项目五 分析药品市场购买行为

一、选择题

（一）单项选择题

1. C   2. B   3. A   4. D   5. D   6. A   7. C   8. B   9. A   10. D

（二）多项选择题

11. ABCDE   12. ABCDE   13. ABCD   14. AB   15. ABCDE   16. ABCDE   17. ABCD   18. ABCDE
19. ABCD   20. AB

二、简答题要点

1. 结合实际的案例进行分析,主要有文化、社会、个人和心理因素等因素,在这四大因素里,可以进一步拓展。

2. 药品消费者购买决策过程由需求确认、收集信息、评价方案、购买决定和购买后行为5个阶段构成。

3. 通过分析药品市场购买的过程、模式、类型等因素,解读客户心理活动和购买行为之间的互动密码,能够帮助药品营销者从客户需求出发,有效分析药品消费心理,准确把握顾客的购买行为,同时为医药企业的生产、经营和管理提供决策信息,最终实现药品企业的预期营销目标,可以举例进行说明。

4. 医院采购的主要类型有药品集中招标采购、药品备案采。影响因素分2类,第一类是医院采购行为的参与者,包括使用者、影响者、决策者、采购者、批准者;第二类是经济因素,即药品的质量、价格和服务,还有环境因素、社会因素、心理因素等。

5. 单体药店的购买行为特点:以需定购,勤进快销;货比三家,多渠道进货;规模小,但数量众多。单体药店购买行为的影响因素:经济因素、单体药店负责人的个人因素、供货商因素、消费者因素、竞争者因素等。

三、案例分析要点

1. 优点:能够大幅有效降低药品价格,立竿见影,为老百姓、医保节省大量成本,在一定程度上解决药品贵的难题;缺点:造成药品"价格第一,质量第二"的危险现象,导致药品质量无法保证,厂家陷入价格战的误区。

2. 结合案例,分析药品招标采购"唯价格论"设计存在的缺点,寻找药品价格和药品质量之间的平衡,在保证药品质量第一的情况下,做到药品价格合理,这才是药品科学招标采购应该遵循的思路。

项目六　药品市场竞争战略

一、选择题

(一)单项选择题

1. C　　2. D　　3. A　　4. A　　5. B　　6. C　　7. D　　8. D　　9. A　　10. A

(二)多项选择题

11. ABCD　12. BCDE　13. BCE　14. AC　15. AC　16. BDE　17. AD　18. BE　19. ABCDE
20. CD

二、简答题要点

1. 药品市场竞争的战略原则有7个方面:创新制胜、优质制胜、廉价制胜、技术制胜、服务制胜、速度制胜、宣传制胜。

2. 把潜在顾客转变为现实顾客、市场渗透战略、市场开发战略。

3.①引起反垄断活动的可能性;②为提高药品市场占有率所付出的成本;③是争夺药品市场占有率时所采用的药品市场营销组合战略。

三、案例分析要点

1. 太极集团采用的是药品市场领导者产品创新型竞争营销战略。

2. 从案例中所得的启发,可从观念更新、竞争意识、竞争营销方式等方面来分析,说明企业应该怎样对待和参与市场竞争。

项目七　药品目标市场营销战略

一、选择题

（一）单项选择题

1. B　　2. C　　3. B　　4. C　　5. C　　6. D　　7. C　　8. C　　9. B　　10. A

（二）多项选择题

11. ABCD　12. ABD　13. ACD　14. ABCDE　15. ABCDE　16. ABCDE　17. BCD　18. AB

19. ABC　20. ABC

二、简答题要点

1. 药品市场细分的必要性:有利于企业发现市场机会、开拓市场,有效利用资源,合理制订、调整和实施营销方案。药品市场细分原则:差异性、可衡量性、规模性、可进入性、稳定性。药品市场细分标准包括地理环境、人口状况、购买行为、消费者心理和消费者疾病谱;生产者市场细分标准包括产品最终用户、用户规模、用户地理位置。

2. 影响目标市场策略选择的因素包括企业资源、产品同质性、市场差异性、产品生命周期、市场供求趋势、竞争对手的营销策略等。药品目标市场营销策略主要有 3 种:无差异营销策略、差异化营销策略和集中性营销策略,各自有其优缺点。

3. 药品市场定位的方法主要包括根据药品属性(成分、功能、质量、价格、类别等)定位、顾客利益定位、使用者定位、竞争定位等。药品市场定位的策略主要有避强定位、对抗定位、并列定位、比附定位、创新定位、重新定位。

三、案例分析要点

1. 广西金嗓子制药厂是运用疾病谱的症状、购买行为的追求利益、人口变量的职业和收入等标准进行市场细分的;其目标市场选择在有一定工资收入的中年男性、烟酒嗜好者、教师、爱唱歌者、导游;其市场定位是咽喉治疗保健药。

2. 金嗓子正是实施了正确的 STP 市场营销战略,才取得了成功。医药企业要取得成功,必须进行有效的市场细分,寻找市场机会;正确选择并进入目标市场;准确进行市场定位。

项目八　药品产品策略

一、选择题

（一）单项选择题

1. C　　2. A　　3. B　　4. D　　5. A　　6. D　　7. D　　8. D　　9. E　　10. B

11. A

（二）多项选择题

12. ACDE　13. ACDE　14. ACDE　15. ACE　16. ABD　17. ABCDE　18. DE　19. ACDE

20. CDE

二、简答题要点

1. 广义的药品是指一切能满足消费者某种利益和欲望的物质药品和非物质形态的服务。即药品＝有形药品＋无形服务,这就是"药品产品整体概念"。整体药品由3个层次即核心药品、形式药品、附加药品组成。

2. (1)成长期的特点:这是需求增长阶段,消费者对药品较熟悉,分销渠道顺畅,药品的需求量和销售量迅速增长,企业的销售额迅速上升;药品已经定型,生产工艺基本成熟,大批量生产能力形成,因此生产成本大幅降低,利润迅速增加;市场竞争开始加剧。

(2)成熟期的特点:这是药品走入大批量生产并稳定地进入市场销售阶段,销售量达到顶峰,虽可能仍有增长,增长速度缓慢,随着市场需求逐渐趋于饱和及减少,销售增长率甚至呈现下降趋势;同时,药品普及率高,生产量大,生产成本低,利润总额高但增长率降低;市场竞争尤为激烈,药品售价降低,导致生产或经营同类药品的医药企业之间不得不加大在药品质量、规格、包装、服务和广告费用等方面的投入。

3. 药品产品品牌策略是指医药企业如何合理地使用品牌,以促进产品销售,主要包括品牌化策略、品牌归属策略、品牌名称策略、品牌战略决策以及品牌重新定位策略。

4. 药品包装的使用策略包括配套包装策略、类似包装策略、再用包装策略、改变包装策略、习惯使用量包装策略、附赠品包装策略、绿色包装策略、性别包装策略、透明包装策略。

三、案例分析要点

1. 天士力利用先进的工艺、现代的科技手段将自己的品牌打造成大健康品牌形象,走国际品牌路线,拓展其新产品的品牌发展方向,注册其商标,注重知识产权保护,强化自身品牌的竞争力。

2. ①足够的企业现代化研发投入;②发展和确定中药标准化;③注重企业商标和知识产权保护;④大力促进企业的国际交流合作;⑤全方位提升企业的国际竞争力。

项目九　药品产品价格策略

一、选择题

（一）单项选择题

1. A　　2. D　　3. B　　4. B　　5. C　　6. C　　7. B　　8. C

（二）多项选择题

9. ACDE　10. BC　11. ABCDE　12. BCDE　13. ABD　14. ABCDE

二、简答题要点

1. 价格是由生产成本、流通费用、国家税金和企业利润4个要素构成的。

2. 企业定价的程序依次是核算药品成本、选择定价目标、确定药品市场需求、竞争分析、选择适当的定价方法。

3. 撇脂定价策略又称高价掠取策略，即在新药上市之初，价格尽量定得高一些，以便于在短期内获得高额利润的一种定价方法。

4. ①成本导向定价法包括成本加成定价法、目标利润定价法、盈亏平衡定价法、变动成本定价法；②竞争导向定价法包括随行就市定价法、竞争定价法投标定价法；③需求导向定价法包括反向定价法、需求差异定价法。

三、案例分析要点

1. 由于提价速度和幅度都较大，但是其他服务、产品品种没有很大变化，导致库存周转天数增加、现金流逐步减少、客户流失增加，所以提价策略不合适。

2. 首先从影响价格的内外因素去分析市场中的消费者和竞争者。要在企业的营销目标制订得切实可行的基础上进行策划营销策略。是否提价如何提要根据周围市场的竞争者及消费者去制订策略，不能根据自身发展目标去提高价格。

项目十　药品产品分销渠道策略

一、选择题

（一）单项选择题

1. A　　2. C　　3. A　　4. A　　5. D

（二）多项选择题

6. ABCD　7. ABCD　8. ABC　9. ABCDE　10. ACD

二、简答题要点

1. 没有中间商的厂商的药品要进入多个终端需多条途径，而有中间商的厂商只需要中间商这一条途径，这就大大降低了铺货成本。

2. 从商业信誉、经营特性、业务状况、交易情况等方面来选择合适的中间商，建立共赢体。

3. 利益分配不均匀,零售商窜货。

三、案例分析要点

1. 如何掌控终端。

2. 合理营销,组成战略联盟。

3. 简述合理营销的优点。

项目十一　药品产品促销策略

一、选择题

（一）单项选择题

1. D　　2. C　　3. A　　4. A　　5. E　　6. A　　7. C　　8. D　　9. B　　10. C

（二）多项选择题

11. AB　12. ABCDE　13. ABCDE　14. ABCDE　15. BCDE　16. BCD　17. ABCDE　18. ABC
19. ACDE　20. AB

二、简答题要点

1. 影响药品促销组合的因素包括促销目标、药品特征、市场环境、促销预算等因素。

2. (1)广告是现代医药企业进行促销的最有效的方法和手段,在增强医药企业形象、促进销售等方面具有无可替代的作用。

(2)药品广告是指由药品生产企业或者药品经营企业承担费用,通过一定的媒介和形式介绍药品及其功效,直接或间接地以药品销售为目的的商业促销活动。

(3)选择广告媒体要注意不同类型的广告媒体,其所承载的信息的表现形式、信息传递的数量、信息传递的时间和空间都有所不同。为使本企业和产品的信息达到最优的传递效果,医药企业应该比较各个媒体之间的优缺点,结合企业发展战略和产品的特点,寻求一条成本-效益比最佳的沟通路线。

3. 营业推广又称为销售促进,它是指医药企业运用各种短期诱因鼓励消费者和中间商购买、经销或代理企业产品或服务的促销活动。营业推广是构成促销组合的一个重要方面。主要形式有:

(1)针对消费者的药品营业推广,主要有以下 10 种:赠送样品、会员积分、演示体验、专家义诊、健康知识讲座、集盒换购、疗程优惠、有奖竞赛、以旧换新、康复患者分享会。

(2)针对中间商的药品营业推广,主要有以下 7 种:批发折价、推广津贴、销售竞赛、扶持零售商、药品推介会、经销商联谊会、医药展销会。

(3)针对医院的药品营业推广,主要有以下 3 种:折扣、学术支持、公司礼品。

4. 促销组合的基本方式包括人员推销、广告、营业推广、公共关系 4 种。从大的分类讲,促销组合分为人员推销和非人员推销。人员推销在过去是最主要的推销方式,在现代药品的学术推广中也是主要的推广方式。

5. 人员推销的优点表现如下:①信息传递的双向性;②推销目的的双重性;③推销过程的灵活

性;④推销效果的长期性。

人员推销的缺点主要表现在两个方面:一是支出较大,促销成本较高;二是对推销人员的要求比较高。

三、案例分析要点

1. 康弘药业的成功之处在于公共关系和学术推广。还需要改进的有广告策略和人员推销策略应用不够,应加大新药的广告宣传,让消费者早日知晓。

2. 康弘药业的药物 KH902 适合采用拉式策略。主要采取公共关系和宣传介绍对产品进行了全面报道,从而有效地提升了康弘的企业品牌和产品的市场认可度,实现消费增长。

3. 康弘药业公共关系的作用:迅速提高企业的知名度和美誉度;迅速提高医药企业品牌的影响力;有利于提高目标消费者的忠诚度。

药品市场营销学课程标准

（供药品经营与管理、药学专业用）

ER-课程标准